utb 4325

Eine Arbeitsgemeinschaft der Verlage

Böhlau Verlag · Wien · Köln · Weimar
Verlag Barbara Budrich · Opladen · Toronto
facultas · Wien
Wilhelm Fink · Paderborn
A. Francke Verlag · Tübingen
Haupt Verlag · Bern
Verlag Julius Klinkhardt · Bad Heilbrunn
Mohr Siebeck · Tübingen
Nomos Verlagsgesellschaft · Baden-Baden
Ernst Reinhardt Verlag · München · Basel
Ferdinand Schöningh · Paderborn
Eugen Ulmer Verlag · Stuttgart
UVK Verlagsgesellschaft · Konstanz, mit UVK/Lucius · München
Vandenhoeck & Ruprecht · Göttingen · Bristol
Waxmann · Münster · New York

Brigitta K. Pfäffli

Lehren an Hochschulen

Eine Hochschuldidaktik für den Aufbau von Wissen und Kompetenzen

2., überarbeitete und erweiterte Auflage

Haupt Verlag

Brigitta K. Pfäffli Tanner, Dr., Prof. FH, ist an verschiedenen Fachhochschulen und weiteren Bildungsinstitutionen der Schweiz und im Ausland lehrend, beratend und publizistisch tätig.

2. Auflage: 2015
1. Auflage: 2005 (außerhalb UTB)

Bibliografische Information der Deutschen Nationalbibliothek
Die Deutsche Nationalbibliothek verzeichnet diese Publikation in der Deutschen Nationalbibliografie; detaillierte bibliografische Daten sind im Internet über http://www.dnb.dnb.de abrufbar.

Umschlaggestaltung: Atelier Reichert, Stuttgart
Satz: Verlag Die Werkstatt, Göttingen

Printed in Germany
www.haupt.ch

UTB-Band-Nr.: 4325
ISBN 978-3-8252-4325-8

Inhaltsverzeichnis

Vorwort zur 2. Auflage

Liebe Leserin, lieber Leser

In der Welt der Fachhochschulen hat sich in den vergangenen zehn Jahren vieles gewandelt: Bildungsangebote differenzieren sich aus, die Forschung nimmt mehr Raum ein, die Ausrichtung wird internationaler, interdisziplinäre Angebote und Projekte sind in der globalen Welt wichtig geworden, Evaluationen und Akkreditierungsprozesse gehören zum Alltag von Hochschulen, und die Weiterentwicklungen im E-Learning zeigen sich in entsprechenden Strategien der Hochschulen.

Studierende sind umworben und können zwischen den unterschiedlichsten Studiengängen und -varianten wählen. Die Anzahl der Studierenden steigt, ihre Heterogenität nimmt zu.

Die Hochschuldidaktik hat sich als wissenschaftliche Disziplin etabliert. Die Ansprüche an gute Lehre sind gestiegen. Fachkompetenz und Praxiserfahrungen bleiben die zentralen Qualitäten von Hochschuldozierenden. Zunehmend wird von ihnen auch erwartet, dass sie ihr didaktisches Handeln theoretisch begründen und wenn möglich mit Forschungsergebnissen unterlegen: Lehre soll evidenzbasiert sein. Eine forschende Haltung in Bezug auf die Wirkung der eigenen Lehrtätigkeit ist gewünscht. Im Dialog mit Studierenden können Dozierende erkennen, inwieweit ihre Lehraktivitäten lernförderlich sind.

Die erwähnten Entwicklungen sind in der überarbeiteten und ergänzten Auflage berücksichtigt. Neu hinzugekommen ist ein Kapitel über das Lehren in großen Gruppen.

Die Ausführungen stellen ein Plädoyer für einen intensiven Praxis- und Wissenschaftsbezug der Lehre an (Fach)Hochschulen dar. Sie wollen anregen, anspruchsvolle Ziele ideenreich zu antizipieren.

Und: Interessieren Sie sich für Ihre Studierenden. Denn sie brauchen Beziehungen, um sich gut auf ihre berufliche Zukunft mit vielen Unbekannten vorzubereiten.

Melchnau, im Januar 2015

Brigitta Pfäffli Tanner

Aus dem Vorwort zur 1. Auflage 2005

Die größte Würde des Menschen besteht darin,
Mitschöpfer des Kosmos zu sein.
Leonardo Boff, 2002

Es ist eine ganz besondere Aufgabe, Menschen und insbesondere jungen Menschen den Zugang zu Denkweisen, Ansichten und Wissen über unsere Welt zu eröffnen.

Wenn die Auseinandersetzung mit Wissen im Dienste der Entwicklung eines ethisch verantwortbaren und respektvollen Umgangs mit der Welt stehen soll, kann Erkennen und Handeln nur auf einer fragenden und achtsamen Zuwendung zu Menschen und Dingen basieren.

In diesem Buch finden Sie konkrete Anregungen, wie Sie an Ihrem Platz an der Hochschule als Dozent und Dozentin ein Stück aktuelle Lernwelt mitgestalten können.

Diese Lernwelt ist intentional. Dies sollte aber keineswegs mit der Annahme verwechselt werden, die Gesellschaft, die Kultur, die Natur, der Mensch seien unterwerfbar. Lernen soll Menschen befähigen, die Welt verantwortungsvoll zu gestalten und zu schöpfen, sie zu achten.

Einleitung

Hochschulen sollten ihre Studierenden befähigen, anspruchsvolle Aufgaben in Gesellschaft und Wirtschaft verantwortungsvoll wahrzunehmen und die Basis für lebenslanges Lernen legen.

Die Hochschuldidaktik befasst sich damit, wie Dozierende und Studierende diesem Ziel gemeinsam am besten näherkommen können. Dabei ist zu bedenken, dass es absolute Aussagen über die wirkungsvollste Lehre kaum einmal geben wird, denn Menschen lernen unterschiedlich und denken unterschiedlich darüber. Varianten guter Lehrprozesse gibt es viele, und komplexe Lernprozesse sind an sich überhaupt nicht voraussagbar.

Gerade deswegen …

… ist Lehren nicht denkbar ohne Vorstellungen über Lernen;
Dozierende bilden ihre subjektiven Vorstellungen über Lernen aufgrund eigener Lern- und Lehrerfahrungen. Logischerweise leiten sie, meist unreflektiert, aus den persönlichen Konzepten ihre Lehrstrategien ab.

Dasselbe gilt für die Studierenden. Auch sie haben ihre Erwartungen an Lehrende und ihre Vorstellungen über Lernen aufgrund persönlicher Erfahrungen gebildet.

Persönliche Konzepte sind prinzipiell vorläufig und erweiterbar. Da bekannterweise nicht jede Lehrstrategie für jeden Lernenden gleich förderlich ist und nicht jedes Lernverhalten zum Erfolg führt, ist eine Offenheit für neue Erfahrungen und Erkenntnisse für Dozierende und Studierende gleichermaßen wichtig.

Genauso wenig ist Lehren denkbar ohne Vorstellungen über Lehren;
die Fragen, welche Inhalte bedeutsam und welche Ziele zu erreichen sind, wie Studierende sich am besten mit Inhalten vertraut machen können und wie Lernprozesse gut angeleitet und begleitet werden können, das sind Fragen, die alle Dozierenden interessieren sollten.

Dabei ist es hilfreich, wenn Hochschulen eine Qualitätsphilosophie entwickeln und diese in der Form von Standards für eine gute Hochschullehre festhalten.

Wichtig ist der Dialog zwischen Studierenden und Dozierenden über die Wirksamkeit von Lernangeboten und über Lernmöglichkeiten der Studierenden damit. Konstruktive Evaluationen können wegweisende Informationen für eine lernendenorientierte Hochschuldidaktik liefern.

Dieses Buch bietet Wissen, Reflexionshilfen, Anregungen und praktische Anleitungen für das Gestalten der Lehre an einer Hochschule. Die Ausführungen sind in vier große Abschnitte gegliedert:

Die «Kontextthemen» (Teil I) sind dem Phänomen Lernen, den Studierenden und ihren Lernmotiven gewidmet sowie den qualitativen Standards einer guten Hochschullehre und den Lehr- und Lernchancen im Kontext des mehrfachen Leistungsauftrages einer Hochschule. In einem kurzen Abriss sind aktuelle Erwartungen der Berufswelt an Hochschulabsolventinnen und -absolventen zusammengestellt.

Als «Leitlinien» (Teil II) werden die praxis- und wissensorientierte Ausrichtung der Lehre, die Bedeutung von Zielen für das Lernen und Lehren, sowie Verantwortlichkeiten von Dozierenden und Studierenden thematisiert. Diese Ideen widerspiegeln sich in den vorgeschlagenen Qualitätsstandards und in den Ausführungen über das Planen und Gestalten von Lernprozessen.

Die «Entwicklung und Planung von Lehrveranstaltung» (Teil III) bezieht sich auf die verschiedenen Planungsbereiche von Studiengängen, Modulen und konkreten Lernprozessen. Ziel der Planung ist es, die Entscheide über Ziele, Inhalte, Lernverläufe, -szenarien und -nachweise auf jeder Planungsebene zu klären, begründen und kommunizieren zu können.

«Die Gestaltung von Lernprozessen» (Teil IV) wird zu einem wesentlichen Teil durch die Beziehung zwischen Dozierenden und Studierenden geprägt. Darum wird dieser Aspekt an erster Stelle reflektiert.

Die hohe Fach- und Praxiskompetenz sind zentrale Bedingungen für eine gute Hochschullehre, das soll hier zumindest erwähnt werden.

Im Wesentlichen skizziert der vierte Teil aber zwei verschiedene didaktische Vorgehenstypen. Die wissens- und vermittlungsorientierte Didaktik eignet sich insbesondere für den Aufbau von kognitiven Strukturen, die handlungsorientierte Didaktik für die Entwicklung von komplexen Kompetenzen *und* für die Wissensaneignung. Bestimmte didaktisch-methodische Vorgehensweisen erlauben einen integrierten Wissens- und Kompetenzaufbau. Die vorgestellten Lernszenarien sind nach drei Kategorien gebündelt: Eignung für das *Präsenzstudium*, für die *Kombination von Präsenz- und begleitetem Selbststudium* und speziell für das *Selbststudium*.

Je ein Teilkapitel widmet sich dem Visualisieren, dem Begleiten und Beraten, der Gestaltung von Lernnachweisen, den Möglichkeiten von E-Learning zur Förderung des Lernens und der Lehre in Großgruppen.

Was ist nun aber überhaupt der Sinn einer Hochschuldidaktik, angesichts der eingangs erwähnten Nichtplanbarkeit von Lernprozessen, des Primats der inhaltlichen Kompetenz und persönlicher Begeisterung und Haltung von Dozierenden *vor* der Didaktik?

Lehren bedeutet, sich als Dozent/in selbst mit der Bedeutung von Erkenntnissen zu befassen und Studierenden bedeutungsvolle Lernprozesse zu ermöglichen. Didaktisch handeln heißt, ihnen den Zugang zu Wissen und Handlungsmöglichkeiten zu eröffnen; heißt auch, sie zu eigenständigem Lernen und zur autonomen Beurteilung von Wissen und Problemlösungen zu befähigen.

Didaktische Konzepte bieten einen Rahmen für professionelles didaktisches Handeln; für differenzierte Gespräche über Rollen, Aufgaben und Vorgehensweisen mit Kollegen, Vorgesetzten und Studierenden.

Die persönliche Reflexion des beruflichen Handelns fördert die berufliche Entwicklung und stärkt das eigene Profil. Der Austausch mit Kollegen unterstützt die Weiterentwicklung einer hochschulgerechten Lernkultur, ermöglicht aber auch ein Stück menschlicher Verbundenheit in einem anspruchsvollen beruflichen Umfeld.

Die Kommunikation didaktischer Überlegungen gegenüber den Studierenden führt zu Transparenz und regt die Studierenden an, ihren persönlichen Anteil am Lernerfolg zu erkennen. Didaktisches Wissen und persönliche Berufserfahrungen fließen in die Konzeption von Evaluationen und in die Gespräche über die Ergebnisse ein. Wissen und Kompetenzen im Bereich der Hochschuldidaktik legitimieren das eigene Tun und ermöglichen die Weiterentwicklung der eigenen Lehre.

Die hochschuldidaktischen Überlegungen und praktischen Hinweise sollen die Kreativität beflügeln und zum Experimentieren ermutigen. Lehren ist Beruf und bleibt Berufung, ist immer persönlich, dynamisch, neu.

Kontexte

I

Lern- und Lehrkonzepte

Absicht

Die Beschreibung von wesentlichen Merkmalen des Lernens soll das Verständnis für Lernprozesse fördern und den Dialog darüber ermöglichen. Zusammenhänge zwischen Lern- und Lehrverständnis sollen ersichtlich werden.

Leitfragen

- Was heißt lernen?
- Inwiefern hat das Verständnis von Lernen Auswirkungen auf hochschuldidaktisches Handeln?

1

In Kürze

Lernkonzepte sind individuell. Lernen ist im Wesentlichen ein zielorientierter, aktiver, selbstorganisierter und interaktiver Prozess. Lernaktivitäten können sich auf die Integration von neuem in vorhandenes Wissen (Kumulation) oder auf die Veränderung der Wahrnehmung und die Erzeugung neuer Einsichten (Konstruktion) richten. Eine gelungene Balance zwischen einer instruktiven und konstruktiven Lehre fördert den Lernerfolg.

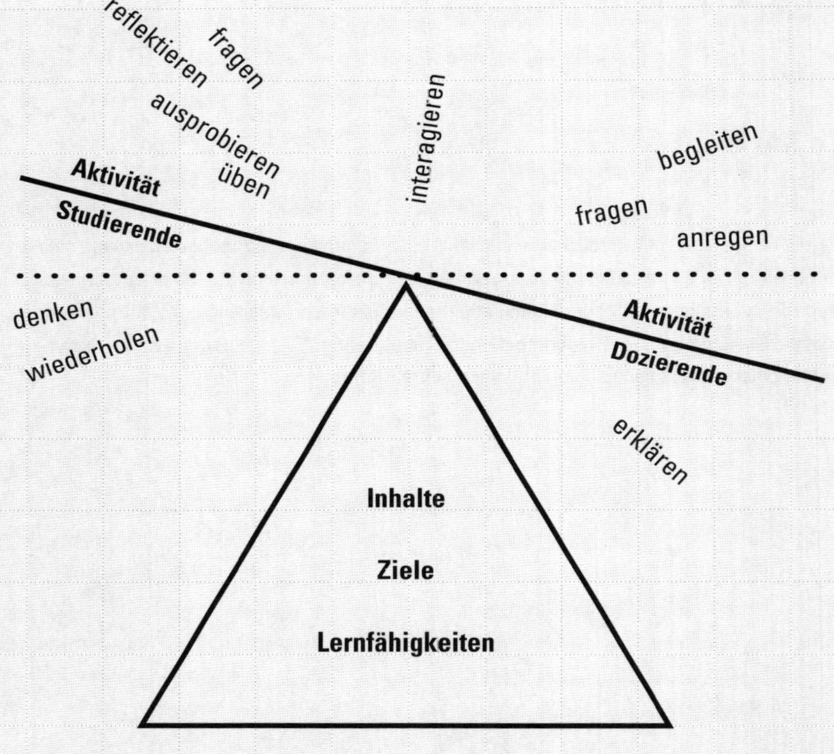

Abbildung 1: Balance zwischen Selbst- und Fremdsteuerung (Beispiel eines Advance Organizers, vgl. Kap. 14.5.1, S. 167f.)

1.1 Individualität des Lernens und der Lernkonzepte

Lernen beinhaltet die aktive, denkerische Auseinandersetzung mit vorhandenem Wissen und die Konstruktion von Erkenntnissen und Problemlösungen. Aufgrund des unterschiedlichen sozialen und kulturellen Hintergrundes und der persönlichen Lernvoraussetzungen gestalten sich die Bildungsbiografien von Menschen höchst individuell. Menschen lernen somit individuell und denken auch unterschiedlich über Lernen und Lehren. Die persönlichen Lernkonzepte beeinflussen sowohl die Lehraktivitäten der Dozierenden als auch die Lernaktivitäten der Studierenden. Deshalb ist es für Dozierende wie für Studierende hilfreich, sich im Klaren zu sein über die eigenen Alltagskonzepte und theoretischen Annahmen über Lernen. Es ist wichtig zu wissen, dass diese Konzepte individuell verschieden, aber auch veränderbar sind.

Unterschiedliche Vorstellungen sind oft Grund für Missverständnisse zwischen Dozierenden, Kollegen und Studierenden.

Zur Illustration: Einige Studierende denken, Lernen bestehe darin, einer gut visualisierten Vorlesung zu folgen. Wenn nun die Studierenden Wissen selbstständig erarbeiten müssen, weil der Dozent das Prinzip des aktiven Lernens positiv wertet, werden viele Studierende zunächst unzufrieden sein. In einer solchen Situation kann ein Gespräch über Lernvorstellungen klärend wirken und ermöglichen, dass Studierende ihr Lernverhalten erweitern.

Eine der großen Herausforderungen von Dozierenden besteht darin, die Diversität der Studierenden in Bezug auf die Lernvoraussetzungen und -stile in der Lehre zu berücksichtigen.

Im folgenden Kapitel werden einige ausgewählte bedeutsame Merkmale des Lernens dargestellt.

1.2 Merkmale des Lernens

Zielorientierung, Aktivität, Selbstorganisation, Situierung, und Interaktion sind Merkmale des Lernprozesses, die für die Lehre an Hochschulen besonders relevant sind.

Zielorientierung

Wenn die Studierenden die Ziele kennen und wenn sie vor allem deren Sinn einsehen, sind sie motiviert, diese Ziele zu erreichen. Voraussetzung ist, dass es sich um

Ziele handelt, die in der Vorstellung der Studierenden tatsächlich erreichbar sind und deren Bedeutung sie nachvollziehen.

Es gehört zur Aufgabe der Dozierenden, Lernziele zu begründen oder die Studierenden beim Formulieren eigener Ziele zu unterstützen. Wichtig ist aufzuzeigen, wie die Ziele erreicht werden können und welchen Sinn sie für das Studium und für die berufliche Praxis haben (Shuell 1988, S. 277). (→ Kapitel 8)

Aktivität

Lernen bedeutet, geistig und/oder praktisch-konkret aktiv zu sein. Intensive und verschiedene Lernprozesse fördern die Verankerung des Gelernten im Gedächtnis und die Verfügbarkeit von Wissen und Können in neuen Lern- und Problemlösungssituationen. Eigenaktivität kann darin bestehen, Wissen selbstständig zu erarbeiten oder vorhandenes Wissen zu ergänzen. Dann ist Lernen kumulativ. Wenn die Aktivitäten dazu führen, bestehendes Wissen zu hinterfragen, neues mit bekanntem Wissen zu verknüpfen, bekannte Wahrnehmungen zu verändern, neue Lösungen zu kreieren, spricht man von Lernen als einem konstruktiven Prozess (Shuell 1988, S. 277). (→ Kapitel 9)

Selbststeuerung und Selbstverantwortung

Dass jeder Mensch auf seine individuelle Art und Weise lernt, impliziert auch, dass die Steuerung des Lernprozesses beim Lernenden selbst liegen muss. Weinert beschreibt selbstgesteuertes Lernen als eine Form des Lernens, bei der «der Handelnde die wesentlichen Entscheidungen, ob, was, wann, wie und woraufhin er lernt, gravierend und folgenreich beeinflussen kann» (Weinert 1982, S. 102). Die Studierenden sind damit maßgeblich selbst dafür verantwortlich, dass sie die gesteckten Ziele erreichen. Sie bestimmen letztlich, wie tiefgehend sie sich mit den Inhalten auseinandersetzen, wie sie die Lehrangebote nutzen und wie sie mit den Freiheiten in der Gestaltung ihrer Lernzeit umgehen wollen.

Dies bedeutet nicht, dass Lehrangebote überflüssig wären. Verständliche Erklärungen, zielbezogene Lernanleitungen und sachlich wertschätzende Rückmeldungen unterstützen die Studierenden dabei, Selbstverantwortung zu übernehmen.

Weil erfolgreiche selbstgesteuerte Lernprozesse Lernkompetenzen voraussetzen, ist deren Förderung heute ein erklärtes Ziel jeder Hochschulbildung (Shuell 1988, S. 277). (→ Kapitel 9)

Situiertes Lernen

Eine besondere Ausprägung des aktiven Lernens ist das situierte Lernen. Es beinhaltet die Konstruktion von Wissen im Kontext von geeigneten, oft multimedialen Lernumgebungen, beispielsweise anhand von authentischen Aufgaben, mittels Werkzeugen, Plänen, Materialien. Zum situierten Lernen gehört außerdem das kooperative Lernen, ein mehrperspektivischer Zugang zu den Inhalten und die Reflexion des Praxisbezuges. Solche, meist problembezogenen Lernumgebungen ermöglichen den Studierenden konkrete Erfahrungen und die Entwicklung von komplexen Kompetenzen. Situiertes Lernen entspricht dem Anspruch an eine praxisbezogene Lehre. Lehrende haben die Aufgabe, passende Lernumgebungen bereitzustellen, Lernprozesse zu begleiten und Feedbackprozesse zu gestalten (GERSTENMAIER/MANDL 2001; COLLINS/BROWN/NEWMAN 1989). (→ Kapitel 6)

Interaktion

Individuelle Denkprozesse und Interaktion sind zwei zentrale Prozesse, die bei Lernenden in einer einzigartigen Wechselwirkung zu neuem Wissen führen. KIRSCHNER (2006) beschreibt vier Interaktionsformen:

1. Interaktionen als Gespräche; beispielsweise mit Dozierenden, Mitstudierenden, Experten aus der Praxis (externe Interaktion).
2. Interaktion als innerer Dialog; beispielsweise über Lerninhalte wie auch über den persönlichen Lern- und Arbeitsprozess (interne Interaktion).
3. Konfrontation zwischen externer (1) und interner (2) Interaktion; beispielsweise wenn Lernende einen verstandenen Inhalt für eine Problemlösung im Team diskutieren und erkennen, dass Adaptionen nötig sind.
4. Interaktion zwischen Lernenden und Lernumgebung; beispielsweise mit einer Übungsanlage im echten oder virtuellen Labor, mit Computer, Tablet oder Handy.

   Lehrimpulse haben die Funktion, Denkprozesse und Interaktionen zu initiieren und zu begleiten.

1.3 Lerntheorien

Der Behaviorismus, der Kognitivismus und der Konstruktivismus gelten als die drei Hauptströmungen zur Erklärung des Lernens. Lerntheorien können das didaktische Handeln beeinflussen, legitimieren und bieten einen Rahmen, dieses einzuordnen.

Der *Behaviorismus* betrachtet Wissen als objektive Realität außerhalb des Indivdiuums. Hinter dieser Theorie steht die Annahme, dass alle Menschen Wissen gleich verstehen Lernen bedeutet das Bilden von Reiz-Reaktions-Ketten, also beispielsweise, objektives Wissen zu memorieren und reproduzieren. Für die Lehre an Hochschulen sind die kognitivistische, konstruktivistische wie auch die neuere konnektivistische Lernauffassung eher adäquat.

Hinter dem traditionellen *Kognitivismus* steht auch die Annahme, dass Wissen an sich objektiv ist und dass Informationen durch alle Menschen gleich verstanden werden können. Lernen bedeutet, neue Informationen zu verstehen, mit vorhandenem Wissen zu verknüpfen und vorhandene Wissenskonzepte zu erweitern. Dem entspricht die sogenannte instruktive Didaktik. Sie zielt beispielsweise in einer Vorlesung darauf, verstehende und vertiefende Lernprozesse zu ermöglichen, welche die Verankerung des Gelernten im Langzeitgedächtnis bestmöglich unterstützen.

Der *Konstruktivismus* geht davon aus, dass Wissen immer subjektiv ist und dass Menschen Informationen mit subjektiven Bedeutungen verbinden. Das subjektivistisch orientierte Lernverständnis betrachtet Lernen als interaktiven Prozess des Individuums mit seiner Umgebung, der zum Aufbau höchst individueller Wissensstrukturen und Problemlösungen führt. Eine konsequent subjektivistisch orientierte, die sogenannte konstruktive Didaktik stellt beispielsweise im Rahmen eines Projektes die individuelle Zielsetzung und Lernplanung sowie die Selbstüberwachung und Selbstregulation durch die Studierenden in den Vordergrund.

Für das Lernen und Lehren im digitalen Zeitalter hat George Siemens (2005) die *Konnektivismus*-Theorie entwickelt. Sie geht davon aus, dass Wissen nicht transferierbar ist, sondern in Netzwerken von Menschen, Institutionen, Communities und medialen Inhalten entsteht und wächst. Lernen bedeutet in diesem Verständnis nicht die Aneignung von Wissen, sondern den Aufbau und die Pflege von neuralen, konzeptuellen und sozialen Verbindungen zu sogenannten Knoten. Ein Knote kann beispielsweise eine andere Hirnregionen, ein Inhalt, ein Netzwerk oder eine andere Person sein. Wichtige Prinzipien sind dabei die Interaktion und Assoziation. Lernen heißt, verteiltes Wissen in Bezug auf persönliche Fragen zu recherchieren und konstruktiv in Problemlösungen und Netzwerke einzubinden.

Eine konnektivistisch orientierte Didaktik unterstützt Lernende dabei, Netzwerke aufzubauen, weiterzuentwickeln und zu festigen, beispielsweise im eigenen Gehirn, mit Menschen, Institutionen, sowie vorhandene Netzwerke qualitativ zu bewerten.

Der Konnektivismus ist auf dem Hintergrund der digitalen Lernmöglichkeiten zu verstehen. Er verweist auf ein verändertes Selbstverständnis des lernenden Individuums und auf die Bedeutung von vielfältigen und vielschichtigen Vernetzungen für die Weiterentwicklung von Mensch und Welt.

Didaktische Konzepte sind oft nicht eindeutig einer klassischen Lernkonzeption zuzuordnen, sondern zeichnen sich durch eine zielbezogene integrative Kombination von instruktiven und konstruktiven Lernprozessen aus.

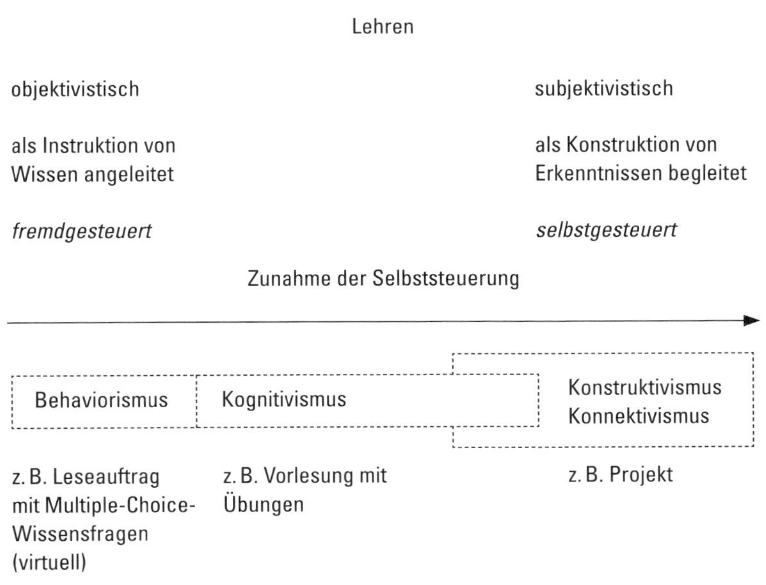

Abbildung 2: Lernen als Kontinuum von Objektivismus und Subjektivismus

Der untenstehende Überblick skizziert die zwei Pole eines Kontinuums von Lehr- und Lernprozessen.

Basiskonzept	Objektivismus	Subjektivismus
Bezeichnung des didaktischen Ansatzes	Vermittlungsorientierte Didaktik	Erkenntnisorientierte Didaktik/ Handlungsorientierte Didaktik
Bezug zu Theorien	Behaviorismus, traditioneller Kognitivismus	Konstruktivismus, auch Formen des späteren Kognitivismus, Konnektivismus
Annahme über Wissen/ Erkenntnisse	Wissen ist objektiv, stabil, vermittelbar	Erkenntnisse oder Netzwerke sind subjektiv, wandelbar
Erwerb von Wissen/ Erkenntnissen	Lehrende präsentieren Wissen. Studierende nehmen das Wissen auf. Beide verstehen unter Wissen dasselbe	Lehrende legen den Studierenden Aufgaben vor, damit sie durch deren Lösung selbstständig Wissen, Problemlösefähigkeiten, Netzwerke aufbauen
Lernaktivitäten	Zuhören, mitdenken, Wissen aufnehmen, durch Übung vertiefen, auf Praxissituationen übertragen	Vorhandenes Wissen aktivieren, Wissen suchen, vernetzen, anhand von Praxissituationen Wissen erkennen, experimentieren, Lösungen finden, Fehler analysieren, Wissen und Netzwerke bewerten
Lehraktivitäten	Lernziele formulieren, Wissen präsentieren, Lernschritte festlegen, vorgeben und überwachen, erwünschtes Verhalten verstärken	Lernumgebungen gestalten, Aufgaben vorlegen, Lernziele formulieren lassen, Lernimpulse geben, Interaktion unterstützen, Lernreflexionen anleiten, Rückmeldungen geben
Steuerung des Lernprozesses	Dozierende versuchen, mit Übungen und Aufgaben die kognitiven Prozesse der Studierenden zu steuern	Studierende steuern ihr Lernen, Dozierende legen Rahmenbedingungen fest und begleiten die Studierenden
Wissensarten (→ Kapitel 7)	Deklaratives Wissen Prozedurales Wissen Deklaratives und prozedurales Wissen wird auch als Orientierungswissen bezeichnet	Prozedurales Wissen Konditionales Wissen Erfindungswissen Vernetzungswissen
Ziele	Mehrheitlich wissensorientiert	Kompetenz-; handlungs-; wissensorientiert

Auf den Punkt gebracht

Lehre, die zielorientierte, praxisbezogene, aktive, eigenverantwortliche und interaktive Lernprozesse ermöglichen will,

- legt Wert auf transparente Ziele,
- regt die geistige, interaktive und konkrete Auseinandersetzung der Studierenden mit
- Wissen und Problemstellungen an,
- unterstützt die Eigenverantwortung und Selbststeuerung der Lernenden durch geeignete Lehrangebote.

Lehrprozesse, die das Verstehen und Verarbeiten von Informationen bezwecken, ermöglichen den Erwerb von allgemein gültigem Wissen. Lehrprozesse, die Erkenntnis- und Handlungsprozesse sowie vielfältige Vernetzungen anregen wollen, unterstützen die Entwicklung von Kompetenzen, die Erweiterung von Sichtweisen und Entwicklung neuer Problemlösungen.

Die Studierenden

Absicht

Im folgenden Kapitel geht es darum, das Verständnis für die Lernvoraussetzungen und insbesondere der Motivation der Studierenden zu fördern. Die Ausführungen zeigen, was Dozierende tun können, um die Motivation zu erhalten, zu fördern und vertiefte Lernprozesse zu unterstützen.

Leitfragen

- Welches sind die hauptsächlichen Motive zu studieren?
- Wie denken Studierende über Lernen? Wie stehen sie zu den neuen Medien?
- Wie können Dozierende die Motivation für tiefe Lernprozesse fördern?
- Wie können Dozierende den Studierenden bei Misserfolg helfen, ihre Motivation neu aufzubauen?

2

In Kürze

Motivierte Studierende lernen ausdauernd und zeigen Engagement. Das Interesse am Inhalt, erkannter Sinn, das Interesse am Lernen und das Bedürfnis nach Kontakt fördern die Motivation wesentlich.
Studierende bringen individuelle Lernvorstellungen und Lernhaltungen mit ins Studium. Jene mit einer mehr oberflächenorientierten Ausrichtung verstehen Lernen als Aufnehmen, Wiedergeben und Anwenden von Faktenwissen. Eine tiefenorientierte Lernhaltung zeigt sich darin, dass die Studierenden die Bedeutung des Wissens verstehen, eigene Sichtweisen aufbauen und Fähigkeiten entwickeln wollen.
Dozierende können das Interesse für vertiefte Lernprozesse stärken und beeinflussen, indem sie

- die Studierenden bei ihrem Wissens- und Könnensstand «abholen».
- die Selbstbestimmung fördern,
- anspruchsvolle und deklarierte Zielsetzungen verfolgen, durch welche die Studierenden weder unter- noch überfordert sind,
- Prüfungserfolg ermöglichen,
- ein tiefenorientiertes Lernklima mitgestalten,
- Interesse am Lernerfolg zeigen,
- Zielbezogene Anerkennung aussprechen.

Außerdem befürworten Studierende einen moderaten Einsatz der neuen Medien.
Wenn Studierende keinen Erfolg haben, können Dozierende durch eine ehrliche, personenzentrierte Beratung motivationsaufbauend wirken.

2.1 Zur Motivation von Studierenden

Motivierte Studierende lernen ausdauernd. Sie sind bereit, sich vertieft mit Wissen auseinanderzusetzen und nehmen Lernherausforderungen engagiert an (McKeachie 2002, S. 118 ff.).

Motivation ist abhängig von der persönlichen Erfolgsorientierung. Sie variiert in Bezug auf Ziele, die man erreichen möchte, und auf die Bedeutung, die man überhaupt dem Erfolg beimisst. Die persönliche Erfolgsorientierung ergibt sich aus einem Zusammenspiel von individuellen Persönlichkeitsfaktoren und der Sozialisierung. Gruppendynamische Prozesse können die Erfolgsorientierung in einer aktuellen Lernsituation beeinflussen. Ein Gruppenklima nach dem Motto «Wir sind alle gut, wir schaffen es alle» fördert die Motivation im Lernkollektiv und vermag individuelle Motivationsschwankungen auszugleichen. Eine Gruppenstimmung nach dem Motto «Wer mehr studiert als nötig, ist ein Streber» kann äußerst lernhemmend wirken.

Unabhängig von persönlichen und situationsbedingten Aspekten sind die folgenden Motive für ein erfolgreiches Studium relevant:

Interesse am Stoff

Intrinsisch, also aus innerem Antrieb motivierte Studierende wollen neue Erkenntnisse gewinnen, sie sind interessiert am Lernen überhaupt. Selbstverständlich wollen sie auch ein formales Ziel erreichen. Sie richten sich aber nicht nur darauf aus, Prüfungen zu bestehen, sondern nehmen Herausforderungen gerne an. Sie beteiligen sich engagiert im Unterricht. Die intrinsische Motivation beeinflusst die Qualität des Lernprozesses, sie fördert beispielsweise das konzeptionelle Verstehen und die Kreativität. Außerdem wenden intrinsisch motivierte Studierende eher kognitive Strategien an (zum Beispiel eine Lesetechnik), was zu einem wirkungsvolleren Lernen führt (Pintrich/Schrunk 1996).

Aussicht auf das Diplom

Extrinsisch, also rein äußerlich motivierte Studierende wollen in erster Linie einen Abschluss. Man erkennt sie etwa an der häufig gestellten Frage: «Was wird geprüft?»

Extrinsische Motivation unterstützt zweifellos den Lernprozess. Leider zeigen ausschließlich extrinsisch motivierte Lernende aber wenig Interesse, sich vertieft mit Wissen zu befassen. Sie lernen vor allem Fakten. Sie sind an handlungsleitenden Erkenntnissen nicht interessiert, ebenso wenig an der Entwicklung ihrer Lernkompetenzen.

Extrinsisch motivierte Studierende können ihre Motivation im Verlaufe des Lernprozesses ändern. Dozierende können auch bei ihnen Neugier und Interesse wecken – mit spannenden Herausforderungen, Wahlfreiheiten und indem sie die Studierenden bei ihrem derzeitigen Wissensstand «abholen».

Wunsch nach sozialem Kontakt

Studierende sind nicht nur durch intellektuelle Ziele motiviert, an den Lehrveranstaltungen teilzunehmen. Besonders jüngere Studierende haben auch soziale Ziele, sie möchten Kollegen und Kolleginnen kennenlernen. Dozierende können diesem Bedürfnis mit dem Angebot von kommunikativen Lerngelegenheiten entgegenkommen.

Kompetenz der Dozierenden

Nicht zuletzt wirken kompetente Hochschuldozierende motivierend. Studierende erwarten nebst hoher (und begeisternder) Fachkompetenz und gutem Erklärungsvermögen auch Verständnis für und einen professionellen Umgang mit Studierenden, sowie Kommunikationsfähigkeiten. Äußerlichkeiten, wie Aussehen oder Bekleidung, scheinen keine Rolle zu spielen (Frey 2006; Reichmann 2008). (→ Kapitel 9.3)

2.2 Zum Lernverständnis von Studierenden

Studierende bringen ihre persönlichen, meist impliziten Konzepte über Lernen mit ins Studium. Bisher konnten sechs kulturübergreifend gültige Lernkonzepte von Studierenden herausgeschält werden, die vermutlich noch heute zutreffen (Boulton-Lewis 1994; Säljö 1979). Lernen ist demnach

- Wissen anreichern,
- Wissen auswendig lernen und reproduzieren,
- anwenden in der Praxis,
- verstehen,
- eine Sichtweise verändern,
- sich als Person verändern.

Rozsa (2002) thematisiert zusätzlich die Emotionen als lernfördernde bzw. -hindernde Lernfaktoren im Studium. Die ersten drei der oben genannten Konzepte werden dem *oberflächenorientierten* Lernen, die andern drei dem *tiefenorientierten*

Lernen zugeschrieben. Die Unterscheidung bezieht sich auf den Grad der Auseinandersetzung mit dem Lerngegenstand und auf die angestrebten Ziele.

Oberflächenorientiert Studierende

- verfolgen meist leistungsorientierte Ziele (performance goals; vgl. McKeachie 2002, S. 122),
- richten ihre Leistungen nach denjenigen ihrer Mitstudierenden aus,
- betrachten Wissen als etwas, was von außen an sie herangetragen wird,
- nehmen Wissen auf, um es später, beispielsweise an Prüfungen, reproduzieren zu können,
- nehmen beim Lernen eine eher rezeptive Haltung ein, Auswendiglernen ist ihre bevorzugte Lernstrategie,
- sind primär daran interessiert, mit einem minimalen Aufwand einen maximalen Prüfungserfolg zu erzielen.

Tiefenorientiert Studierende

- verfolgen könnensorientierte Ziele (mastery goals),
- orientieren sich am Inhalt,
- möchten das Wissen begreifen und wollen die Bedeutung von Wissen erkennen,
- denken die Inhalte durch,
- erkennen sich selbst als Hauptakteure oder Hauptakteurinnen erfolgreichen Lernens,
- sind primär am Wissen und an Aufgaben interessiert.

Die anspruchsvollen Ziele der Hochschullehre können ohne tiefenorientiertes Lernen kaum erreicht werden. Nicht alle Studierenden bringen jedoch die Motivation und Fähigkeit zu solchem Lernen mit. Oft haben sie mit den oberflächenorientierten Strategien die vorauslaufenden Schulen erfolgreich abschließen können und kennen andere Strategien noch gar nicht. Den Sinn einer vertieften Auseinandersetzung mit Wissen – und was es überhaupt bedeutet, an einer Hochschule zu studieren – müssen sie erst erkennen.

2.3 Media Generation?

Für die nach 2000 geborenen Personen, auch «digital natives» genannt (Prensky 2001), sind computerbasierte Geräte wie Laptop, Handy, Tablet Teil ihrer Alltagskultur. Ein Großteil der Studierenden ist mobil vernetzt, interagiert häufig und ist jederzeit erreichbar. Die Geräte haben für sie beispielsweise folgende Funktionen: Ständiger Begleiter, soziale Anschlussstelle, Informationslieferant, Selbstdarstellung, Unterhaltung. Diesbezüglich sind die Unterschiede innerhalb der sogenannten Media Generation ebenso groß wie zwischen den Generationen (Bennett/Maton/Kervin 2008).

Die Studierenden sind durch die regelmäßige Nutzung computerbasierter Geräte sehr medienaffin, was allerdings nicht mit medienkompetent verwechselt werden darf.

Ihnen wird nachgesagt, dass sie rasch reagieren (z. B. schnell Informationen finden) und das auch von den Dozierenden erwarten. Sie lassen sich mehr durch Bilder als durch Texte leiten, arbeiten gerne ziel-; handlungs- und ergebnisorientiert, auch spielerisch (Boschma/Groen 2006; Akkerman 2007). Die Studierenden bringen ihre lebenslange Erfahrung mit digitalen, netzbasierten Geräten mit in das Studium ein und lassen sich weitgehend problemlos auf den Einsatz der neuen Medien ein. Sie können sich im Rahmen von Arbeitsgruppen damit leicht vernetzen und organisieren sowie Wissen rasch recherchieren. Bei entsprechenden Lernaufgaben mit Begleitung durch Dozierende liefern sie produktive Ergebnisse. Die altersbedingten kognitiven Voraussetzungen beeinflussen die Lernpräferenzen jedoch stärker als die Einsatzmöglichkeiten von Technologien.

Wie Studien zeigen, scheinen Studierende die neuen Medien in erster Linie als Mittel zur Beschaffung und zum Austausch von Informationen zu nutzen und noch wenig zur Generierung von neuen Erkenntnissen und Produkten (Schulmeister 2008). Das mag durchaus auch mit der entsprechenden Didaktik zusammenhängen. Mehrere Untersuchungen zeigen, dass viele Studierenden gegenüber E-Learning zurückhaltend eingestellt sind (z. B. Akkerman 2007; Paechter/Fritz/Maier/Manhal 2007; Oblinger/Oblinger 2005). Viele bevorzugen noch immer die Präsenzlehre und befürworten einen moderaten Einsatz der neuen Medien. Ihre Vorliebe gilt Professoren und Professorinnen, die engagiert und begeistert unterrichten. Unsichere Studierende finden mehr Sicherheit im Face-to-face-Kontakt. Am Präsenzunterricht schätzen Studierende die Kommunikation mit Dozierenden und die Kontakte mit anderen Studierenden (Paechter/Fritz/Maier/Manhal 2007). Außerdem möchten sie als Personen wahrgenommen werden und haben ein Bedürfnis nach Zugehörigkeit (Lam/Rubens/Simons 2006).

Es gibt demgegenüber auch aktuelle Studien, welche die Unterstützung des individuellen und aktiv produktiven Lernens durch E-Learning zeigen. Studierende, die bereits beruflich und familiär eingebunden sind und mehr Flexibilität für ihr Studium wünschen, schätzen die Verlagerung von Präsenz- zur Online-Lehre.

Bowskill, Lymn & Meade 2011 zeigen beispielsweise, dass älteren Studierenden das Lernen mithilfe von Podcasts entspricht. Sie können damit ihr Studium organisatorisch und die Auseinandersetzung mit komplexen Inhalten besser bewältigen. E-Learning erfordert aber viel Disziplin.

Es ist zurzeit offen, inwieweit der Umgang mit computerbasierten Geräten und Internet die Lernkompetenzen, -konzepte, Einstellungen und Lebensentwürfe verändert. «Ein Transfer der durch den Umgang mit dem Computer erworbenen Kompetenzen auf das Lernen scheint noch nicht – oder zumindest nicht in dem erwarteten Maße – stattzufinden. Die Benutzung des Computers (...) für das Studium in der Universität wird nüchtern als Mittel zum Zweck betrachtet» (Schulmeister 2008, S. 117). (→ Kapitel 19)

Die Einstellung der Studierenden gegenüber den neuen Medien als Lernmittel zeigt ein kontroverses Bild. Studierende schätzen E-Learning dann, wenn sie den Sinn einsehen und darin einen Mehrwert erkennen.

2.4 Motivationsförderung für vertieftes Lernen

Studierende sind grundsätzlich selbst verantwortlich für ihre Motivation und ihren Lernprozess. Mit hoher Fachkompetenz, mit Verständnis für die Motivationsmuster und die Lernkonzepte der Studierenden, mit Interesse an den Menschen und mit hochschuldidaktischem Wissen und Geschick können die Dozierenden aber die Motivation der Studierenden fördern, generell und insbesondere im Hinblick auf vertieftes Lernen.

Autonomie und Selbstbestimmung zugestehen

Studierende wollen als autonome Wesen wahrgenommen werden. Motivierend wirkt das Gefühl, Teile des Studiums inhaltlich und organisatorisch selbst zu bestimmen zu können. Dozierende können diesem Bedürfnis mit dem Angebot von Wahlmöglichkeiten entgegenkommen, beispielsweise indem sie:

- verschiedene Fallbeispiele anbieten,
- ermöglichen, dass Studierende Lernergebnisse in unterschiedlicher Form präsentieren,
- ermöglichen, dass Studierende in Projekten die Fragestellung innerhalb eines Rahmens selbst bestimmen,
- für Studienwochen den Studienort oder zum Beispiel die zu besuchende Firma mitbestimmen lassen,

- die Studierenden mitentscheiden lassen, wie sie bei eigenen Arbeiten begleitet werden wollen.

Aussicht auf Erfolg und Einsicht in die Bedeutsamkeit des Gelernten ermöglichen

Menschen richten ihre Tätigkeiten auf Aktivitäten aus, die für sie einen Wert verkörpern und Erfolg versprechen. Motivation kann als Ergebnis der Multiplikation von Werthaftigkeit und Erfolgssicherheit des Gelernten aufgefasst werden. Dozierende fördern die Motivation, wenn sie

- ihren Studierenden den Wert eines Inhaltes aufzeigen, indem sie beispielsweise den Praxisbezug des Inhaltes erläutern,
- praxisbezogene Ziele formulieren,
- anspruchsvolle und erreichbare Ziele vorgeben, die weder über- noch unterfordernd sind, Teilziele aufzeigen,
- Lernwege aufzeigen, Herausforderungen benennen,
- Unterstützungen anbieten.

Inhalts- und zielorientiertes Lernklima gestalten

Oberflächenorientiert Studierende wollen primär Prüfungen bestehen, tiefenorientiert Studierende wollen primär Wissen und Kompetenzen aufbauen und dabei selbstverständlich auch erfolgreich sein (zur Verdeutlichung werden die beiden Typen hier etwas überzeichnet dargestellt – sie existieren selten in Reinform). Dozierende, die ihr Lehren ausschließlich auf normorientierte Lernerfolge ausrichten, welche nur durch einen Teil der Studierenden erreicht werden können, tragen mit dieser Ausrichtung zu einem ausschließlich prüfungsorientierten Arbeitsklima bei.

Dozierende können hingegen das vertiefte Interesse an den Inhalten fördern, indem sie

- zielorientierte Leistungen verlangen (Ziel als Norm),
- hohe Transparenz über das Anforderungsniveau herstellen,
- deklarieren, dass sie auch tiefenorientiert prüfen, und dies tatsächlich auch tun,
- Fehler analysieren und als Lerngelegenheit nutzen,
- regelmäßig Standortbestimmungen anbieten, Feedback geben,
- über Lernen und Lernstrategien sprechen.

Ein solchermaßen lernförderliches Klima zeigt sich darin, dass Studierende

- sich kooperativ verhalten,
- es wagen, Risikos einzugehen und Fehler zu machen,
- echte Fragen stellen, aus Interesse und nicht, um andere Studierende oder Dozierende zu beeindrucken,

- sich vertiefter mit dem Stoff befassen und mehr leisten, als erwartet wird.

Studierende dort «abholen», wo sie sind

Wenn Studierende bei ihrem aktuellen Stand an Wissen und Können «abgeholt» werden, erhalten sie eine gewisse Sicherheit, dass sie die gesteckten Ziele erreichen können. Dozierende müssen also nicht nur wissen, wohin sie ihre Studierenden begleiten wollen, sondern auch, auf welchen Wissensgrundlagen sie aufbauen können (Chalmers/Fuller 1996). Es geht darum, das Vorwissen in Erfahrung zu bringen und einzubeziehen sowie die vorhandenen Lernkompetenzen zu berücksichtigen.

Prüfungserfolg ermöglichen

Prüfungserfolg wirkt sehr motivierend, besonders wenn herausfordernde Aufgaben gut gelöst wurden. Dozierende können den Prüfungserfolg unterstützen, indem sie

- die Ziele bekannt geben,
- ihre Lehrtätigkeit und die Selbststudien konsequent darauf ausrichten,
- lernzielorientierte Prüfungsfragen formulieren,
- Transparenz über die Beurteilung herstellen,
- positive Erwartung hinsichtlich des Prüfungserfolgs aussprechen und Zuversicht ausstrahlen. (→ Kapitel 18)

Zielbezogenes, fachliches Feedback geben

Sachbezogene Feedbacks wirken vor allem bei Studienbeginn oder beim Einstieg in ein unbekanntes, fremdes Thema sehr motivationsfördernd. Extrinsische Anerkennung ist dann nötig, wenn die intrinsische Motivation fehlt. Eine sach- und zielbezogene, unterstützende Rückmeldung wirkt ermutigend und bewirkt, dass die Studierenden ihre Lernleistung optimieren. *Zu viel* extrinsische Anerkennung ohne Bezug zur effektiven Leistung kann hingegen die Entwicklung von Selbstständigkeit und Autonomie behindern. Lob ohne zielbezogene Informationen wirkt kaum lernfördernd, sondern sogar lernhemmend (Hattie 2014, S. 137). (→ Kapitel 17.7)

2.5 Motivationsförderung bei Misserfolg

Wenn Studierende ein Ziel nicht erreicht haben, wirkt eine klare und ehrliche Aussage von Dozierenden ermutigend. Besteht die begründete Annahme, dass die Betroffenen in der Lage sind, die nicht erfüllten Anforderungen zu erreichen, sollten die Dozierenden sich positiv über deren Lernfähigkeit äußern.

Eine persönliche Beratung setzt am besten bei den Gründen an, welche die Studierenden selbst für den Misserfolg angeben. Solch persönliche «Ursachenforschung» zielt darauf ab,

- den eigenen Beitrag zum Misserfolg zu erkennen (zum Beispiel Motivation, Lernverständnis),
- konkrete Vorbereitung, persönliche Aspekte, konkrete neue Handlungsmöglichkeiten zu erkennen,
- Selbstvertrauen und Motivation aufzubauen.

Die Gründe für einen Misserfolg können innerhalb oder außerhalb der eigenen Person gesucht werden. Sie können stabil oder instabil, beeinflussbar oder nicht beeinflussbar sein. Studierende nennen häufig die folgenden Ursachen:

- *Mangelnde persönliche Anstrengung:* «Ich habe zu wenig intensiv studiert.»
  Grund: intern, beeinflussbar
  Beratungsthema: Lernkompetenz
- *Fehlende eigene Fähigkeit:* «Ich bin nicht gut in Statistik.»
  Grund: intern, beeinflussbar
  Beratungsthemen: Einstellung gegenüber eigenen Fähigkeiten, Umgang mit Schwächen
- *Zufall:* «Der Test verlangte genau das, was ich nicht gelernt habe, ich habe Pech gehabt.»
  Grund: extern, beeinflussbar
  Beratungsthema: Motivation
- *Schlechte Lehre:* «Der Dozent war schlecht.» Oder
- *Mangelnde Sympathie:* «Der Dozent mag mich nicht.»
  Gründe: extern, nicht beeinflussbar
  Beratungsthemen: Lernverständnis, Verantwortlichkeit für Lernerfolg
- *Formales:* «Es war mir nicht bekannt, dass dieser Stoff geprüft wird.»
  Gründe: extern, instabil, beeinflussbar
  Beratungsthemen: Prüfungsvorbereitung, Verantwortlichkeit für Informationen
- *Persönliche Befindlichkeit:* «Ich hatte starke Kopfschmerzen.»
  Grund: intern, nicht beeinflussbar
  Beratungsthemen: Umgang mit Stress, praktische Lösungen bei körperlichen Schmerzen
- *Äußere Bedingungen:* «Der Baulärm war unerträglich.»
  Grund: extern, instabil, teilweise beeinflussbar
  Beratungsthemen: Umgang mit Prüfung, praktische vorbeugende Lösungen

Auf den Punkt gebracht

Die Motivation für das Studium ist in erster Linie Sache der Studierenden.
Mit einer herausfordernden, personen- und zielorientierten Lehre und einem moderaten Einbezug der neuen Medien können die Dozierenden maßgeblich dazu beitragen, dass die Studierenden ihr Studium nicht nur nutzen, um einen Abschluss zu erreichen, sondern darin eine einmalige Lernchance erkennen und motiviert sind für lebenslanges Weiterlernen.

Qualität der Hochschullehre

Absicht

Gelebte Qualitätsstandards sind ein wichtiges Kulturmerkmal einer Hochschule. Das zeigt sich darin, dass der überwiegende Teil der Dozierenden sich zu einer bestimmten Qualitätsphilosophie bekennt und diese situationsspezifisch konkretisiert. Im folgenden Kapitel werden Qualitätsstandards für die Lehre an Hochschulen und Umsetzungsmöglichkeiten vorgestellt.

Leitfragen

- Welche Funktion haben Qualitätsstandards?
- Was sagen Standards aus?
- Wie zeigen sie sich in der Lehre?

3

In Kürze

Qualitätsstandards sind Maßstab für die gute Lehre und somit Eckwerte für die Lehrgestaltung und -evaluation. Qualitätsstandards müssen von der Hochschulleitung und Verwaltung mitgetragen werden und sollten im Leitbild verankert sein. Die Dozierenden ihrerseits müssen sie akzeptieren und umsetzen *wollen*. In dem Sinne ist es äußerst wichtig, dass die Standards breit und offen diskutiert werden. Immer wieder. Qualitätsstandards beziehen sich auf die wesentlichen didaktischen Bereiche der Lehre: Das Lernklima, die Inhalte und Ziele, die Lerngestaltung und -umgebung, die Lernmittel, die Lernüberprüfung, die Rolle der Dozierenden und Studierenden und die Evaluation der Lehre. Die Reflexion und Umsetzung von Qualitätsvorstellungen setzt bei den Dozierenden didaktische Fähigkeiten voraus und fördert sie auch.

3.1 Funktionen von Qualitätsstandards

Qualitätsstandards prägen die Lehr- und Lernkultur einer Hochschule. Als von den Dozierenden und der Leitung anerkannte «Qualitätsphilosophie» fördern sie die Ausrichtung der Lehre auf gemeinsame Ziele, unterstreichen deren hohen Stellenwert und sind Ausdruck der Professionalisierung der Hochschullehre.

Qualitätsstandards sind Bezugswerte
- für die Planung und Gestaltung der Lehre,
- für die Evaluation der Lehre,
- für die hochschuldidaktische Qualifikation der Dozierenden (vgl. Konferenz der Fachhochschulen der Schweiz 2003b),
- für hochschuldidaktische Weiterbildungen und Beratungen.

Im Alltag einer Hochschule haben sie Bedeutung
- für die Reflexion von Planung und Durchführung von Unterricht,
- für die Reflexion von Unterrichtsbesuchen durch Kollegen und Vorgesetzte,
- bei der Konstruktion von Evaluations- und Beobachtungsinstrumenten,
- bei Mitarbeiter- und Mitarbeiterinnengesprächen zur Reflexion der Lehrtätigkeit und zur Vereinbarung neuer Ziele,
- bei der Wahl neuer Mitarbeitender,
- bei Gesprächen mit Studierenden,
- bei PR-Aktionen für die Hochschule.

An der Umsetzung von Standards sind Dozierende *und* Studierende gleichermaßen beteiligt. Den Dozierenden kommt aber eine herausragende Rolle zu, denn mit ihrer Begeisterung für die Inhalte, mit ihrer Fachkompetenz, ihren kommunikativen und didaktischen Fähigkeiten und ihrem persönlichen Engagement prägen sie den Lehralltag und vermögen sie die Studierenden zu inspirieren.

3.2 Konkrete Qualitätsstandards der Hochschullehre

Standards sind allgemeine Normen. Ihre Umsetzung ist aber immer abhängig von konkreten Umständen, wie beispielsweise von den Lerninhalten, den Lernzielen und den Studierenden. Die nachfolgend beschriebenen Standards beziehen sich ausschließlich auf das Kerngeschäft Lehre, also auf Ziele, Inhalte, Lerngestaltung,

Lernumgebung und Evaluation. Sie lehnen sich an die von der Hochschule Luzern entwickelten Qualitätsstandards an und berücksichtigen Weiterentwicklungen im Hochschulbereich. (vgl. Fachhochschule Zentralschweiz 2003; MICHL/KRUPP/STRY 1998; PFÄFFLI 2000; Staff and Educational Development Association 2014; Stifterverband für die Deutsche Wissenschaft 2014). Die Aussagen fokussieren darauf, vertiefende Verstehens- und konkrete Problemlösungsprozesse zu ermöglichen (shift from teaching to learning, Redewendung der UNESCO) und auf die Kreation von authentischen, interaktiven Lernumgebungen.

A Lernförderliches Klima

Dozierende

- inspirieren, involvieren und ermutigen die Studierenden,
- stellen hohe Anforderungen und sind interessiert an den Studierenden,
- stellen Transparenz her über die Ziele, Vorgehensweisen und die Beurteilungsformen,
- geben ziel- und sachbezogene, kritische und konstruktive Rückmeldungen,
- zeigen Offenheit für die unterschiedlichen kulturellen Voraussetzungen von Studierenden,
- interessieren sich für die Lernaktivitäten der Studierenden und versuchen sie zu verstehen. Sie sind offen für Fragen und Anregungen,
- praktizieren ein lernförderndes Maß an Interaktivität und unterstützen das Lernen
- in Kooperationsformen,
- engagieren sich für einen respektvollen Umgang innerhalb der Lerngruppe,
- behandeln Fehler als Lernchance.

B Wissenschafts- und praxisorientierte, künstlerische und pädagogische Lerninhalte sowie überprüfbare und anspruchsvolle Lernziele

Dozierende

- wählen Inhalte, die dem neuesten Stand der Wissenschaft und aktuellen Fragen in Praxis und Kunst entsprechen,
- berichten über persönliche und aktuelle Praxiserfahrungen,
- richten die Lernziele auf die Ziele des Studienganges bzw. auf anspruchsvolle Aufgabenstellungen aus Gesellschaft, Wirtschaft, Kultur und Kunst im entsprechenden Berufsfeld aus,
- formulieren, abhängig von der Studiensituation, umfassende Handlungsziele und/oder spezifische Ziele bezüglich Fach-, Methoden-, Sozial- und Selbstkompetenz,

- organisieren authentische, insbesondere auch interdisziplinäre Lernumgebungen und fördern so die Entwicklung von transferfähigen Erkenntnissen,
- finden eine sinnvolle Balance zwischen Theorie- und Praxisorientierung,
- reduzieren die Inhalte zugunsten von vertiefendem Verstehen, Anwenden, Üben, Experimentieren, Problemlösen und Entwickeln,
- entwickeln die eigene Expertise bezüglich Wissen und Praxis weiter.

C Konsistenz zwischen Zielen, Inhalten, Lernumgebung und -gestaltung, Lernkontrolle und Evaluation

Dozierende

- stellen in der Planung, Durchführung und Evaluation von Lerneinheiten die Ziele, Lerninhalte, Lerngestaltung und Lernüberprüfung in einen erkennbaren Zusammenhang (Constructive alignment).

Zur Illustration: Lerneinheit zur Vermittlung von Wissen
Ziele: Die Lernziele beziehen sich auf den Erwerb von Grundlagenwissen in einem bestimmten Fachgebiet.
Durchführung von Unterricht: Die Dozierenden gestalten den Unterricht mittels Referaten, Lehrgesprächen und allenfalls kleinen Übungen.
Lernkontrolle: Die Lernkontrolle (Prüfung) kann in der Wiedergabe von Wissen anhand von Übungen bestehen.

Zur Illustration: Lerneinheit zum Aufbau von Handlungskompetenzen
Ziele: Die Lernziele beziehen sich auf den Erwerb von Kompetenzen für die Leitung von Projekten.
Durchführung von Unterricht: Die Dozierenden leiten die Studierenden anhand eines Praxisbeispiels an, die Tätigkeiten in den verschiedenen Projektphasen konkret auszuführen, oder sie führen mit den Studierenden ein (kleines) Projekt durch und reflektieren die verschiedenen Phasen unter dem Aspekt der Führung von Projekten. Die Übungsanordnungen können durch Phasen der Theorievermittlung ergänzt werden, oder die Studierenden eignen sich die Theorie im Rahmen des Selbststudiums selbstständig an.
Lernkontrolle: Der Lernnachweis kann beispielsweise in der Lösung konkreter Aufgaben des Projektmanagements anhand eines Falles oder in einem Bericht anhand vorgegebener Kriterien über ein erlebtes Projekt bestehen.

D Vielfältige, flexible Lernumgebungen

Dozierende

- verstehen Lernen als individuellen Prozess, ermöglichen deshalb verschiedene Zugänge zu den Lerninhalten und berücksichtigen so die Heterogenität der Studierenden,
- setzen verschiedene Methoden und Hilfsmittel, insbesondere auch die neuen Medien in Abhängigkeit von den Inhalten, Zielen und Ressourcen flexibel, situations- und niveaugerecht ein,
- involvieren die Studierenden durch authentische und interaktive Lernumgebungen in verstehende und problemlösende Lernprozesse,
- variieren ihre Rolle entsprechend der Lerngestaltung.

Zur Illustration:
Unterricht in Großgruppen: Die Dozierenden halten eine Vorlesung und geben Gelegenheit für Fragen. Sie stellen die Vorlesung als E-Learning-Podcast zur Verfügung.
Unterricht in Gruppen mittlerer Größe (zum Beispiel Klassen): Die Dozierenden führen Lehrgespräche über Wissenskonzepte und Problemlösungen; sie bauen kooperative Lernformen ein.
Unterricht in kleinen (Lern-)Gruppen (zum Beispiel Projektunterricht): Die Dozierenden geben praxisrelevante Aufgaben und definieren klare Rahmenbedingungen. Sie geben eindeutige Feedbacks, inwieweit und inwiefern die gesetzten Ziele erreicht wurden. Sie formulieren Anregungen und Hinweise für die Bearbeitung der Aufgabe sowie Hinweise zur Analyse von Schwierigkeiten. Sie berichten von eigenen Erfahrungen.
Einzelunterricht (zum Beispiel an einer Musikhochschule): Die Dozierenden können Techniken und Passagen vorzeigen, über die Interpretation eines Werkes diskutieren und unterstützendes Feedback geben.

E Balance zwischen Selbst- und Fremdsteuerung

Dozierende

- konkretisieren Lernsituationen, in denen die Studierenden, in Abhängigkeit von der Studiensituation, eigene Ziele setzen und eigene Lernwege bestimmen,
- übernehmen Mitverantwortung für den Lernprozess der Studierenden,
- thematisieren den Aspekt der Eigenverantwortlichkeit für den Lernprozess,
- stimmen Lernprozesse im Präsenzunterricht und im Selbststudium aufeinander ab und bieten Freiräume für individuelles Studium,
- beraten die Studierenden aufgabenbezogen,

- geben Lernhinweise, regen Lernkooperationen an,
- leiten Reflexionen (metakognitive Prozesse) an.

F Kontinuierliche Optimierung als Folge der Lernerfolgssicherung, Qualitätssicherung und Reflexion

Dozierende

- überprüfen den Lernerfolg der Studierenden zielorientiert, also wissens- und kompetenzorientiert,
- begründen die Beurteilung, geben Feedback, initiieren Peer-Feedback,
- fördern die Selbstreflexion und Selbsteinschätzung der Studierenden,
- evaluieren ihre Lehrtätigkeit im Rahmen von Selbst- und Fremdauswertung in Bezug auf Qualitätsstandards,
- besprechen ausgewählte Ergebnisse mit der Lerngruppe,
- ergreifen Optimierungsmaßnahmen.

Leistungsauftrag der Hochschulen

Absicht

Hochschulen bieten Diplomstudiengänge (Bachelor und Master) und Weiterbildungen an, sie erbringen Dienstleistungen und sind in den Bereichen Forschung und Entwicklung tätig. Die folgenden Ausführungen zeigen, wie all diese verschiedenen Aktivitäten, zu denen die Hochschulen verpflichtet sind,[1] zu einer aktuellen und praxisbezogenen[2] Lehre beitragen können.

Leitfrage

Wie kann der mehrfache Leistungsauftrag der Hochschulen für die Lehre genutzt werden?

---

1 In der Schweiz ist der mehrfache Leistungsauftrag der Fachhochschulen im Bundesgesetz über die Fachhochschulen (Fachhochschulgesetz FHSG) vom 6.10.1995 verankert. (Artikel 3)

2 In einer gemeinsamen Erklärung haben die Europäischen Bildungsminister am 19. Juni 1999 arbeitsmarktbezogene Qualifikationen als Ziel der Hochschulbildung definiert.

4

In Kürze

Der mehrfache Leistungsauftrag der Hochschulen erlaubt diesen, den Anspruch einer praxisbezogenen Lehre weitgehend einzulösen. Dozierende können durch ihre unterschiedlichen Tätigkeiten in Lehre, anwendungsorientierter Forschung und Beratung ihren persönlichen Praxisbezug *à jour* halten.

Eine Verknüpfung der Prozesse in der Forschung und im Dienstleistungsbereich mit der Lehre ist im Rahmen von projektorientierter Lehre und von klassischer Wissensvermittlung möglich, und zwar in beiden Richtungen: Studierende können in die Forschungs- und Beratungsprojekte einbezogen werden; die Erkenntnisse aus diesen Projekten in die Lehre einfließen. Bereits bei der Planung von Modulen und Kursen sollten die hochschulinternen Ressourcen einbezogen werden.

Als Drehscheibe von Praktikern, Denkern und Vermittlern birgt jede Hochschule ein großes Wissenspotenzial. Situativ angepasste Formen des Wissensaustausches fördern die Kompetenz aller Beteiligten. Aus diesem Austausch können alle Beteiligten einen Gewinn ziehen.

4.1 Chancen des mehrfachen Leistungsauftrages

Durch die Aus- und Weiterbildung von Kaderpersönlichkeiten und durch verschiedene Dienstleistungen, etablieren sich die Hochschulen als Partner von Menschen und Institutionen im gesamten gesellschaftlichen Umfeld. Der mehrfache Leistungsauftrag macht es zudem möglich, den Anspruch einer praxisorientierten Lehre zu einem guten Teil einzulösen.

Dozierende erhalten durch ihre Tätigkeit im Rahmen des erweiterten Leistungsauftrags Einblick in die konkreten Aufgaben und Probleme in der Berufspraxis. Als Dienstleisterin oder Entwickler für Unternehmen machen sie beispielsweise die Erfahrung, dass die Arbeit in konkreten Projekten nicht allein fachspezifische Methodenkompetenzen verlangt, sondern auch unternehmerisches Denken und Handeln oder interkulturelle Kompetenzen. Studierende, welche in solchen Projekten mitwirken, entwickeln so ebenfalls wichtige Kompetenzen.

Die Verknüpfung von Prozessen und Ergebnissen in den Leistungsbereichen bedingt eine dynamische Beziehung zwischen den Akteuren. Konstruktive Beziehungen zwischen den beteiligten Personen und ein einfaches, handhabbares System des Wissensaustausches ermöglichen den erwünschten Austausch.

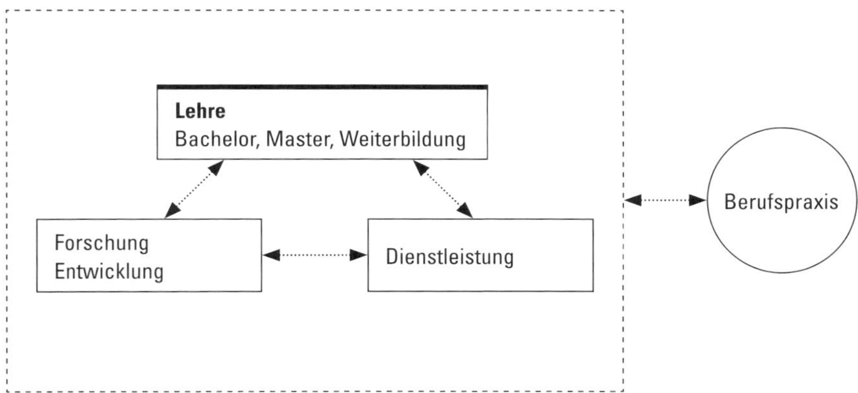

Abbildung 3: Dynamische Beziehung zwischen allen Bereichen des Leistungsauftrags

4.2 Austausch zwischen den Leistungsbereichen und der Praxis

Mitarbeit von Studierenden in Entwicklungs- und Forschungsprojekten
Die Studierenden arbeiten unter Begleitung Dozierender in Projekten mit. Sie können so theoretisches Wissen auf echte Fragestellungen beziehen und dabei neue Erkenntnisse gewinnen und entwickeln. Realisierbar ist eine solche Projektmitarbeit von Studierenden in der Form von Einzelarbeiten, von Gruppenarbeiten, im Kontext schriftlicher Arbeiten oder in internen und hochschulexternen Projektwochen.

Ergänzung von Lehrveranstaltungen
Die Ergebnisse von Forschungs- und Entwicklungsprojekten aus den Instituten und Forschungsabteilungen der Hochschule bilden eine wichtige Ressource für eine aktuelle wissenschaftsbezogene Hochschulbildung. Dozierende oder ihre Kollegen können über Erfahrungen und Ergebnisse in Entwicklungs- und Dienstleistungsprojekten berichten und so theoretische Inhalte oder Vorgehensweisen praktisch illustrieren. Voraussetzung ist ein praktikabler Wissensaustausch. Die Einsätze von Mitarbeitenden müssen rechtzeitig abgesprochen und eingeplant werden.

Bearbeitung echter, eigener Fragestellungen
Die Teilnehmerinnen und Teilnehmer, vor allem in Masterstudiengängen und in Weiterbildungsveranstaltungen, bearbeiten im Rahmen ihrer Qualifikationsschritte konkrete Probleme aus ihrem Alltag. Die Diskussion der Lösungen in den Ausbildungsgruppen führt zu einem Lerngewinn für alle.

Feedback aus der Praxis auf Arbeiten
In den Bereichen Dienstleistung, Forschung und Entwicklung bestehen viele Kontakte zwischen Hochschulen und Partnern, beispielsweise aus Wirtschaftsunternehmen und kulturellen oder sozialen Institutionen. Feedbacks auf Arbeiten durch Persönlichkeiten aus der Praxis können systematisch eingeholt werden. Sie sind für Studierende und Dozierende gleichermaßen aufschlussreich und lernförderlich.

Einbezug von Absolventen (Ehemalige)
Absolventen können Fallbeispiele liefern, in Projekten mitarbeiten, Projekte initiieren und Studierende begleiten. Absolventen stellen ein Potenzial für die Entwicklung der Hochschule dar, beispielsweise als Coach von Studierenden in der Diplomausbildung oder als Verbindungsperson zur Praxis im Rahmen von Projekten.

Formen des Wissensaustausches in neuer und wechselnder Zusammensetzung
Jede Hochschule ist eine Drehscheibe von aktuellem und künftigem Kaderpersonal, beispielsweise in den Bereichen Ausbilden, Führen, Entwickeln, Beraten, und birgt damit das Potenzial für einen vielfältigen Wissensaustausch. Ideen und Wünsche von Partnern aus der Praxis, Mitarbeitenden der Hochschule und fortgeschrittenen Studierenden können im Rahmen einer *community of practice* bearbeitet werden.

Für diesen selbstorganisierten Wissensaustausch eignen sich Formen vor Ort oder im virtuellen Raum (Raub 2004). Es braucht im Grunde lediglich eine interessierte Persönlichkeit, die an einer Startveranstaltung Bedürfnisse aufnimmt, die Form des Wissensaustausches gemeinsam mit den interessierten Personen festlegt und die Prozesse, auch im virtuellen Raum, moderiert.

Auf den Punkt gebracht

Es empfiehlt sich, die hauseigenen Wissensressourcen und Kontakte zur Praxis explizit für die Lehre zu nutzen. Die Beziehungen von Instituten mit der Praxis sind hilfreich für die Gestaltung echter Projektaufträge, für die Organisation von Gastvorträgen, Studienwochen oder Exkursionen. Der Einbezug von Studierenden in *Inhouse*-Projekte, Feedbacks aus der Praxis auf studentische Arbeiten oder die Mitwirkung in Praxisgemeinschaften stellen exzellente Lernanlässe dar.

Erwartungen der Berufswelt

Absicht

Die folgenden Ausführungen zeigen wichtige Erwartungen der Berufswelt an Absolventen und Absolventinnen von Hochschulen.

Leitfrage

Was erwarten Arbeitgeber und Arbeitgeberinnen von Hochschulabsolventen und -absolventinnen?

5

In Kürze

- Praxisbezogene Studiengänge berücksichtigen aktuelle und antizipieren künftige Entwicklungen der Berufswelt.
- Die zentrale Erwartung heißt «Berufsbefähigung».
- Absolventen und Absolventinnen von Hochschulen sollen selbstständig, lösungsorientiert, verantwortungsvoll und innovativ handeln und mit verschiedenen Menschen und Gruppen, auch in einem interdisziplinären und interkulturellen Kontext, kommunizieren und zusammenarbeiten können.

Hochschulabsolventen und -absolventinnen sollen ein Beschäftigungsverhältnis aufnehmen, halten und wechseln können (Rechenbach/von der Heyden/Radojewski 2012, S. 54). Die Erwartungen an die Berufsbefähigung sind umfassend und anspruchsvoll, aber auch branchenspezifisch. Unternehmen wünschen sich Fachwissen *und* Handlungskompetenzen. Praxiserfahrungen sind besonders erwünscht (vgl. Braun 2014; Meyer/Schrauth/Abraham 2013; Webler 2004):

Primat des Handelns

In vielen Bereichen der Gesellschaft, insbesondere in der Wirtschaft, gilt der Primat des Handelns. Hochschulabsolventen sollen Aufgaben anpacken, gründlich, aber rasch analysieren, lösen und neue Ideen entwickeln. Analysefähigkeit und Projektmanagement scheinen die zentralen Fähigkeiten zu sein.

Begründete, reflektierte und praktikable Lösungen

Professionalität zeichnet sich aus durch begründetes Handeln. Wissen ermöglicht Begründungen und Reflexion. Absolventinnen von Hochschulen sollen über aktuelles und fundiertes Fachwissen verfügen, dieses Wissen verstanden haben und in praktikable und zeitgerechte Lösungen einbringen können. Erwünscht ist außerdem «ein breites Orientierungswissen in verschiedenen Fächern und ein Gefühl für die Komplexität der Zusammenhänge» (Braun 2014, S. 101).

Kommunikatives Handeln

Unter den erwünschten, sogenannten «soft skills» nimmt die Kommunikation vor Ort *und* im virtuellen Raum eine Schlüsselstellung ein.

Kommunikation mit Kunden und Partnern: «Arbeiten» für Kunden und «Lernen» von Kunden ist «Kommunizieren» mit Kunden. Vor allem die mündliche Kommunikation gilt als Schlüsselfaktor für erfolgreiche Kundenbeziehungen. Hochschulabsolventinnen sollen Kundenbeziehungen kraft ihrer Persönlichkeit offen, persönlich und nutzenorientiert gestalten können. Frühzeitiges, vorausschauendes und strukturiertes Kommunizieren gilt als besonders bedeutsam. Hochschulabsolventinnen und -absolventen sollen Kommunikationsmittel und -wege kennen, sie sollen selbst diese Mittel ziel- und situationsangemessen einsetzen oder geeignete Experten auf diesem Weg begleiten können.

Kommunikation mit Vorgesetzten, Unterstellten, Teamkollegen und -kolleginnen, Fachexperten:
Produktive und kreative Arbeitsprozesse sind zu einem bedeutenden Teil das Ergebnis einer wertschätzenden und klaren Kommunikation. Hochschulabsolventen sollen kommunikative Prozesse auf Teamebene und zwischen Vorgesetzten und Mitarbeitenden (von oben nach unten und von unten nach oben) konstruktiv mitgestalten können. Teamfähigkeit gilt als zentrale soziale Kompetenz für gelingende Arbeitsprozesse. Da Teams heute oft interdisziplinär zusammengesetzt sind, kommt als besonders herausfordernder Aspekt die Kommunikation und Zusammenarbeit in fachübergreifenden Teams hinzu.

Kommunikation mit Laien und Experten:
Hochschulabsolventen sollen ihr Wissen gegenüber Laien und Experten verständlich einbringen können. Präsentationskompetenz ist heute eine zentrale erwünschte Kompetenz von Hochschulabgängern.

Interkulturell aufgeschlossene Haltung:
Interkulturelle Aufgeschlossenheit ist ein wesentlicher Faktor bei internationalen Geschäften und Projekten. Hochschulabgänger sollten Verständnis für interkulturelle Unterschiede mitbringen, Fremdsprachen beherrschen und einen respektvollen Umgang mit Menschen aus anderen Kulturen pflegen.

Struktur- und prozessgestaltendes Handeln
Arbeitsprozesse gestalten heißt Arbeitsräume abstecken und Zusammenarbeit strukturieren. Hochschulabsolventinnen sollten innerhalb von vorgegebenen Strukturen eigenständig und zielbewusst arbeiten können. Sie können produktions- und menschenfreundliche Strukturen so mitgestalten, dass Freiraum für Unternehmertum, Experimentierfreude, Innovationskraft und kreatives Handeln entstehen kann und «Gärtchendenken» und Missgunst keine Chance bekommen.

Verantwortungsbewusstes und selbstständiges Handeln
Hochschulabsolventen sollten bereit und fähig sein, Verantwortung für eine Aufgabe *und* für ein Team zu übernehmen und Führungsaufgaben situativ angemessen wahrzunehmen.

Personenbezogenes Handeln
Menschen sind die Quelle von Ideen und Produktivität. Absolventen von Hochschulen sollten anerkennen, dass Menschen sich nicht nur ausschließlich für eine

Sache engagieren, sondern im Beruf auch sich selbst weiterentwickeln wollen. Sie wissen um die Bedeutung echter Wertschätzung für die Motivation und persönliche Zufriedenheit.

Wertbezogenes Handeln
Erfolgreiche Institutionen zeichnen sich aus durch sichtbar gelebte Werthaltungen. Absolventinnen sollten bereit sein, die persönlich anerkannte Werthaltung einer Institution umzusetzen und deren Kultur mitzugestalten.

Innovatives und kreatives Handeln
Absolventinnen von Hochschulen sollten stets bereit und fähig sein, Neues zu lernen, innovativ zu handeln sowie eigenes Wissen weiterzugeben und zu verwerten. Lernkompetenzen sind dabei essenziell.

Leitlinien

Orientierung an Praxis und Kompetenzen

Absicht

Die Ausbildung von professionellen Praktikern erfordert eine praxisbezogene Lehre. Die folgenden Ausführungen zeigen, was Praxisorientierung beinhaltet, und erläutern den Stellenwert von Kompetenzen für eine praxisbezogene Lehre.

Leitfragen

- Was heißt Praxisbezug im Kontext der Lehre an Hochschulen?
- Welche Handlungen erfordert die Praxis?
- Was sind Kompetenzen, und welche Funktion haben sie für die Lehre?

6

In Kürze

Hochschullehrgänge sind darauf ausgerichtet, die Studierenden für verantwortungsvolles Handeln in einem bestimmten Berufsfeld zu befähigen. Professionelle Praktiker und Praktikerinnen sind in der Lage, wissensbasierte Antworten und Lösungen für praktische Fragestellungen zu finden und ihr Handeln wissensbezogen zu reflektieren.
Dazu müssen sie sowohl routiniert, bewusst, zielorientiert und manchmal auch emotional intuitiv handeln. Lernen und Arbeiten sowohl im Studium als auch im Beruf erfordert außerdem das Lernen anhand von Prozessen und Ereignissen, sogenanntes metakognitives Handeln.
Das berufsfeldspezifische Bündel an Kompetenzen, das durch einen Studiengang erworben werden soll, ist im Absolventenprofil oder Ausgangsprofil beschrieben.
Diese Kompetenzprofile beschreiben in der Regel die Ausprägung der fachlichen, methodischen, sozialen und personalen Fähigkeiten, die Studierende im Verlauf des Studiums entwickeln sollen. Dies setzt eine realistische und aktuelle Vorstellung über die im Berufsalltag erforderlichen Handlungen und benötigten Kompetenzen voraus.
Das Ausgangsprofil der Studierenden stellt den ausschlaggebenden Bezugspunkt für die Wahl der Lerninhalte und -ziele dar.
Da Praxis immer subjektiv, einzigartig und konkret ist und weil sie sich stets verändert, richtet sich die Lehre zunehmend auch auf die Entwicklung von generalistischen Fähigkeiten aus.

6.1 Zum Verständnis von Praxis

Handlungen sind an konkrete Situationen gebunden, beispielsweise an eine betriebliche Problemlösung oder an ein künstlerisches Projekt. Unter Praxis wird eine Einzelhandlung oder ein Gefüge von mehreren Handlungen verstanden (MARKOWITSCH 2001).

Praxis ist immer einzigartig

Da jede konkrete Situation einzigartig, dynamisch, unsicher, mehr oder weniger komplex ist, hat Praxis situativen Charakter. Sie ist kaum vorhersehbar und stellt die Beteiligten häufig vor Wertkonflikte. Praktische Problemstellungen lassen sich selten vollständig erfassen und werden kaum je von allen Beteiligten gleich wahrgenommen. Die Praxissituationen sind demnach das, was die darin engagierten Menschen darunter verstehen. Die Annahme, dass alle Beteiligten eine Situation gleich wahrnehmen, führt zu vielen Missverständnissen. Ein von mehreren Menschen geteiltes Verständnis einer Situation muss im Gespräch gefunden und definiert werden.

Dimensionen von Praxis

Lehre praxisbezogen gestalten heißt, die Lernprozesse auf erwünschte Handlungen ausrichten. Die nachfolgend dargestellten Praxisdimensionen verweisen auf Möglichkeiten zur Gestaltung von Praxissituationen in der Lehre.

Fachliche und fachübergreifende Praxis

Für Hochschulen ist die Unterscheidung zwischen fachlich-disziplinärer und fachübergreifender (interdisziplinärer) Praxis relevant. Wie das folgende Beispiel zeigt, benötigen Hochschulabsolvierende im Arbeitsalltag meist fachspezifische *und* fachübergreifende Fähigkeiten.

> *Zur Illustration: Die Gestaltung eines Kommunikationsmittels und die Präsentation vor der Geschäftsleitung gehört für einen Kommunikationsexperten zur fachlichen Praxis. Die Preiskalkulation für die Realisierung des Projekts gehört zur wirtschaftlichen Praxis. Diese Aufgabe verlangt von einem Kommunikationsexperten also fachübergreifende Fähigkeiten.*

Mentale und konkrete Praxis

Die mentale Praxis beinhaltet gedankliche Prozesse und Experimente. Gedankengänge sind zwar unsichtbar, man kann aber darüber sprechen. Mit konkreter Praxis sind sichtbare, auf Objekte ausgerichtete Handlungen gemeint.

Zur Illustration: Ein Musikstück zu komponieren, ist eine Handlung der konkreten Praxis, die Gestaltungsprinzipien einer Fuge von Bach nachzuvollziehen, ist eine Handlung der mentalen Praxis.

Konstruierte, simulierte, echte Praxis
Altrichter und Posch (1994) unterscheiden in Bezug auf die Echtheit von Praxis drei Dimensionen:

- konstruierte Praxis (entspricht zum Beispiel Fallstudien, Übungen),
- simulierte Praxis (entspricht zum Beispiel Planspielen, Handlungstrainings, Rollenspielen) und
- echte Praxis (entspricht Projekten, Praktika).

  Zur Illustration: Für einen Studenten der Hochschule für Soziale Arbeit ist ein mehrmonatiges Praktikum in einer sozialen Institution echte, fachübergreifende, konkrete Praxis.

  Wenn Ingenieure mathematische Übungen ausführen, so ist das als konstruierte, fachliche, mentale Praxis einzuordnen.

  Der Austausch zwischen Studierenden und Dozierenden über die Entwicklung eines künstlerischen Vorhabens kann der echten – mentalen, fachlichen oder fachübergreifenden – Praxis zugeordnet werden.

Abgesehen von allgemeindidaktischen Überlegungen, um den Praxisbezug in der Lehre zu konkretisieren, ist zu klären, wie spezifisch die Praxisausrichtung sein soll. Schindler (2004) zeigt drei Dimensionen auf, indem Lehre auf:

1. Eine allgemeine berufliche Praxis, ohne Bezugspunkt zu bestimmten Berufen zielt, hier stehen die Inhalte im Vordergrund;
2. Auf breite berufliche Tätigkeitsfelder und auf den Aufbau von entsprechenden komplexen, mehr generalistischen Handlungskompetenzen, sog. Schlüsselkompetenzen zielt;
3. Auf die Befähigung, konkrete berufliche Aufgaben zu lösen, und somit auf den Aufbau von fachlichen Kompetenzen und berufsspezifischen Handlungskompetenzen zielt. Studierende sollen dadurch sofort in einem bestimmten Zweig des Erwerbslebens arbeitsfähig sein (Employability).

Eine hochschulgerechte Ausbildung sollte auf eine professionelle Handlungsfähigkeit in beruflichen Tätigkeitsfeldern zielen. Wie der Praxisbezug aber definiert wird, hängt vor allem von der Art und dem Umfang des angepeilten Aufgabenspektrums ab. Ein Studium im Bereich von Kulturmanagement wird sich vermutlich eher auf ein breites Tätigkeitsfeld ausrichten, für eine Tätigkeit im Gesundheitswesen können und müssen die Kompetenzen spezifischer definiert werden.

6.2 Vier Handlungsqualitäten

Für die Gestaltung praxisbezogener Ausbildungen stellt sich die didaktische Frage, zu welcher Qualität von Handlungen die Studierenden befähigt werden sollen und wie die Lehre zu gestalten ist, damit Studierende die erwünschte Handlungsqualität einüben können. Es lassen sich vier Typen von Handlungen unterscheiden (Altrichter/Posch 1994):

Routiniertes Handeln

Routinehandlungen können vom Handelnden nicht begründet und erläutert werden. Denken und Handeln sind nicht getrennt. Routinehandlungen basieren meist auf nicht bewusstem Wissen. Viele komplexe Handlungen bestehen zum Teil aus routinemäßigen Handlungen.

Beispiel: In einem einfachen Projekt eine Kostenberechnung vornehmen, ein Gerät bedienen.

Zielorientiertes, bewusstes, bedeutungsorientiertes Handeln

Solche Handlungen sind meist komplex und erfordern verschiedene Teilfähigkeiten, zum Beispiel ein Problem erfassen, definieren, analysieren, ein Ziel formulieren, einen Handlungsablauf entwickeln, aus Erfahrungen neue Erkenntnisse (Alltagswissen) ableiten. Zielorientiertes Handeln verlangt neben routiniertem Handeln vor allem bewusstes, verstandenes, reflektiertes, kommunizierbares, also verfügbares Wissen.

Beispiel: In einem Projekt das Problem beschreiben, Ziele festlegen und Vorgehensideen entwickeln.

Emotional-intuitives Handeln

Emotional-intuitive Handlungen sind spontane Handlungen und basieren auf unbewusstem Wissen. Sie tragen viel zu kreativen Problemlösungen bei. Die Erfahrung zeigt immer wieder, dass Handlungen zwar geplant werden, dass aber in die Lösungsfindung neben bekannten Gedanken auch spontane und improvisierte Elemente einfließen.

Beispiel: In einem Pionierprojekt in einer Brainstormingsphase Ideen einbringen, diese in einem künstlerischen Projekt ausprobieren und ausführen.

Nachdenkendes, reflektierendes Handeln (Metakognition)

Distanz zum eigenen Tun und das Nachdenken darüber sind Voraussetzungen für dessen Analyse. Analytisches Nachdenken setzt bewusstes und intuitives Wissen voraus und führt zu neuem Wissen. Hochschulabsolvierende sollten die Fähigkeit einüben, Problemlösungen und eigene Werthaltungen in Bezug auf persönliche und gesellschaftliche Fragen zu reflektieren und daraus Erkenntnisse für weitere Problemlösungen abzuleiten. (→ Kapitel 17.8)

> *Beispiel: In einem Pionierprojekt die Vorgehensweise reflektieren und die Erkenntnisse publizieren (lessons learned).*

Lehren beinhaltet somit, verschiedene Handlungen zu unterscheiden, die erwünschten Handlungen zu definieren und entsprechende Lernprozesse anzuleiten.

6.3 Stellenwert von Kompetenzen für die praxisbezogene Lehre

Wissensgeleitetes und somit begründetes Handeln erfordert, fachliche, methodische, soziale und persönliche Fähigkeiten hinsichtlich einer anspruchsvollen Aufgabe zu aktivieren, kombinieren und adaptieren (→ unten). Für die Bezeichnung von Fähigkeiten wird heute eher der Begriff Kompetenz verwendet.

Praxisorientierung heißt, die Lehre auf die Entwicklung von Kompetenzen und nicht ausschließlich auf den Erwerb von Wissen, beispielsweise Theorien der wissenschaftlichen Disziplinen ausrichten. Studiengänge zielen auf die Entwicklung eines Bündels von Kompetenzen, des sogenannten Ausgangsprofils (→ Kapitel 10). Die Kompetenzorientierung hat weitreichende Konsequenzen für die Wahl der Inhalte, Ziele und die Gestaltung von Lernprozessen.

Einige Begriffsklärungen

Kompetenzen beinhalten die Bereitschaft und den Willlen einer Person, unter Rückgriff auf Wissen und Fähigkeiten in konkreten Situationen aktiv und selbstverantwortlich zu handeln. Der Begriff *Qualifikation* beinhaltet zusätzlich die Komponente der Effektivität, also der erfolgreichen Umsetzung der Kompetenz im (beruflichen) Alltag. Eine Qualifikation oder Kompetenz bezeichnet die Gesamtheit von Wissen, Fähigkeiten und Fertigkeiten, die für die Bewältigung bestimmter Aufgaben im Alltag und Beruf erforderlich sind (FAULSTICH 1996; VONKEN 2006).

Kompetenzen sind Fähigkeiten *innerhalb* einer Person. Sie zeigen sich in einer konkreten Anforderungssituation (Performanz), wenn die entsprechende Handlung erwünscht ist und die notwendigen Voraussetzungen gegeben sind.

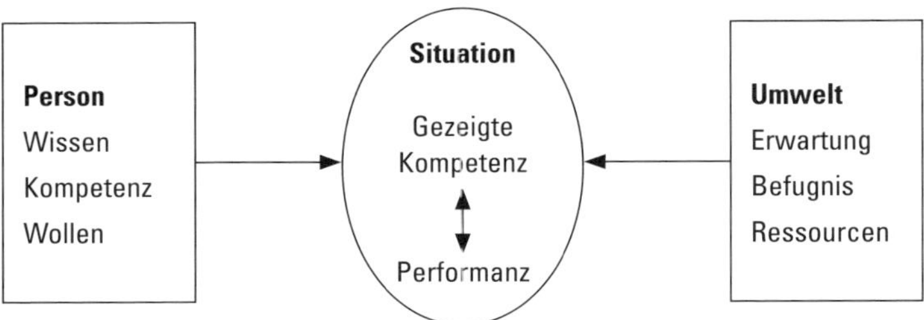

Abbildung 4: Gezeigte Kompetenz als Relation von Person und Umwelt, nach Hof 2002, 153; in Anlehnung an Widulle 2009, S. 44.

Le Boterf (2010, S. 40 ff.) betont den Prozesscharakter einer Kompetenz. Sie zeigt sich darin, dass jemand in einer bestimmten Situation verschiedene kognitive, technische, beziehungsmäßige und persönliche Ressourcen in eigenständiger Weise aktiviert sowie lösungsorientiert verknüpft und in eine Handlung umsetzt.

Unter *Wissen* werden verfügbare, mehr oder weniger überdauernde Vorstellungen (mentale Konstruktionen über die Welt) verstanden. Lernende erwerben und verstehen Wissen durch einen individuellen, aktiven Verarbeitungsprozess. Bewusstes Wissen ist in Handlungssituationen verfügbar. Reflektierte Handlungen führen zu einer Erweiterung des Wissens durch Handeln.

Unter *Fertigkeiten* werden automatisierte Verfahrensweisen und Techniken verstanden (zum Beispiel eine Maschine bedienen können).

Viele berufliche Tätigkeiten verlangen *generalistische Kompetenzen*, oft *Basiskompetenzen*, *Schlüsselqualifikation, auch Querschnittskompetenzen* genannt. Sie

- setzen sich meist aus mehreren Teilkompetenzen zusammen,
- veralten nicht rasch,
- sind allgemein,
- sind komplex,
- sind funktions- und berufsübergreifend.

Schlüsselqualifikationen wie beispielsweise Lernkompetenzen (→ Kapitel 9.2), Kommunikations- und Teamfähigkeit, Fremdsprachen- und EDV-Kompetenz, konzeptionelle und organisatorische Kompetenzen spielen neben der fundierten wissensorientierten Ausbildung eine immer wichtigere Rolle für ein erfolgreiches Berufsleben. Heute werden an den meisten Hochschulen spezifische Module für den Aufbau dieser Kompetenzen angeboten. Es empfiehlt sich, solche Fähigkeiten bewusst einzuüben *und* regelmäßig anzuwenden.

Kompetenzbereiche

Hochschulabsolventen und -absolventinnen sollen in der Berufwelt anspruchsvolle Aufgaben wahrnehmen können (→ Kapitel 5). Die meist komplexen Handlungen lassen sich analytisch in verschiedene Dimensionen zerlegen. In der Lehre kann es sinnvoll sein, manchmal auf ausgewählte Dimensionen zu fokussieren. Das nachfolgend dargestellte Handlungskompetenzmodell integriert mehrere Dimensionen beruflicher Handlungsfähigkeit (Bader 1994, S. 4 ff.; Widulle 2009, S. 40–49).

Allgemeine berufliche Handlungskompetenzen beinhalten Fähigkeiten und die Bereitschaft, in beruflichen Situationen wissensgeleitet, persönlich durchdacht und in gesellschaftlicher Verantwortung zu handeln, das heißt, anstehende Probleme zielorientiert auf der Basis von Wissen und Erfahrungen und durch eigene Ideen selbstständig zu lösen, die gefundenen Lösungen zu bewerten und die persönliche Wissensstruktur und Handlungsfähigkeit weiterzuentwickeln.

Fachkompetenz beinhaltet die Fähigkeit und Bereitschaft, Wissen selbstständig mit Aufgabenstellungen zu verknüpfen, Wissen in Problemlösungen einzubringen, Ergebnisse wissensbezogen zu beurteilen und neue Erkenntnisse aufzubauen. Verfügbares und kommunizierbares Wissen ist die Voraussetzung für Fachkompetenz.

Zur Illustration: Aktuelles Wissen verstehen, richtig erläutern, situationsspezifisch anwenden, Situationen bezüglich Wissen analysieren, beurteilen.

Methodenkompetenz beinhaltet die Fähigkeit und Bereitschaft zu zielgerichtetem, planmäßigem Vorgehen bei der Bearbeitung beruflicher Aufgaben und Probleme (zum Beispiel bei der Planung der Arbeitsschritte). Hierbei werden gelernte Denkmethoden, Arbeitsverfahren oder Lösungsstrategien selbstständig ausgewählt, angewendet und weiterentwickelt. Methodisches Arbeiten umfasst selbstständiges Gestalten und Bewerten und erfordert Eigeninitiative und Kreativität.

Zur Illustration: Abläufe und Vorgehen wählen, begründen, anwenden, evaluieren, Strategien anpassen, organisieren können.

Sozialkompetenz beinhaltet die Fähigkeit und Bereitschaft, soziale Beziehungen, Interessenlagen und Spannungen wahrzunehmen und zu verstehen, bewusst zu gestalten und sich mit anderen verantwortungsbewusst auseinanderzusetzen und zu verständigen. Hierzu gehört insbesondere auch die Entwicklung sozialer Verantwortung und Solidarität (vgl. Konferenz der Fachhochschulen der Schweiz 2003a). Sozialkompetentes Handeln beinhaltet die Reflexion von Normen, Werten, Emotionen und Motivation.

Zur Illustration: Wissen kommunizieren, informieren, sich ausdrücken, zusammenarbeiten, Spannungen ansprechen, zuhören, andere Interessen anerkennen.

Selbstkompetenz beinhaltet die Fähigkeit und Bereitschaft des Menschen, als Individuum die Anforderungen, Einschränkungen und Entwicklungschancen im Beruf (auch im Studium, in der Familie und im öffentlichen Leben) zu klären, zu durchdenken, zu beurteilen, und eigene Begabungen zu entfalten, Lebenspläne zu fassen, fortzuentwickeln und in die berufliche Tätigkeit einzubringen. Hierzu gehören insbesondere auch die Entwicklung durchdachter Wertvorstellungen und die selbstbestimmte Bindung an Werte.

Zur Illustration: Sich in andere einfühlen, andere verstehen, sich abgrenzen, persönliche Ziele setzen, lernen wollen, entscheiden können, Positionen beziehen.

Reflexionskompetenz ist eine Querschnittskompetenz und bezeichnet die Fähigkeit, über eigene Wahrnehmungen und Handlungen in allen Kompetenzbereichen nachzudenken. Sie ist Voraussetzung, dass Menschen aus Erfahrungen lernen, und somit für bewusst herbeigeführten Wandel.

Zur Illustration: Über eigene Handlungen und Gedankengänge nachdenken können, sich von einer Situation distanzieren, Schlussfolgerungen formulieren.

Lernkompetenz, eine ebenfalls wichtige Querschnittskompetenz, ist die Fähigkeit, eigene Lernprozesse zu planen, zu gestalten sowie zu reflektieren und dabei Lernstrategien lernfördernd einzusetzen. Die berufsfeld- und funktionenbezogene Definition der Kompetenzen ist ein wichtiger Schritt bei der Konzeption eines praxisbezogenen Studienganges (→ Teil III).

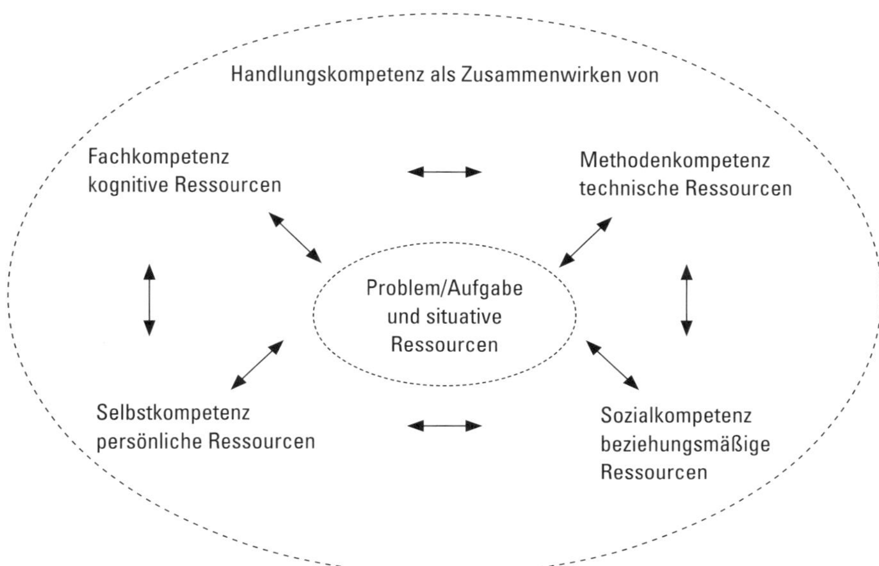

Abbildung 5: Handlungskompetenzen erfordern das Zusammenwirken verschiedener Ressourcen.

6.4 Exkurs 1: Praxis ist interdisziplinär

Die Vorbereitung auf eine anspruchsvolle Tätigkeit in Wirtschaft und Gesellschaft beinhaltet, dass Studierende im Laufe des Studiums auch interdisziplinäre Kompetenzen im Kontext von entsprechenden Lernumgebungen aufbauen können.

Neuartige Probleme können nicht mehr aus der Perspektive *einer* Disziplin umfassend und vollständig beschrieben, bewertet und gelöst werden. Nach PÄTZOLD/SCHÜSSLER (2001, S. 80 ff.) sind Disziplingrenzen Erkenntnisgrenzen. Gefordert ist interdisziplinäre Zusammenarbeit in kooperativen und dynamischen Netzwerken von Spezialistinnen und Spezialisten (WILHLEM 2012). Die fortschreitende Spezialisierung und Differenzierung der Wissensgesellschaft und die Tatsache, dass sowohl der Gegenstand der Wissenschaft wie auch Praxissituationen häufig keine disziplinäre Struktur haben, erklären die zunehmende Bedeutung interdisziplinärer Zusammenarbeit.

Interdisziplinäre Lern-, Problemlösungs- und Forschungsprozesse behandeln eine Aufgabenstellung integrierend aus der Perspektive verschiedener Disziplinen. In einer solchen Praxis, beispielsweise in der Lehre, in Projektarbeiten und in der Forschung, werden die Grenzen der Disziplinen zwar überschritten, aber nicht aufgehoben (vgl.: http://blog.zhdk.ch/trans/interdisziplinaritaet/, gelesen am 10.7.14).

Um einen hochkomplexen Gegenstand zu verstehen, müssen die Sichtweisen und Erklärungsmöglichkeien verschiedener Disziplinen in einen Zusammenhang gebracht werden. Im Idealfall entstehen dadurch neue Erkenntnisse und Innovationen.

Bei Problemlösungen findet die interdisziplinäre Zusammenarbeit oft in der Startphase bei der Problemdefinition und -analyse sowie in der Schlussphase zur Zusammenführung der Ergebnisse statt. In der Problemlösungsphase arbeiten Spezialisten einer bestimmten Disziplin mittels disziplinspezifischer Methoden an einem Teilaspekt der Problemstellung.

Bedeutungen für die Lehre

Erarbeitung von Wissen
Dozierende fördern interdisziplinäres Denken und Handeln, indem sie Studierende anleiten, Erkenntnisse disziplinenübergreifend und vernetzt zu konstruieren. Solche Denk- und Handlungsweisen können anhand von komplexen Problemstellungen eingeübt werden.

Kompetenzziele für Studierende
Studierende sollen im Laufe des Studiums erkennen, dass Problemlösungen oft Wissen aus verschiedenen Disziplinen erfordern. Sie sollen lernen, in Bezug auf eine Problemlösung mit Experten aus verschiedenen Disziplinen zu kooperieren, die Grenzen des eigenen Faches zu erkennen; d. h., in interdisziplinären Teams

- Wissen aus der angestammten Fachdisziplin verständlich und sachrichtig einzubringen,
- Positionen anderer Disziplinen nachzuvollziehen,
- Probleme aus der Sicht von verschiedenen Disziplinen zu betrachten,
- Lösungen unter Berücksichtigung von Wissen aus verschiedenen Disziplinen zu entwickeln,
- eine positive, offene Haltung gegenüber Wissen anderer Disziplinen zu entwickeln.

Interdisziplinäre Lernumgebungen
Inter- und intradisziplinäre Lernumgebungen zu gestalten, erfordert von Dozierenden besondere didaktische und soziale Kompetenzen, nämlich

- komplexe Problemaufgaben entwickeln, welche nicht aus dem Blickwinkel einer Disziplin gelöst werden können,
- Projekte begleiten, welche, unter Einbezug von Wissen und Methoden aus verschiedenen Disziplinen, kohärente Strategien und abgesprochene Methoden erfordern,
- Lösungen aus dem Blickwinkel verschiedener Disziplinen beurteilen,
- interdisziplinär zusammengestellte Teams begleiten,
- konstruktive Haltung gegenüber Interdisziplinarität einnehmen.

Dozierenden obliegt es, in ihrer Rolle als Coach «die Studierenden aufzufordern, das scheinbar feste Fundament der eigenen Disziplin zu verlassen, und ihn auf den schwankenden Boden des interdisziplinären Austausches zu begleiten. Und sollte der Studierende dabei zu Fall kommen, müssen sie ihn wieder aufrichten. Nicht jeder Dozierende ist dazu bereit oder dazu in der Lage. Interdisziplinarität ist somit primär eine Sache der Haltung, der Grundüberzeugung. Sie kann nicht mit angezogener Handbremse vermittelt werden. Studierende haben ein Gespür für die Überzeugungen eines Dozierenden. So notierte eine Studierende bei der Evaluation eines interdisziplinären Workshops: ‹Auch die Dozenten der Architektur sollten sich mal interdisziplinär verhalten und an anderen Disziplinen Interesse zeigen›» (Schwehr 2013, S. 6).

Curriculumsentwicklung und Zusammenarbeit

Das Angebot interdisziplinärer Lernprozesse erfordert neben einer entsprechenden Grundüberzeugung auch entsprechende personelle Ressourcen sowie klare organisatorische Abläufe und Absprachen. Dozierende aus verschiedenen Fachrichtungen müssen Modulplanungen und die Entwicklung von Aufgabenstellungen gemeinsam vornehmen. Im Studienplan müssen Zeitfenster für Studierende aus verschiedenen Abteilungen gefunden werden.

Das Lernen im Kontext von interdisziplinären Projekten erfordert geistige, reale und finanzielle Räume. Die Verankerung von Interdisziplinarität an einer Hochschule betrifft somit Dozierende und Hochschulleitung. Das Einlösen des Anspruchs «Interdisziplinarität» an einer Hochschule verändert ihre Kultur grundlegend (Schwehr 2013).

Anregungen

KLATT, M./KOLLER, S. (Hrsg.) (2012): Lehre als Abenteuer. Anregungen für eine bessere Hochschulausbildung. Frankfurt/New York: Campus Verlag. (als E-Book erschienen)

KLEIN, J. (2012): Interdisziplinarität 2. In: KLATT, M./KOLLER, S. (Hrsg.) (2012): Lehre als Abenteuer. Anregungen für eine bessere Hochschulausbildung. Frankfurt/New York: Campus Verlag, S. 115–119.

KOLLER, S. (2012): Interdisziplinarität 1. In: KLATT, M./KOLLER, S. (Hrsg.) (2012): Lehre als Abenteuer. Anregungen für eine bessere Hochschulausbildung. Frankfurt/New York: Campus Verlag, S. 112–114.

6.5 Exkurs 2: Praxis ist international

Unsere Gesellschaft und Arbeitswelt, auch die Hochschule, ist international. Die Zusammenarbeit erfordert zunehmend interkulturelle Kompetenzen, also Fähigkeiten, sich in kulturellen Überschneidungssituationen angemessen zu orientieren und zu verhalten. Es geht dabei darum, eigene und fremde kulturelle Werte, eine mögliche Relativität und globale Abhängigkeit von Werten sowie die Beeinflussung des eigenen Denkens und Handelns durch die eigenen kulturellen Werte zu erkennen. Interkulturelle Handlungskompetenzen beinhalten die Fähigkeiten, Empathie für Menschen aus anderen Kulturen zu entwickeln, Fremdbegegnungen in beruflichen und privaten Zusammenhängen bewusst zu gestalten und Konflikte kulturadäquat auszutragen (KIEL 2001, S. 13 ff.).

Es muss ein erwünschtes Ausbildungsziel jeder praxisbezogenen Hochschule sein, Studierenden an solche Erkenntnisse und Handlungsfähigkeiten heranzuführen. Interkulturelles Lernen setzt die Bewusstheit über kulturelle Unterschiede voraus und ist für Dozierende und Studierende im Rahmen von Lehre, Forschung und Dienstleistungen gleichermaßen relevant. Arbeits- und Lernprozesse in einem internationalen Rahmen erfordern die Bereitschaft und Fähigkeit, Menschen aus verschiedenen Kulturen zu verstehen und die eigenen Deutungs- und Handlungsmuster zu hinterfragen und zu erweitern.

HILLER (2013, S. 12) hat die Anforderungen an eine interkulturell kompetente Person differenziert und in einer Lernspirale dargestellt.

Sie versteht den Aufbau entsprechender Kompetenzen als fortdauernden Prozess. Eine interkulturelle Persönlichkeit «hat den Willen, die eigene kommunikative und soziale Kompetenz zu trainieren und mit den Interaktionspartnern Situationen zu kreieren, die adäquat, gesichtswahrend und effektiv sind» (HILLER 2013, S. 12). Studierende können im Rahmen von Lern- und Arbeitsprozessen an Hochschulen

Handlungskompetenz
✓ Umfassendes kulturelles Wissen
✓ Kommunikationsfähigkeiten; *z. B. Fragen und «Nichtwissen» offenbaren*
✓ Konfliktlösungsfähigkeit
+ Kreativität
+ Verhaltensflexibilität

Interne Wirkung: Reflexionskompetenz
✓ Relativierung von Referenzrahmen
✓ Empathiefähigkeit
+ Bewusstheit über Komplexität von Interaktion und möglichen Einflüssen
+ Fähigkeit zu Perspektivenwechsel
+ Bereitschaft, scheinbar alltägliche Dinge und erworbene Kenntnisse immer wieder infrage zu stellen und zu erneuern

Handlungen und Einstellungen
✓ Wertschätzung und Vielfalt
✓ Ambiguitätstoleranz
+ Akzeptanz, Toleranz, Respekt für das/den «andere/n»
+ Respektieren eigener Grenzen
+ «open-mindedness»

Externe Wirkung: Konstruktive Interaktion
✓ Vermeidung von Regelverletzungen
✓ Zielerreichung
✓ Erfolgreiches «Teamwork»

Lernbereitschaft bildet die Basis im Sinne einer expansiven Lernmotivation (Holzkamp 1995)

Abbildung 6: Lernspirale «Interkulturelle Kompetenz» von Deardorff (2006), zitiert nach Hiller (2013, S. 12), durch Hiller ergänzt um die mit einem «+» versehenen Aspekte.

interkulturelle Kompetenzen in einem gewissen Maße entwickeln. Dazu ist eine umfassende Internationalisierungsstrategie notwendig: «…the process of integrating an international, intercultural or global dimension into the purpose, functions or delivery of higher education» (KNIGHT 2008, S. 21).

Im Rahmen von «Internationalisierung zu Hause Strategien» (Internationalisation at Home) gibt es viele Ansätze, interkulturelle Kompetenzen zu fördern: Internationalisieren von Studienprogrammen und Inhalten, Fördern der Sprachkenntnisse von Mitgliedern der Hochschule. Das Studium im Ausland fördert das Verstehen kultureller Unterschiede und die Handlungsfähigkeit im interkulturellen Kontext maßgeblich. Studiensemester im Ausland ermöglichen eine generelle Horizonterweiterung. Letztlich aber werden Studierende mit einer offenen, neugierigen und toleranten Haltung sich interkulturelle Fähigkeiten in einem entsprechenden Arbeitsumfeld rasch aneignen.

Nicht alle Dozierenden an Hochschulen sind im Rahmen der Internationalisierung damit konfrontiert, englisch zu unterrichten. Die meisten werden jedoch Studierende aus anderen Kulturen unterrichten und begleiten. Die bereits hohe Diversität in Lerngruppen in Bezug auf die Lernvoraussetzungen (z. B. Inhalte, Lernkonzepte, Erwartungen, Ziele, Werte) wird durch die interkulturelle Zusammensetzung noch erhöht. Dozierende sind nicht nur didaktisch gefordert, sondern auch als Persönlichkeit, den Dialog und insbesondere kritische Situationen auch interkulturell zu deuten (vgl. zur Internationalisierung der Hochschullehre: DEARDORFF, DE WIT/HEYL/ADAMS 2012).

Literaturhinweise und Anregungen für den Umgang mit internationalen Studiensituationen

DALGLISH, C./ EVANS, P./LAWSON, L. (2011): Learning in the global classroom: a guide for students in the multicultural university. Cheltenham: Edward Elgar.

QUEIS, D. v. (2009): Interkulturelle Kompetenz. Praxis-Ratgeber zum Umgang mit internationalen Studierenden. Darmstadt: Wissenschaftliche Buchgesellschaft.

SCHNEIDER, C. Q. (2012): Internationalisierung. In: KLATT, M./KOLLER, S. (Hrsg.) (2012): Lehre als Abenteuer. Anregungen für eine bessere Hochschulausbildung. Frankfurt/New York: Campus Verlag, S. 120–124.

Auf den Punkt gebracht

Die Reflexion der künftigen beruflichen Tätigkeiten von Hochschulabsolventen ist Voraussetzung für die Klärung von Ausbildungszielen und -inhalten. Es geht dabei um folgende Fragen:

- Erfordern künftige Handlungen fachspezifische oder fachübergreifende Kompetenzen?
- Erfordern die Tätigkeiten routinierte, zielorientierte, intuitive, reflexive Handlungen?
- Sind, um diese Handlungen zu vollziehen, hauptsächlich fachliche, methodische, fachübergreifende, soziale oder personale Kompetenzen bedeutsam?
- Welche Dimensionen von Praxis müssen in der Lehre abgebildet sein (fachspezifische, interdisziplinäre, internationale Praxis)?
- Welche Lernumgebungen ermöglichen den erwünschten Praxisbezug?

Orientierung an Wissen

Absicht

Professionelle Praktiker und Praktikerinnen können ihr Handeln wissensbezogen begründen und reflektieren.
Die Differenzierung von verschiedenen «Wissensarten» kann bei der Entscheidung über die Ausbildungsinhalte hilfreich sein.
Das folgende Kapitel befasst sich damit sowie mit dem Verhältnis und der Verknüpfung von Wissen und Handeln. Außerdem werden Faktoren erörtert, welche den Theorie-Praxis-Transfer behindern.

Leitfragen

- Welches Wissen ist für professionelle Praktiker und Praktikerinnen bedeutsam?
- Wie verhalten sich Wissen und Handeln zueinander?
- Welche Lernprozesse unterstützen wissensbasiertes Handeln?
- Welche Faktoren hemmen den Theorie-Praxis-Transfer?

7

In Kürze

Aufgrund des Ausgangsprofils ist zu definieren, welches Begriffswissen (*deklaratives* Wissen), welches Verfahrenswissen (*prozedurales* Wissen), welches Anwendungswissen (*konditionales* Wissen) die Studierenden erwerben und inwieweit sie Erfindungswissen (*schöpferisches* Wissen) entwickeln sollen.

Vordefiniertes, allgemeines und wenig durchdachtes Wissen ist selten geeignet, einzigartige Praxissituationen zu erfassen. Professionelle Praktiker und Praktikerinnen benötigen in erster Linie verfügbares, also bewusstes und kommunizierbares Wissen. Für gewisse Tätigkeiten sind auch weniger bewusste Wissensinhalte wichtig, beispielsweise wenn es um das Ausführen von routinierten Handlungen oder das Wahrnehmen der Intuition geht.

Der Erwerb von Erkenntnissen und Handlungsmöglichkeiten geschieht zwar individuell, ist aber häufig an einen sozialen Kontext gebunden.

Das Verhältnis zwischen Wissen und Handeln ist eher als dynamisch und reziprok denn als technisch und rational zu verstehen.

Professionelles Handeln erfordert eine wissensbasierte Einschätzung der Situation, verfügbares, verdichtetes Wissen und die selbstständige und intelligente Verknüpfung dieser beiden Parameter.

7.1 Zum Verständnis von Wissen

Unter Wissen werden verfügbare, mehr oder weniger überdauernde, verstandene Vorstellungen (mentale Konstrukte) verstanden. Der Aufbau dieser gedanklichen Strukturen (Kognitionen) erfolgt über Vermittlungsprozesse (Lehrpersonen, Medien), Verarbeitungs- und Selbstlernprozesse sowie Erfahrungen. Am Aufbau kognitiver Strukturen sind auch motivationale und emotionale Prozesse mitbeteiligt. Verstandenes, verfügbares und kommunizierbares Wissen ist Bestandteil von Kompetenzen (→ Kapitel 6.3).

Wissen wird für Studierende an Fachhochschulen dann meist bedeutsam, wenn sie darin einen konkreten Bezug zu Strukturen, Handlungen und Funktionen der beruflichen Praxis erkennen. Der Stellenwert des Wissens in einer Höheren Berufsausbildung bemisst sich an seiner Bedeutung für das Verständnis und das Bearbeiten von Praxisaufgaben. Die Analyse der beruflichen Tätigkeiten zeigt, welche Wissensinhalte und Wissensarten für ein bestimmtes Berufsprofil wichtig sind.

Es ist eine zentrale didaktische Aufgabe der Dozierenden und Fachgruppen zu bestimmen, was als zentrales Wissen zu gelten hat. Die Unterscheidung von vier Wissensarten und von vier Stufen der Verfügbarkeit und Kommunzierbarkeit von Wissen, wie sie im nächsten Abschnitt erfolgt, gibt Anhaltspunkte für die Wahl der Inhalte und die Tiefe der Auseinandersetzung.

7.2 Wissensarten

Deklaratives Wissen meint Begriffs- oder Faktenwissen; es umfasst Informationen über einen Sachverhalt oder eine Idee. Deklaratives Wissen unterstützt Lernende dabei, die Umwelt differenziert wahrzunehmen, und ermöglicht, über Wahrnehmungen nachzudenken und zu kommunizieren.

Beispiel: Wissen, dass es verschiedene Arten von Mitarbeitendengesprächen gibt.

Prozedurales Wissen meint Verfahrenswissen; es beschreibt, wie etwas zu tun ist, wie man vorgehen muss, und befähigt Lernende, gewisse Handlungen in der Praxis (auch routinemäßig) durchzuführen. Das deklarative und prozedurale Wissen wird auch Verfügungswissen genannt. Es entspringt in der Regel den traditionellen Fachdisziplinen.

Beispiel: Wissen, wie ein Mitarbeitendengespräch durchzuführen ist.

Konditionales Wissen, auch Orientierungswissen genannt, meint das Wissen, wann und warum deklaratives und prozedurales Wissen zur Anwendung kommt, also die Anwendung in neuen Situationen. Konditionales Wissen befähigt Lernende dazu, Wissen situativ angemessen anzuwenden. Prozedurales und konditionales Wissen gehören beide zum Anwendungswissen.

Beispiel: Wissen, wie Abläufe für Mitarbeitendengespräche gemäß der Unternehmenskultur situationsspezifisch anzupassen sind.

Episodisches Wissen meint Wissen, welches im Zusammenhang mit früheren Ereignissen, entstanden ist. Es kann sich dabei um zufällige Erfahrungen (z. B. als Student) oder um inszenierte Handlungssituationen in der Lehre (z. B. ein Rollenspiel oder eine Übung) handeln. Bei episodischem Wissen handelt es meist um Vorwissen oder nicht bewusstes Wissen. (→ Kapitel 7.3)

Beispiel: Wissen über Motivationsfaktoren in Mitarbeitendengesprächen hat man aufgrund eigener Erfahrungen damit.

Erfindungswissen ist Schöpfungswissen (Hasler 2004) und geht über das Anwendungswissen hinaus. Erfindungswissen meint die Fähigkeit, die Einmaligkeit neuer herausfordernder Aufgaben zu erkennen und wenn nötig eine neue Lösung zu entwickeln. Solches Wissen befähigt Lernende, neue Situationen zu gestalten und daraus neue Erkenntnisse zu gewinnen. Erfindungswissen erfordert und ermöglicht häufig disziplinübergreifendes Denken und Handeln.

Beispiel: Für eine unerwartete Personalsituation eine geeignete Form des Mitarbeitendengesprächs vorschlagen und moderieren.

Handeln in neuen und komplexen Situationen verlangt ungewohnte Denkprozesse und setzt den Zugang zu verschiedenem Wissen voraus. Andererseits entstehen durch sinnstiftendes Handeln neue Erkenntnisse. Wissen ist vermutlich auch Quelle der Intuition und Inspiration. Wissen *und* Intuition führen zur Weiterentwicklung von Bestehendem, zu neuen Ideen und Lösungen.

7.3 Stufen verfügbaren und kommunzierbaren Wissens

Wissen kann auf der individuellen Stufe mehr oder weniger bewusst sein. Entsprechend ist Wissen auf einer sozialen Stufe mehr oder weniger kommunizierbar.

In Anlehnung an von Cranach und Bangerter (2000, S. 227) lassen sich vier Stufen des individuellen Bewusstseins und vier Stufen der Kommunizierbarkeit von Wissen unterscheiden. Der Entscheid, inwieweit Studierende Wissen verfügbar haben sollen, bestimmt auch die Tiefe der inhaltlichen Auseinandersetzung.

Individuelle Stufe	***Soziale Stufe***	***Beispiel***
Grad der bewussten Verfügbarkeit von Wissen	Grad der Kommunizierbarkeit von Wissen	*Berücksichtigung individueller Lernstile in Vorlesungen*
Voll bewusst Die Studierenden begreifen die Inhalte.	*Voll kommunizierbar* Die Studierenden können über die Inhalte diskutieren und diese aktiv in ihre Tätigkeit einbringen.	*Dozierende haben diese Erkenntnisse begriffen und bauen bewusst Lernangebote für verschiedene Lernstile in ihre Vorlesungen ein.*
Vorbewusstes Wissen Das Wissen ist nicht bewusst, ist nicht verbalisierbar, kann aber leicht bewusst gemacht werden. Dieses Wissen ist nützlich bei Routinehandlungen.	*Andeutungsweise kommunizierbar* Die Studierenden können nur aufgrund eines Anstoßes von außen auf bestimmtes Wissen eingehen.	*Dozierende lassen sich in Evaluationsgesprächen über ihre Vorlesungen auf die Diskussion unterschiedlicher Lernstile ein, bringen das Konzept aber nicht selbst ein.*
Nicht bewusstes Wissen Das Wissen kann nicht diskutiert werden. Es kommt indirekt in regelhaften Handlungen zum Ausdruck. Denken und Handeln sind nicht getrennt.	*Nicht kommunizierbar* Das Wissen, das einer schnellen, effizienten Handlung zugrunde liegt, kann nicht erläutert werden, es wurde durch häufigen Gebrauch oder lange Erfahrung eingeschleift.	*Dozierende gestalten ihre Vorlesungen intuitiv lernfördernd für verschiedene Lernstile, können dies aber nicht begründen (gesunder Menschenverstand).*
Unbewusstes Wissen Das Wissen ist unkontrolliert wirksam, es unterliegt nicht der willentlichen Kontrolle.	*Nicht kommunizierbar* Das Wissen ist möglicherweise tabuisiert und dann oft problemlösungshemmend, kann aber auch intuitiv spontan zu einer Problembearbeitung beitragen.	*Dozierende negieren den Aspekt der Individualität von Lernen in ihren Vorlesungen. In informellen Gesprächen über Schulprobleme der eigenen Kinder kommt das Konzept zur Sprache.*

7.4 Zum Verhältnis zwischen Wissen und Handeln (Praxis)

Handeln durch Wissen

Handeln setzt verschiedene Arten von Wissen voraus. Die Interpretation eines Musikstücks erfordert beispielsweise Wissen über den Komponisten und seinen historischen Kontext, die Musikerin muss Noten lesen, ein Instrument spielen können, sie muss ihren Willen aktivieren und über Selbstdisziplin verfügen, es braucht die Kommunikation mit Partnern und künstlerische Intuition.

Handeln ist zwar von Wissen beeinflusst, lässt sich aber dadurch nicht ausreichend erklären. Wir handeln oft nicht unserem Wissen entsprechend, wenden es nicht an. Studierende wissen beispielsweise, dass regelmäßiges Studieren die Chance auf den Prüfungserfolg erhöht, handeln aber bekannterweise oft nicht danach.

Wissen durch Handeln

«Menschen lernen auf vielerlei Weise, aber Handeln ist eine höchst effiziente und unverzichtbare Form des Wissenserwerbs» (von Cranach/Bangerter 2000, S. 230).

Die Didaktik hat sich lange Zeit mit den Möglichkeiten der Wissensaufnahme durch Vermitteln befasst. Heute steht eher die Frage im Zentrum, wie Lernen durch Handeln möglich ist. Gesicherte Erkenntnisse darüber, wie dies tatsächlich vor sich geht, stehen noch aus. Aus Erfahrung wissen wir aber, dass durch Tun Neues (Wissen) entsteht. Wir können uns in der Regel gut daran erinnern.

Dynamisch-reziprokes Verhältnis zwischen Wissen und Handeln

Wissen beeinflusst Handlungen. Andererseits werden Wissensstrukturen durch Handeln korrigiert, erweitert, umgedeutet oder neu gebildet. Somit ist das Verhältnis zwischen Wissen und Handeln nicht chronologisch (etwa im Sinne von zuerst brauchen Studierende Wissen, erst dann können sie handeln), sondern eher als reziprok und dynamisch aufzufassen. Wahrnehmungen, Wissensstrukturen, Konzeptionen und Handlungen formieren sich gegenseitig. Im Hinblick auf das Verständnis von Lernen interessiert die Frage, wie Menschen ihr Wissen, ihre Gedanken, Konzepte und ihr Handeln aufeinander beziehen, abstimmen und weiterentwickeln.

7.5 Gründe für die mangelnde Anwendung von gelerntem Wissen

(GRUBER/RENKL 2000, S. 163 ff.) sehen verschiedene Gründe für die mangelhafte oder fehlende Anwendung von Wissen (W) in konkreten Anwendungssituationen.

Mögliche Gründe	**Art des Defizits**
Studierende ...	
wissen nicht wie, wann, wozu Wissen anwenden,	metakognitiv Mangel an konditionalem Wissen
haben wenig Interesse an den Inhalten,	motivational
wollen Wissen nicht anwenden, weil sie es beispielsweise als unnötig oder zu aufwendig erachten,	volitional (Wille)
trauen sich nicht zu, Wissen anzuwenden,	emotional, geringes Selbstwertgefühl
agieren auf Basis von Alltagswissen, sie erachten Wissen als unnötig, sie finden sich talentiert genug, Aufgaben ohne neues Wissen zu bearbeiten.	epistemologische Überzeugung

Lernspezifische Gründe	**Defizite**
Studierende ...	
lernen vor allem Faktenwissen für die Prüfung (oberflächliches Lernen),	Mangelndes Verstehen durch mangelnde Vertiefung des Wissens
können Faktenwissen oder komplexe Inhalte nicht in eine konkrete Praxissituation einfließen lassen, Wissen ist nicht in eine Kompetenz überführt,	Mangelnde Verdichtung des Wissens (Wissenskompilierung)
können Wissen nicht mit der Praxissituation kombinieren,	Wissen ist nicht mit konkreter Situation verknüpft, mangelnde Situierung des Wissens
haben neues Wissen nicht mit altem Wissen vernetzt gespeichert, verschiedene Wissensblöcke sind nicht miteinander verknüpft.	Kompartmentalisierung (Schubladisierung des Wissens)

Diese Beobachtungen zeigen, wie wichtig es ist, dass Studierende
- den Sinn von Inhalten und Aufgaben erkennen,
- an kompetenzorientierten Zielen arbeiten und
- wissensbasiertes Handeln an authentischen Situationen einüben können,
- Unterstützung bei der Aktivierung von Wissen erhalten,
- Wissen vertieft verstehen,
- Erfolgserlebnisse haben.

  (→ Kapitel 15)

Auf den Punkt gebracht

Die Reflexion der künftigen Tätigkeiten von Studierenden ist eine Voraussetzung für die Definition der Studieninhalte und der Tiefe der Auseinandersetzung damit. Zu klären sind folgende Fragen:
- Welches Wissen wird für welches Handeln vorausgesetzt?
- Wie kann wissensbasiertes Handeln gefördert werden?
- Gibt es Wissen, das *nur* durch Handeln erworben werden kann?
- Sollen die Studierenden Wissen bewusst verfügbar haben und dieses aktiv und verständlich in Situationen einbringen können,
- oder sollen sie Wissen zwar verstanden, aber nicht aktiv verfügbar haben – in Gesprächen lediglich folgen können,
- oder sollen sie Wissen internalisiert und routinemäßig verfügbar haben,
- oder sollen sie gar unbewusstes Wissen reflektieren?
- Welches Wissen sollen die Studierenden Experten *und* Laien erläutern können?

Orientierung an Zielen

Absicht

Das folgende Kapitel zeigt die Bedeutung von Zielen für das Lernen und Lehren und eine Möglichkeit, solche Ziele auf verschiedenen Stufen wissens- und kompetenzorientiert zu formulieren.
In Bezug auf den Aufbau von fachlich-inhaltlichem Wissen (kognitiver Bereich) und von Handlungskompetenzen werden je vier Zielstufen vorgeschlagen. Die Zielstufen der Wissensaneignung beschreiben Dimensionen der gedanklichen Auseinandersetzung mit Inhalten, jene für die Handlungskompetenzen zeigen die Dimensionen der Komplexität der Situation, in der die Kompetenzen angewendet werden sollen, und den erforderlichen Grad an Selbstständigkeit der Studierenden.

Leitfragen

- Welche Funktionen haben Ziele für den Lern- und Lehrprozess?
- Wer formuliert die Ziele?
- Welche Ebenen und Präzisionsgrade von Zielen sind in welcher Situation sinnvoll?
- Wie lassen sich lernförderliche Ziele formulieren?
- Welche Zielstufen passen an Hochschulen für den Aufbau von kognitiven Strukturen und von Handlungskompetenzen?

8

In Kürze

Ziele sind Elemente eines absichtsvollen Lehr- und Lernprozesses. Sie definieren das Anspruchsniveau der erwarteten Lernleistung und haben den Stellenwert eines Maßstabes für die Lernerfolgskontrolle.
An Hochschulen orientieren sich die Ziele in hohem Maße an den Anforderungen des Berufsfeldes. Es liegt deshalb auf der Hand, dass Wissens- *und* Kompetenzziele anzustreben sind.
Ziele lassen sich funktionsbezogen auf drei Ebenen formulieren: Richtziele beschreiben sehr allgemeine Kompetenzen und beziehen sich auf einen Studiengang. Grobziele definieren Lerninhalte und beziehen sich auf (Teil-)Kompetenzen, die nach einer abgeschlossenen Lerneinheit (Module oder Kurse) erreicht werden sollen. Feinziele schließlich definieren präzise Lerninhalte, die Art der Auseinandersetzung damit und die erwartete Lernleistung bezüglich Wissen und Kompetenzen. Feinziele beziehen sich als eigentliche Lernziele auf eine konkrete Lernsequenz. Feinziele beschreiben ein erwünschtes, möglichst eindeutiges Lernergebnis (was?), sie enthalten Angaben über die Bedingungen, an denen das Lernergebnis sichtbar werden soll (woran?) und definieren die Qualität der erwünschten Lernleistung (wie gut?).
Lernziele sind meist Lehrziele in dem Sinne, dass sie die erwünschte Folge der Lehraktivität anzeigen. Dozierende können, soweit dies überhaupt praktikabel ist, *ihre* Ziele (auch learning outcomes) zu Beginn von Lerneinheiten mit den Studierenden besprechen, gewichten und falls möglich, gemeinsam ergänzen.
Lernziele verstehen, akzeptieren, eigene Ziele formulieren sind wichtige Prozesse des selbstgesteuerten Lernens.

8.1 Funktion von Zielen

Wer das Ziel kennt, kann entscheiden.
Wer entscheidet, findet Ruhe.
Wer Ruhe findet, ist sicher.
Wer sicher ist, kann überlegen.
Wer überlegt, kann verbessern.
KONFUZIUS

Kompetenzziele und Wissensziele

Hochschulen bieten den Studierenden Gelegenheit, verfügbares Wissen (kognitive Strukturen; vgl. EDELMANN 2000, S. 114) und berufliche Handlungskompetenzen aufzubauen.

Ziele definieren das Lernergebnis in Bezug auf Inhalte und Kompetenzen.[3] Die Ziele an Hochschulen sind primär handlungsorientiert (Handlungsziele sind gleichzusetzen mit Kompetenzzielen). Da verstandenes Wissen immer wesentlicher Bestandteil einer Kompetenz oder Teilkompetenz ist, empfiehlt es sich, auch Ziele zu verfolgen, welche auf das vertiefte Verstehen von bedeutungsvollem Wissen fokussieren.

Funktion für die Studierenden

Ziele zeigen den Studierenden, welches Lernergebnis und welchen Lernprozess sie anstreben sollen. Studierende lernen erfolgreicher, wenn sie die Ziele kennen, vorausgesetzt, es handelt sich um sinnvolle und erreichbare Ziele. Bekannte und akzeptierte Ziele vermitteln Orientierung. Besonders motivierend ist das Einbringen von eigenen Zielen. Ziele haben oft auch den Stellenwert von Teiletappen. Sie ermöglichen, Lernfortschritte zu erkennen, was wiederum sehr motivierend wirkt für die Folgeprozesse.

Funktion für die Dozierenden

Ziele sind didaktisch handlungsleitend. Sie legen die inhaltliche Ausrichtung der Lehre fest und geben Hinweise auf die Identifizierung und Gestaltung erwünschter Lernprozesse. Sie zeigen also an, in welche Richtung die Denk- und Handlungsprozesse der Studierenden gelenkt werden sollen. Die fixierten Ziele dienen als ver-

3 Dabei kann es sich beispielsweise um eine wissenschaftliche Theorie, ein Alltagskonzept, eine Strategie, eine Methode, einen Gegenstand, eine Haltung handeln.

bindlicher Maßstab für Lernnachweise. Lernerfolgskontrollen sollten sich konsequent auf die Ziele beziehen.

Dozierende können aber nicht davon ausgehen, dass die Studierenden ihre (Lehr)Ziele übernehmen. Im besten Falle haben sie nämlich eigene, im schlechtesten Falle gar keine Vorstellungen über das Was und Woraufhin des Lernens. Böss-Ostendorf/Senft (2014, S. 167 ff.) beschreiben als wichtige Leitungsaufgabe von Dozierenden, Ziele einzubringen und mit den Studierenden zu besprechen. Sie plädieren dafür, zu Beginn einer Lerneinheit, beispielsweise eines Moduls, die Ziele vorzustellen, nach den Zielen der Studierenden zu fragen und diese einzuladen, auch eigene zu formulieren. Die Autoren empfehlen, mit den Studierenden Zielvereinbarungen in Form eines Lernvertrages zu treffen. Aussagen zu Zielen, Rahmenbedingungen sowie Vereinbarungen zur Zusammenarbeit und zur Kommunikation sind Bestandteile eines solchen Dokuments (ebd. S. 210). Diese Schritte sind wichtige Bausteine eines selbstverantwortlichen Lernprozesses (→ Kapitel 9). Weiter besteht eine wichtige Aufgabe von Dozierenden und/oder Studierenden darin, die Ziele im Blick zu behalten. Feedbacks auf Teilziele wirken korrigierend, steuernd und motivierend; sie unterstützen den Lernprozess maßgeblich.

Funktion für die Entwicklung von Curricula, Modulen und Kursen

Ziele definieren die erwünschten Lernleistungen pro Modul oder Kurs. Durch das Formulieren klarer Ziele ist es möglich, beispielsweise an Curriculumskonferenzen unerwünschte Überlappungen zwischen Lerneinheiten zu erkennen, zu bearbeiten und den Kernpunkt eines bestimmten Moduls eindeutiger zu bestimmen.

Funktion für ECTS (European Credit Transfer and Accumualtion System)

Adam (2013, S. 24–25) plädiert dafür, dass die Vergabe von ECTS-Punkten für ein Modul oder einen Kurs konsequent mit der Formulierung von Lernzielen und Arbeitsaufwand (Workload) verknüpft wird. Er sieht darin eine ausgezeichnete Möglichkeit, erwartete Lernleistungen zu definieren und zu quantifizieren. Dadurch würde sich die Effektivität des ECTS als europäisches System zur Förderung der Vergleichbarkeit und zur Entwicklung integrierter Studiengänge verbessern. Die nationale und internationale Transparenz würde erhöht.

Funktion für die Validierung von Studienleistungen

Lebenslanges Lernen ist in einer wissensgetriebenen Gesellschaft ein Muss und hat viele Gesichter. Menschen gestalten ihre ganz persönlichen (Lern)Lebensläufe. Dies hat Auswirkungen auf die Studentenschaft an Hochschulen, welche sich zunehmend mit einer großen Diversität bei den Studierenden auch in Bezug auf

Voraussetzungen konfrontiert sehen. Wenn das Prinzip gilt: «Du sollst nicht lernen, was du schon weißt und kannst», wird die Validierung von Ergebnissen aus früher besuchten formellen Weiterbildungen oder informellen Lernprozessen eminent wichtig. Die Definition von Lernzielen schafft eine gewisse Transparenz über vorhandenes Wissen und Können. Der Anerkennungsprozess von früheren Leistungen wird so professioneller (Dettleff 2014, S. 74 ff.).

Funktion während der Lehre

Ziele sollten den Studierenden gegenüber erläutert werden. Sie dienen vor und während der Lerneinheit zur Begründung erwünschter Lerntätigkeiten (zum Beispiel Stofferarbeitung, Übungen, Fallbearbeitungen, Projekte). Auch der Zusammenhang zwischen Zielen und Lernerfolgskontrollen muss den Studierenden aufgezeigt werden. Ziele erlauben es außerdem, mögliche Abweichungen im Lernprozess bewusst wahrzunehmen, zu reflektieren und zu kommunizieren.

Ziele sind eine Arbeitshilfe für Dozierende *und* Studierende. Sie geben eine erwünschte Richtung an, können aber den Lernprozess nicht voraussagen oder gar steuern. Wer Lernen als individuelles, soziales und prozesshaftes Geschehen begreift, kann Zielorientierung nicht in einem technokratischen Sinne verstehen.

Ein zu enges Verständnis der Bedeutung von Zielen und der Wunsch, mit möglichst präzisen und verbindlichen Zielen zu arbeiten, um so eine maximale Steuerung zu erreichen, kann dazu führen, dass komplexe Sachzusammenhänge unzulässig vereinfacht werden.

Zu enge Ziele können die Studierenden dazu verleiten, ihre Wahrnehmung zu stark auf das Erreichen der Ziele zu fokussieren. Es wäre bedauerlich, wenn dadurch ihre Bereitschaft geschmälert würde, sich mit weiterführenden Informationen zu befassen und sich auf vertiefte Lernprozesse einzulassen.

Ziele sind insgesamt dann lernfördernd, wenn sie

- kompetenz- und wissensorientiert sind,
- die Tiefe des Lernprozesses klären,
- die qualitative und quantitative Anforderung an das Lernergebnis definieren,
- den Lehr- und Lernprozess auszurichten und zu zentrieren vermögen,
- einen Praxisbezug aufweisen und
- dadurch sinnvoll und motivierend wirken.

8.2 Zur Begründung und Entwicklung der Ziele

Die Anforderungen der künftigen beruflichen Praxis begründen im Wesentlichen die Ziele einer Hochschulbildung. Sie sollten in den Ausgangsprofilen der Studierenden abgebildet sein (→ Kapitel 10.3). Aus diesem Grund ist bei der Festlegung der Absolventenprofile ein enger Austausch mit Vertretern der beruflichen Praxis ein Muss. Adam (2013, S. 19) sieht die Entwicklung von Lernzielen als dynamischen Prozess. Er empfiehlt, außer den Arbeitgebern auch folgende Quellen zu konsultieren: externe Referenzpunkte, Erfahrungen, Feedback Studierender, allgemeine Qualifikationsrahmen (z. B. EQR → Kapitel 8.6), vergleichbare Angebote (Benchmark). Die eigentlichen Lernziele (Grob-/Feinziele) werden im Wesentlichen durch die Dozierenden, allenfalls zusammen mit Studierenden festgelegt.

In gewissen Studienphasen formulieren die Studierenden eigene Arbeits- und Lernziele (zum Beispiel bei Projekten, schriftlichen Arbeiten). Auch dann stellt das *Curriculum* den Rahmen für individuelle Zielsetzungen dar.

8.3 Zielebenen

Bezüglich Funktion und Abstraktionsgrad lassen sich drei Zielebenen präzisieren: Richtziele, Grobziele und Feinziele.

Richtziele (allgemeine Absichten)

- Sie richten sich auf komplexe Kompetenzen aus.
- Die Inhalte sind allgemein.
- Richtziele werden in der Regel von Schulleitungen, Studiengangsleitungen, Kursleitungen formuliert. Sie sollten in einem stringenten Zusammenhang mit dem Leitbild und der Strategie der Hochschule stehen.
- Sie betreffen einen gesamten Kurs oder Studiengang.
- Sie sind in Studienführern und Leitbildern zu lesen.

Beispiel:[4] *Die Studierenden befassen sich mit Gestaltung und Management sozialer Beziehungen in Organisationen.*

4 In Anlehnung an eine Modulbeschreibung an der Hochschule Luzern.

Grobziele (allgemeine Ziele in Bezug auf Wissen und Kompetenzen)

- Sie richten sich auf komplexe Kompetenzen und Teilkompetenzen aus.
- Die Aussagen sind konkret, sie enthalten inhaltliche Angaben.
- Sie werden in der Regel durch die Fachverantwortlichen, Kursleitungen und die Dozierenden, in bestimmten Lehrsequenzen auch von den Studierenden, bei Auftragsarbeiten von Auftraggebern mitformuliert. Sie stehen in stringentem Zusammenhang mit den Richtzielen für einen Studiengang.
- Sie betreffen eine größere Lernsequenz, zum Beispiel ein Modul.
- Sie sind zu finden in Curricula, Modulbeschreibungen oder Ausschreibungen.

Beispiele: Die Studierenden können zentrale Herausforderungen und Entscheidungen im Personalbereich erkennen. Sie können in einfachen Situationen wichtige Instrumente und Vorgehensweisen des Personalmanagements anwenden.

Feinziele (konkrete Lernziele in Bezug auf Wissen und Kompetenzen)

- Auf der Basis von vorhandenen Grobzielen richten sie sich auf den Erwerb von Wissen und von Kompetenzen aus.
- Die Aussagen sind konkret und informieren über erwartete Leistungsanforderungen bezüglich Wissen und/oder Kompetenzen der Teilnehmenden.
- Feinziele werden in der Regel durch die Dozierenden, in bestimmten Lehrsequenzen auch von den Studierenden selbst formuliert. Sie stehen in stringentem Zusammenhang mit den Grobzielen der Lernsequenz oder des Moduls.
- Sie beziehen sich auf den Lernprozess im Rahmen kleinerer Lernsequenzen, zum Beispiel einer Lektion oder eines Halbtags.
- Sie sind Teil von konkreten Planungen. Sie können sich in Skripts oder auf Arbeitsaufträgen befinden.
- Sie sind überprüfbar.

Beispiele: Die Studierenden können die verschiedenen Schritte und Dimensionen des Personalmanagements und die Beziehungen zwischen diesen Dimensionen darlegen und nachvollziehbar mit Praxisbeispielen verbinden. Die Studierenden können Personalbeurteilungsgespräche in einfachen Situationen fair und lernorientiert führen.

8.4 Komponenten eines Feinzieles

Ein Feinziel definiert das Lernergebnis (I), die Bedingung, an welcher das Ergebnis sichtbar werden muss (II), und die quantitative und qualitative Anforderung an das Ergebnis (III). Die Klärung dieser drei Bereiche ermöglicht die Überprüfung des Lernergebnisses und dient somit der Transparenz über die erwartete Leistung. Inhalt und Form sind den übergeordneten Absichten und den konkreten Lehrsituationen anzupassen.

I. Beschreibung des *Ergebnisses* in möglichst eindeutigen Begriffen (was ist zu verstehen, zu können?):
   - Die Studierenden können eine Kommunikationstheorie *erläutern.*
   - Sie können ein Communiqué *formulieren.*
   - Sie können eine Persönlichkeit *porträtieren.*

II. Angabe der *Bedingungen,* an denen das Lernergebnis sichtbar werden soll (wie, anhand wovon, woran?):
   - Die Studierenden können eine Kommunikationstheorie *anhand eines vorgegebenen Beispiels erläutern.*
   - Sie können ein Communiqué *auf der Basis einer schriftlichen Information für eine lokale Tageszeitung* formulieren.
   - Sie können eine Persönlichkeit *mittels Bild und Text* porträtieren.

III. Deklaration des *Beurteilungsmaßstabes,* an dem die verlangte Qualität der Lernleistung deutlich wird (wie, wie viel, wie gut?):
   - Die Studierenden können eine Kommunikationstheorie anhand eines vorgegebenen Beispiels so erläutern, *dass Laien sie verstehen.*
   - Sie können ein Communiqué auf der Basis einer schriftlichen Information für eine Tageszeitung *innerhalb einer halben Stunde, im Umfang von hundert Anschlägen, fehlerfrei* formulieren.
   - Sie können eine Persönlichkeit mittels Bild und Text so darstellen, *dass die porträtierte Person unverwechselbar ist.*

8.5 Zielstufen

Ziele und Zielstufen (Taxonomien) stellen einen Versuch dar, komplexe Lernergebnisse zu beschreiben, differenzieren, optimieren und zu kontrollieren. Als didaktisches Instrument sind Lernstufen eine Hilfe, den hochkomplexen Lernprozess in

Bezug auf Ergebnis und Prozess zu klassifizieren und zu definieren. Keinesfalls soll damit der Lehr- und Lernprozess in seiner Vielschichtigkeit trivialisiert werden. Lernprozesse sind nicht linear, beispielsweise durch Ziele steuerbar (Göldi 2011, S. 442–446).

Auch wenn die Ziele an Hochschulen sich primär auf die Entwicklung von Kompetenzen ausrichten, werden nachfolgend je vier Zielstufen für den Aufbau von Wissen *und* von Kompetenzen beschrieben. Die analytische Trennung von Wissen und Kompetenzen in Bezug auf berufsfeldbezogene Handlungskompetenzen soll die herausragende Bedeutung des Wissens als Voraussetzung und Bestandteil jeglicher Handlungskompetenz aufzeigen. Die Kenntnis von Konzepten, Theorien, Vorgehensweisen, Werken wie auch der eigenen persönlichen Einstellungen erhält somit einen prominenten Stellenwert in der Ausbildung, denn erst die Verfügbarkeit klarer, bewusster und fundierter Einsichten ermöglicht letztlich wissensgeleitetes und innovatives Handeln.

Die Stufen für den Erwerb von Wissen beschreiben Dimensionen der gedanklichen Auseinandersetzung mit Inhalten (kognitive Ebene). Die Stufen für die Kompetenzen beschreiben im Wesentlichen die Situationen, in welchen die angestrebten Kompetenzen realisiert werden sollen.

Die Stufen 1 bis 3 beziehen sich primär auf die Bachelorausbildung, die Stufe 4 vor allem auf die Masterausbildung. Die Zielstufen sind grundsätzlich kompatibel mit den Dublin Descriptors.[5]

8.5.1 Zielstufen für den Aufbau von Wissen

Wissen besteht in Erkenntnissen über sich und die Umwelt. Die Wissensstufen lehnen sich an die bekannte Taxonomie von Bloom et al. (1956) an, sie sind hier ausschließlich auf die gedankliche Auseinandersetzung mit Wissen bezogen.

Wissensstufe 1: Wissen verstehen

Begriffe, Fakten, Vorgehensweisen, Modelle, Konzepte, Theorien, Werke beschreiben, erklären, erläutern, verstehen.

5 Die *Dublin Descriptors* wurden von einer informellen Arbeitsgruppe der *Joint Quality Initiative* erarbeitet. Am 16. März 2002 wurden sie im sogenannten *Amsterdam Consensus* bestätigt und im Rahmen der *Graz Convention* der EUA vom 29. bis 31. Mai 2003 zu Verwendung empfohlen.

Beispiel: Die Studierenden können einen möglichen Phasenverlauf für eine Projektdurchführung erklären.

Wissensstufe 2: Wissen zuordnen

Wissen mit der berufsfeldbezogenen Praxis (z. B. Konzepten, Strategien, Plänen, Prozessen, Lösungen, Produkten, Werken) oder auch mit der Studierpraxis im beschreibenden Sinne verknüpfen.

Beispiel: Die Studierenden können anhand eines Fallbeispiels die Phasen eines Projektes eindeutig erkennen und benennen.

Wissensstufe 3: Wissen beurteilen

Wissen in Bezug auf die berufsfeldbezogene Praxis analysieren und beurteilen (Beispiele, vgl. oben).

Beispiel: Die Studierenden können anhand eines Fallbeispiels einer Projektdurchführung diese hinsichtlich des Phasenkonzeptes diskutieren sowie hinsichtlich des Projektverlaufes und -ergebnisses beurteilen.

Wissensstufe 4: Wissen entwickeln

Wissen in Bezug auf berufsfeldbezogene Situationen oder Theorien gedanklich adaptieren und/oder weiterentwickeln. Schnittstellen zu anderen Wissensbereichen erkennen.

Beispiel: Die Studierenden können Ideen für eine angemessene Planung eines interdisziplinären Projektes entwickeln und adressatengerecht darstellen. Sie erläutern dabei das Verhältnis von Projektart und Projektplanung.

Erst verstandenes Wissen kann bewertet werden und als Fachkompetenz in die Gestaltung komplexer Handlungen einfließen. Absolventen von Hochschulen sollten außerdem fähig sein, Fachwissen adressatengerecht, also Laien und Experten verständlich und präzise zu kommunizieren.

Jede Wissensstufe erfordert entsprechende Denkprozesse. Am Beispiel von Jean Piagets Lerntheorie wird verdeutlicht, auf welche Denkprozesse die jeweiligen Lernziele fokussieren.

Stufe	Feinziele: Die Studierenden können …	Denkprozess
Stufe 1 Wissen verstehen	… einen Sachverhalt in eigenen Worten erklären. *… die Lerntheorie von Piaget erläutern.*	Wissen nachvollziehen
	… einen Sachverhalt skizzieren. *… die Lerntheorie von Piaget mittels Skizzen einer anderen Person vermitteln.*	Wissen mit eigenen Worten verbalisieren (und präsentieren)
Stufe 2 Wissen mit Praxis-situationen ver-knüpfen	… zu einem Sachverhalt ein Beispiel geben. *… die Lerntheorie von Piaget zur eigenen Lehrpraxis in Beziehung setzen.*	Wissen mit Erfahrung verknüpfen
	… einen Sachverhalt theoriebezogen erklären. *… die Wirkung einer Werbung unter Bei-zug der Lerntheorie von Piaget beschrei-ben.*	Erfahrungen und Wahr-nehmungen mithilfe von Wissen interpretieren
Stufe 3 Wissen beurteilen, kritisch verstehen	… prüfen, ob eine Theorie zum Verstehen einer Situation herangezogen werden kann. *… prüfen, inwieweit «Wandel am Arbeits-platz» mittels der Lerntheorie von Piaget erklärbar ist.*	Bedeutung von Theorien für die Erklärung von Praxissituationen er-kennen
	… Theorien vergleichen. *… die Theorie von Piaget mit derjenigen von Freud in Bezug auf die Erklärung von menschlichen Verhaltensweisen (z.B. «zu spät kommen») vergleichen.*	Teilaspekte erkennen, Unterschiede benennen, Unterschiede bewerten
Stufe 4 – Wissen erfinden Schnittstellen zu anderen Wis-sensbereichen erkennen – Hoch speziali-siertes Wissen verstehen	… eine soziale Situation differenziert verstehen. *… abgeleitet von der Theorie von Piaget eigenständig und unter Berücksichtigung verschiedener Einflussfaktoren erklären, wie Menschen Konflikte wahrnehmen.*	Eigene Gedanken formu-lieren, Schlussfolgerun-gen ziehen

8.5.2 Zielstufen für den Aufbau von Handlungskompetenzen[6]

Die vier Zielstufen beziehen sich auf das konkrete und reale Zeigen einer Handlung, auf die Performanz (→ Kapitel 6.2). Mit Handlungsfähigkeit kann eine komplexe Kompetenz oder eine Teilkompetenz davon gemeint sein.

Beispiel einer komplexen Kompetenz: «Organisieren können».

Beispiele für Teilkompetenzen: Soziale Kompetenz: «Informationen verständlich und zielgruppengerecht mitteilen können». Methodische Kompetenz: «Planungsinstrumente verwenden können».

Der Grad an Handlungskompetenz lässt sich anhand von drei Dimensionen beschreiben:

- Komplexität der Praxissituation[7]
- Vertrautheit mit der Praxissituation
- Grad der Selbststeuerung

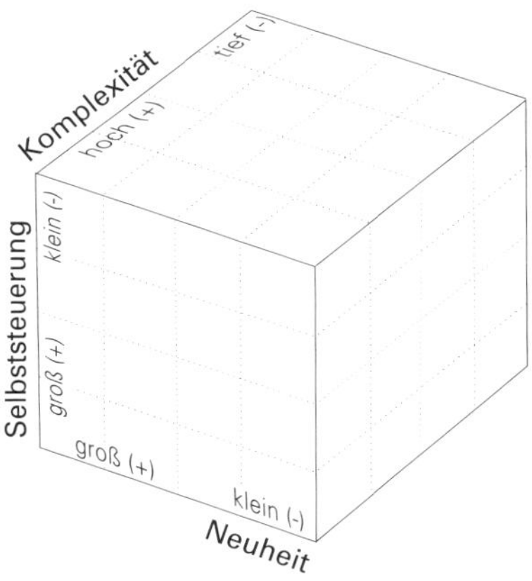

Abbildung 7: Drei Dimensionen von Handlungskompetenz

6 Bei der Präzisierung und Darstellung dieser Vorschläge hat Pius Muff, Prorektor der Hochschule Luzern, Departement Wirtschaft maßgeblich mitgewirkt.

7 Handlungsorientierte Lernfelder sollen die Praxissituation abbilden. Sie zeichnen sich durch eine der Studiensituation angemessene Problemhaltigkeit und Komplexität aus. (→ Kap. 15)

Daraus ergeben sich verschiedene Stufen der Handlungskompetenz. Hier werden vier Stufen dargestellt.

Stufe	Neue Situation/Grad der Vertrautheit damit	Selbststeuerung	Komplexität
1. Stufe: Anwenden I	–	–	+
2. Stufe: Anwenden II	–	+	++
3. Stufe: Probleme lösen	+	+/–	+++
4. Stufe: Spezialisierte Probleme lösen Entwickeln von Innovationen im interdisziplinären Kontext	+++	+++	++++

Kompetenzstufe 1: Anwenden I: an einfachen Situationen

Konzepte, Theorien, Modelle, Vorgehensweisen unter Anleitung und Begleitung in vertrauten und wenig komplexen Praxissituationen anwenden (beispielsweise wahrnehmen, anwenden, üben, umsetzen, erforschen, analysieren, ausprobieren, gestalten).

Beispiele: Die Studierenden können ein einfaches pädagogisches Projekt (z. B. Porträtieren einer Persönlichkeit) planerisch strukturieren.

Die Studierenden kennen die wichtigsten Textsorten und deren Merkmale und können sie anhand vorgegebener Beispiele identifizieren und illustrieren.

Kompetenzstufe 2: Anwenden II: in komplexeren Situationen

Konzepte, Theorien, Modelle, Vorgehensweisen selbstständig in vertrauten, komplexeren Praxissituationen kritisch reflektieren und anwenden (beispielsweise wahrnehmen, anwenden, beschreiben, umsetzen, üben, erforschen, analysieren, bewerten, ausprobieren, gestalten, durchführen).

Beispiele: Die Studierenden können die Gestaltung eines komplexeren pädagogischen Projektes (etwa Gestalten einer Projektwoche zum Thema Fusionen) planen. Die Studierenden können Texte aufgrund vorgegebener Kriterien analysieren und gegebenenfalls Gestaltungsvorschläge machen.

Kompetenzstufe 3: Probleme lösen

Eine neue, überschaubare Problemstellung, in einem unvertrauten Kontext, begleitet bearbeiten (beispielsweise analysieren, strukturieren, gestalten, einer Lösung zuführen, durchführen, das Vorgehen und das Ergebnis reflektieren, neue Erkenntnisse gewinnen).

Beispiele: Die Studierenden können Texte aufgrund vorgegebener Zielsetzungen und Kriterien wirkungsorientiert, adressaten- und situationsgerecht verfassen.
Die Studierenden können ein einfaches Projekt aus der beruflichen oder künstlerischen Praxis (etwa Projektarbeit zum Thema «Kundenzufriedenheit») planerisch strukturieren.

Kompetenzstufe 4: Komplexe, spezialisierte Probleme lösen und Innovationen entwickeln, auch im interdisziplinären Kontext
Für eine neue und hochkomplexe Problemstellung, welche interdisziplinäre Zusammenarbeit erfordert, möglichst selbstständig, im Austausch mit Dozierenden, eine geeignete Lösung oder Gestaltungsmöglichkeit erfinden, entwickeln und umsetzen, Teamleitung wahrnehmen (beispielsweise analysieren, strukturieren, Schnittstellen zu anderen Disziplinen definieren und bearbeiten, eine innovative Lösung finden, das Vorgehen und das Ergebnis reflektieren, neue Erkenntnisse gewinnen).
Beispiele: Die Studierenden entwickeln selbstständig wirkungsorientierte Strategien zur Textredaktion in anspruchsvollen und komplexen Kommunikationssituationen.
Die Studierenden können einen komplexen Projektauftrag planen (zum Beispiel einen technischen oder grafischen Beitrag zu einem größeren E-Learning-Projekt entwickeln).

Wie Dozierende den Erwerb von Wissen und den Aufbau von Kompetenzen unterstützen können, ist Gegenstand der weiteren Ausführungen (→ Kapitel 14 und 15).

8.6 Exkurs: Der Europäische Qualifikationsrahmen für lebenslanges Lernen

Der Europäische Qualifikationsrahmen für lebenslanges Lernen (EQR) (englisch: European Qualifications Framework, EQF) ist eine Initiative der Europäischen Union EU und beschreibt berufliche Qualifikationen und Kompetenzen mit dem Ziel, diese in Europa vergleichbarer zu machen. Darin werden 8 Referenzniveaus in der Form von Lernergebnissen beschrieben. Hier sind die Niveaus für Bachelor und Master wörtlich wiedergegeben (EU Kommission, Broschüre, 2008, S. 19).

Niveau EQR		Kenntnisse	Fertigkeiten	Kompetenzen
EQF Level 6 Bachelor	Zur Erreichung von Niveau 6 erforderliche Lernergebnisse	Fortgeschrittene Kenntnisse in einem Arbeits- oder Lernbereich unter Einsatz eines kritischen Verständnisses von Theorien und Grundsätzen.	Fortgeschrittene Fertigkeiten, die die Beherrschung des Faches sowie Innovationsfähigkeit erkennen lassen und zur Lösung komplexer und nicht vorhersehbarer Probleme in einem spezialisierten Arbeits- oder Lernbereich nötig sind.	Leitung komplexer fachlicher oder beruflicher Tätigkeiten oder Projekte und Übernahme von Entscheidungsverantwortung in nicht vorhersehbaren Arbeits- oder Lernkontexten; Übernahme der Verantwortung für die berufliche Entwicklung von Einzelpersonen und Gruppen.
EQF Level 7 Master	Zur Erreichung von Niveau 7 erforderliche Lernergebnisse	Hoch spezialisiertes Wissen, das zum Teil an neueste Erkenntnisse in einem Arbeits- oder Lernbereich anknüpft, als Grundlage für innovative Denkansätze und/oder Forschung; • Kritisches Bewusstsein für Wissensfragen in einem Bereich und an der Schnittstelle zwischen verschiedenen Bereichen.	Spezialisierte Problemlösungsfertigkeiten im Bereich Forschung und/oder Innovation, um neue Kenntnisse zu gewinnen und neue Verfahren zu entwickeln sowie um Wissen aus verschiedenen Bereichen zu integrieren.	Leitung und Gestaltung komplexer, unvorhersehbarer Arbeits- oder Lernkontexte, die neue strategische Ansätze erfordern; Übernahme von Verantwortung für Beiträge zum Fachwissen und zur Berufspraxis und/oder für die Überprüfung der strategischen Leistung von Teams.

Auf den Punkt gebracht

Die Ziele und Inhalte einer Lehrsequenz beziehen sich auf konkrete, aktuelle und künftige berufliche Aufgabenfelder der Studierenden. Ziele zeigen den Studierenden,
- welche Wissens- oder Kompetenzziele sie in einer Lehrsequenz erreichen sollten,
- welche Bedeutung die Wissensziele in Bezug auf die Praxis haben,
- mit welchem Maßstab ihre Leistungen gemessen werden.

Ziele definieren in Bezug auf die kognitive Auseinandersetzung mit Wissen, ob Studierende
- Wissen verstehen,
- Wissen mit Praxissituationen verknüpfen,
- Wissen kritisch zur Erklärung und Beurteilung von Praxissituationen anwenden oder
- hoch spezialisiertes Wissen anwenden und neues Wissen entwickeln sollen.

In Bezug auf den Aufbau von komplexen Handlungskompetenzen definieren Ziele, ob Studierende
- in einer einfach überschaubaren Praxissituation Wissen und bekannte Lösungswege unter Begleitung anwenden,
- in einer komplexen, bekannten Praxissituation Wissen und bekannte Lösungswege zunehmend selbstständig anwenden,
- für eine überschaubare, neue Praxissituation, begleitet, eine wissensbezogene, neue Lösung kreieren,
- für eine hochkomplexe und neue, spezialisierte Praxissituation selbstständig eine wissensbezogene neue Lösung kreieren und dabei das Wissen von anderen Disziplinen einbeziehen sollen (Interdisziplinarität).

Geteilte Verantwortung

Absicht

Das folgende Kapitel zeigt die Bedeutung von Eigenverantwortung, Engagement und Aktivität der Studierenden, sowie den Stellenwert von Lernkompetenzen für einen erfolgreichen Lernprozess. Außerdem wird die Frage reflektiert, welches Maß an selbstgesteuertem und fremdgesteuertem Lernen für den Lernerfolg adäquat ist und was in der Verantwortung der Dozierenden bzw. der Studierenden liegt.

Leitfragen

- Warum ist eigenverantwortliches und selbstgesteuertes Lernen bedeutsam?
- Welches sind Bereiche des eigenverantwortlichen und selbstgesteuerten Lernens?
- Wie viel Eigenverantwortlichkeit ist lernförderlich?
- Welche Fähigkeiten unterstützen selbstgesteuerte und eigenverantwortliche Lernaktivitäten?
- Welches sind wesentliche Aufgaben von Studierenden bzw. von Dozierenden in Bezug auf den Lernerfolg?

9

In Kürze

Aktives und eigenverantwortliches Lernen fördert den Aufbau von dauerhaft verfügbarem Wissen und von Kompetenzen.
Wichtig ist, dass die Studierenden erkennen, wie sehr sie für den Lernerfolg selbst Verantwortung tragen.
Dozierende können viel zu einem guten Studienverlauf beitragen, wenn sie zwar bei Studienbeginn mehr Steuerungsfunktionen übernehmen und diese dann sukzessive an die Studierenden abgeben.
Lernen mithilfe geeigneter Lernstrategien kann tiefenorientierte und praxisbezogene Lernprozesse unterstützen. Die Entwicklung und Nutzung von Lernkompetenzen unterstützt die Studierenden darin, die Verantwortung für den persönlichen Lernerfolg übernehmen zu können und ihren Lernprozess selbst zu steuern. Es empfiehlt sich, den Aufbau von Lernkompetenzen nicht bloß als separates Modul in ein Curriculum einzubauen oder extracurricular anzubieten, sondern auch in den fachbezogenen Modulen geeignete und themenspezifische Hinweise auf lernförderliches Handeln zu geben.

9.1 Bedeutung aktiver, eigenverantwortlicher und selbstgesteuerter Lernprozesse

Aktives Lernen soll Studierende befähigen, Wissen zu verstehen, anzuwenden, anzupassen und zu entwickeln, sowie bedeutsame Kompetenzen aufzubauen.

Wenn Dozierende Wissen präsentieren, zum Beispiel in einer Vorlesung, so mag das Zuhören für viele Studierende ein guter Zugang zu neuem Wissen sein. Solche Präsentationen garantieren aber nicht, dass Lernende die Inhalte verstehen. Die Gefahr des reinen Zuhörens besteht darin, dass die Studierenden das Wissen nicht mit ihrem Vorwissen verknüpfen und bestehendes Wissen nicht hinterfragen. Durch alleiniges Zuhören kann Wissen kaum im Gedächtnis verankert werden. Mechanisches Auswendiglernen ermöglicht im besten Falle, Wissen kurzfristig im Gedächtnis zu speichern und im gewünschten Moment bei der richtigen Prüfungsfrage zu platzieren. Solchermaßen gelerntes Wissen kann in konkreten Situationen des Alltages aber meist nicht aktualisiert und mit Problemstellungen verknüpft werden. Es führt selten zu Verständnis, Umsetzung oder Entwicklung.

Dieser aus der Praxis bekannte und wissenschaftlich erhärtete Sachverhalt (z. B. Mandl/Gerstenmaier, 2000) führt zur Frage, wie Dozierende vertiefende und anwendungsbezogene Lernprozesse auslösen können. Aktiv, selbstgesteuert, an möglichst echten Situationen und in angemessener Eigenverantwortung lernen, heißt die Antwort. Dies erfordert von den Dozierenden passende didaktische Interventionen und von den Studierenden die Bereitschaft und Fähigkeit, ihren Lernprozess zunehmend selbstständig zu planen, zu gestalten und zu regulieren sowie zu reflektieren und zu bewerten (Simons 1992; Reinmann/Mandl 2006). Es geht darum, dass Studierende

- Wissen selbstständig erarbeiten, gehörtes Wissen eigenständig gedanklich verarbeiten (kognitive Lernprozesse, z. B. neues Wissen mit Vorwissen vergleichen, mit Praxissituationen verknüpfen);
- Wissen und Fähigkeiten im Kontext von konkreten Aufgaben erwerben, anwenden, einüben, hinterfragen und verändern (situiertes Lernen);
- in Lerngemeinschaften, beispielsweise mit Studierenden, Dozierenden, Experten, Wissen und Problemlösungen diskutieren, auch unter Einbezug der neuen Medien (interaktives Lernen);
- persönliche Vorstellungen über Lernen reflektieren und Lernstrategien weiterentwickeln;
- Angemessene Freiräume und Lernangebot nutzen und die qualitativen Anforderungen nachvollziehen und erfüllen (motivationale Prozesse);
- Lernprozesse und Ergebnisse reflektieren (Metakognition).

9.2 Zum lernförderlichen Maß an aktivem, selbstgesteuertem und eigenverantwortlichem Lernen

Eigenverantwortliches Lernen heißt, sich selbst Lehrerin oder Lehrer zu sein. Wenn Dozierende umfassende Lehraktivitäten wahrnehmen und verantworten, ist das Lernen aus Sicht der Studierenden mehr fremdgesteuert. Liegt die Verantwortung eher bei den Studierenden, so handelt es sich um mehr selbstgesteuertes Lernen. Es ist für alle Beteiligten herausfordernd, die richtige Balance zwischen selbst- und fremdgesteuertem Lernen zu finden.

Letztlich sind auch in Studienelementen mit einem hohen Anteil an Fremdsteuerung, wie beispielsweise in einer Vorlesung, die Studierenden in hohem Maße für ihren Lernerfolg verantwortlich. Tiefenorientierte Lernprozesse erfordern immer eine aktive Zuwendung zu den Inhalten und eine Auseinandersetzung damit. Geeignete Lehrprozesse unterstützen diesen Prozess maßgeblich.

Welches Maß an Selbst- und Fremdsteuerung lernförderlich ist, hängt wesentlich von der Phase des Studiums, den Lernkompetenzen, auch den -präferenzen der Studierenden sowie den Inhalten und Zielen einer Lerneinheit ab.

Zu Beginn des Studiums sind viele Studierende kaum in der Lage, die entscheidenden Inhalte auszuwählen, Ziele zu setzen und sich selbst das Wissen beizubringen. In dieser Phase ist eine höhere Steuerung durch die Dozierenden im Präsenzunterricht und Selbststudium angezeigt (Dietrichs/Imhof/metzger/pfäffli 2007).

Für den Aufbau von exaktem Wissen gelten gute Vorlesungen, kombiniert mit ergänzenden Methoden des aktiven Lernens oder «Problem-based Learning», nach wie vor als lernwirksame Unterrichtsverfahren.

Wenn jedoch das Ziel im Aufbau von umfassenden Handlungskompetenzen besteht, stellt eine Vorlesung diesbezüglich nicht die passende Methode dar. Die Studierenden erlernen durch Zuhören nicht, wie sie ein komplexes Problem lösen oder ein neues Produkt kreieren können. Hierzu müssen sie selbst Erfahrungen machen und eigenverantwortlich handeln können. Im Gegenzug müssen die Dozierenden mehr (gefühlte) Verantwortung an die Lernenden abgegeben und die Beratungsrolle übernehmen.

Die Balance zwischen Selbst- und Fremdsteuerung ist in jeder spezifischen Lernsituation neu zu erfinden. Sie ist wichtig, denn bei zu viel Fremdsteuerung bleibt das Wissen träge und der Student unmündig. Zu viel Selbststeuerung hingegen überfordert und demotiviert viele Studenten und Studentinnen.

Das geeignete Maß an Selbst- und Fremdsteuerung kann *situationsspezifsch* entlang den Antworten auf folgende Fragen gefunden werden:

- Um welche Art von Wissen handelt es sich? Wie finden die Studierenden den Zugang dazu am besten?
- Welche Ziele sollen erreicht werden?
- Wo stehen die Studierenden (Studienphase, verfügbare Lernstrategien)?
- Welche Inhalte sollen im Präsenzunterricht, welche im Selbststudium bearbeitet werden?
- Welche Formen des aktivierenden Lernens können die Studierenden nutzen?
- Wie muss das Selbststudium vorbereitet, angeleitet und begleitet sein, damit die Studierenden sich ein vertieftes Verständnis des Wissens erwerben bzw. Kompetenzen einüben können?

9.3 Aufgaben von Dozierenden

Nachfolgend sind die Einflussbereiche von Dozierenden im Sinne einer mit den Studierenden geteilten Verantwortung für den Lernerfolg erläutert.

Konkrete Lehrstrategien, die das aktive, eigenverantwortliche und selbstgesteuerte Lernen an Hochschulen fördern, sind in → Teil IV *Die Gestaltung von Lernprozessen* dargestellt.

Auch wenn die Verantwortung für den Lernprozess im Wesentlichen bei den Studierenden liegt, kommt der Lehrperson eine herausragende Bedeutung für deren Lernerfolg zu. Das zeigt sich etwa, wenn man Studierende und Dozierende nach eigenen positiven Lernerfahrungen befragt. Sehr oft nennen sie dann Erinnerungen an Personen, welche begeistert waren von ihrem Fach und sich sichtlich dafür engagierten, dass der Funke auch auf die Studierenden überspringt.

Diese Erfahrungen werden von HATTIE (2014, S. 24–38) bestätigt. Er bezeichnet Lehrpersonen gar als wichtigste Akteure im Bildungsprozess, besonders wenn sie leidenschaftlich und inspiriert unterrichten. Seine wissenschaftlich fundierten Vorstellungen über die Aufgaben und Merkmale einer professionellen Lehrperson sind auch für die Lehre an Hochschulen bedenkenswert und adaptierbar. THOMMANN (2011, S. 15–17) beschreibt für Lehrende an Hochschulen einen umfassenden Strauß von acht Rollen. Das erweiterte Rollenspektrum bezieht sich auf das Ermöglichen von tiefenorientierten, interaktiven und praxisbezogenen Lernprozessen, auch unter Einsatz der neuen Medien. Damit gehen die Erwartungen an Hochschuldozierende über die reine Fachexpertise hinaus. Hochschuldozierende sollten demnach

Lernen unterstützen *wollen*

Die persönliche Überzeugung von Lehrenden, den Lernprozess der Studierenden unterstützen zu *können*, und der Wille, mit *allen* Lernenden zusammen Ziele erreichen zu *wollen*, hat bereits eine positive Auswirkung auf den Lernerfolg.

Expertise einbringen

Ein hohes Maß an fundiertem und aktuellem Wissen im Fachgebiet und klare Erläuterungen fördern positive Lerneffekte. An Hochschulen ist außerdem die Praxiserfahrung gewinnbringend und gefordert.

Interesse am Lernen der Studierenden zeigen

Die Abstimmung von Lernszenarien auf die Lernmöglichkeiten von Studierenden erfordert von Dozierenden Wissen über deren spezifische Lernmerkmale. Gute Dozierende können sich in die Lernsituation von Studierenden versetzen und wollen beispielsweise verstehen, wie sie an Aufgaben herangehen, Wissen konstruieren, und wo Probleme auftauchen. Sie wollen wissen, was Studierende beim Lernen tun.

Lernprozesse vorausdenken, anleiten und begleiten, überwachen und Ergebnisse beurteilen

Lehren auf der Basis von hochschuldidaktischem Wissen und entsprechenden Möglichkeiten, um tiefenorientierte und praxisbezogene Lernprozesse hinsichtlich erwünschter Lernziele zu unterstützen, trägt auch an Hochschulen viel zum Lernerfolg bei. Die didaktische Planung, das zielbezogene Feedback, die faire Beurteilung sowie der konstruktive Umgang mit Fehlern sind weitere zentrale lernfördernde Elemente.

Inhalte und Aufgaben begründen

Das Verstehen des Sinns von Inhalten und Aufgaben unterstützt Lernen und erhält die Motivation. Eine professionelle Lehrperson kann Lernangebote wissenschafts- und praxisbezogen wie auch lernpsychologisch und didaktisch begründen.

Wirkung von didaktischen Angeboten auf Lernen evaluieren

Studierende können gut Auskunft über die Wirkung von Lernszenarien geben. Evaluationen führen im Idealfall zu einem Gespräch über Möglichkeiten des Lernens. Didaktisch handeln bedeutet, lernen zu ermöglichen.

Auf den Punkt gebracht

- In der Regel erreichen die Studierenden mit tiefenorientierten kognitiven und/oder konkreten, handlungsorientierten Lernaktivitäten anspruchsvolle Ziele besser.
- Mit klaren Informationen, Fragen, Hinweisen, Vorgaben, mit Beratungen, Rückmeldungen, Standortbestimmungen können Dozierende die Qualität von aktivem, selbstgesteuertem und eigenverantwortlichem Lernen fördern (Metzger 2002).
- An Hochschulen lernen die Studierenden in zunehmender Eigenverantwortung. Mit einer positiven Erwartungshaltung und einer angemessenen und engagierten An- und Begleitung von Lernprozessen tragen Dozierende Mitverantwortung für den Lernerfolg.

Entwicklung und Planung von Lehrveranstaltungen

Überblick über die Planungsschritte

Eine konkrete Lernsituation zu gestalten, erfordert Planungsschritte auf drei Ebenen.

Planungsebene I Konzeption von Studiengängen	Curriculumsentwicklung
Planungsebene II Konzeption von Modulen, Kursen	Curriculumsentwicklung
Planungsebene III Planung von Lernprozessen	Planung der Lehre

Auf allen drei Ebenen sind Entscheidungen zu treffen in Bezug auf das Profil der Absolventen und Absolventinnen, die Inhalte und Ziele, die Gestaltung von Strukturen und Prozessen; auf allen Ebenen spielen ferner Vorstellungen, wie gute Lernprozesse zu gestalten sind, sogenannte Qualitätsstandards, eine wichtige Rolle.
Die folgende Übersicht zeigt die Ausprägung verschiedener Planungsaspekte auf den drei Planungsebenen.

	Planungsebene I	**Planungsebene II**	**Planungsebene III**
Ergebnis	Rahmenlehrplan	Planung von Teilelementen, zum Beispiel Module, Kurse	Planung von Lerneinheiten
Bezugspunkte	Praxis, institutionelle Strategien, Vorgaben, Trends	Praxis, Wissenschaft, Rahmenlehrplan	Praxis, Wissenschaft, Modulplan, Lerndrehbuch
Absolventenprofil (Praxis)	Erarbeitung	Konkretisierung, Bezugspunkt für die Modulplanung	Konkretisierung, Bezugspunkt für erwünschte Lernprozesse
Inhalte	allgemein, übergreifend, umfassend	konkret, reduziert	konkret, reduziert, didaktisiert
Ziele	Richtziele	Grobziele	Feinziele/Lernziele
Struktur	Aufbau, Stufung, Verknüpfung von Modulen, Modulketten	Sequenzierung von Inhalten und Lernprozessen	Lernphasen/-prozesse
Qualität Lernprozess	Qualitätsstandards	didaktische Prinzipien	didaktische Prinzipien
Verantwortung	Schulleitung, Fachverantwortliche	Fachverantwortliche, Modulverantwortliche	Dozierende, evtl. auch Studierende

Konzeption von Studiengängen

Absicht

Die folgenden Ausführungen zeigen bedeutsame Faktoren, welche die Planung von Studiengängen (Planungsebene I) beeinflussen.

Leitfragen

- Inwieweit sind institutionelle, berufsfeldbezogene und lerntheoretische Faktoren sowie Trends und Vorgaben bei der Konzeption eines Studienganges bedeutsam?
- Welchen Stellenwert hat die Praxis, also das Profil der Absolventen und Absolventinnen?
- Wie kommt dieses zustande?

10

In Kürze

Der Plan eines Studienganges beinhaltet
- das Profil der Absolventen und Absolventinnen,
- Richtziele und die inhaltliche Ausrichtung, evt. Hinweise auf Prüfungsmodus
- Teilelemente und Studienaufbau,
- Qualitätsmerkmale der angestrebten Lernprozesse.

Der Plan eines Studienganges berücksichtigt die Kultur der Hochschule und ist in deren Gesamtstrategie eingebettet.
In den Konzepten von Studiengängen soll der Bezug zur berufsfeldbezogenen Praxis zu erkennen sein. In den Absolventenprofilen sind die aktuellen Anforderungen abgebildet.
Die Aussagen über die Qualität der angestrebten Lernprozesse sollten auf aktuellen Erkenntnissen über Lernen basieren. Konzepte von Studiengängen sind auch beeinflusst von vorherrschenden Trends und externen Vorgaben.

10.1 Elemente und Einflussfaktoren

Praxis, meistens die Berufs-, aber auch die Studienpraxis, Merkmale der Trägerorganisation, aktuelles Wissen über Lehren und Lernen sowie Vorgaben und gesellschaftliche Trends beeinflussen die Konzeption von Studiengängen.

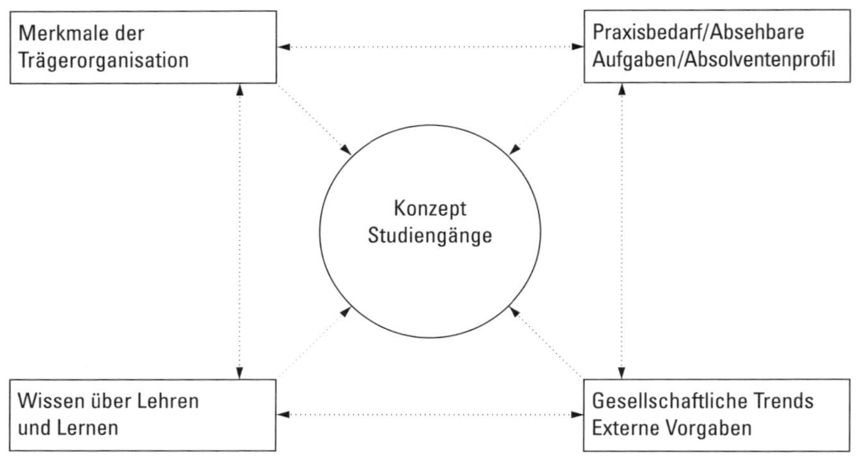

Abbildung 8: Einflussfaktoren bei der Konzeption von Studiengängen

Die Entwicklung eines aktuellen und modernen Rahmenlehrplanes für Studiengänge erfordert von den Verantwortlichen, Informationen über diese Einflussfaktoren systematisch zu beschaffen und zu berücksichtigen, wenn sie

- das Absolventen- oder Ausgangsprofil beschreiben,
- die inhaltliche Ausrichtung und Richtziele festlegen,
- die Teilelemente (zum Beispiel Module, Arbeiten, Praktika) sowie den Studienaufbau und Prüfungsszenarien skizzieren,
- Qualitätsmerkmale definieren,
- die Zusammenarbeit und Aufgabenteilung zwischen den verschiedenen Leistungsbereichen der Hochschule (Lehre, Entwicklung und Dienstleistung) skizzieren.

Die Entscheide über diese Elemente haben die Funktion von Vorgaben für die Planung der Module und Lernprozesse.

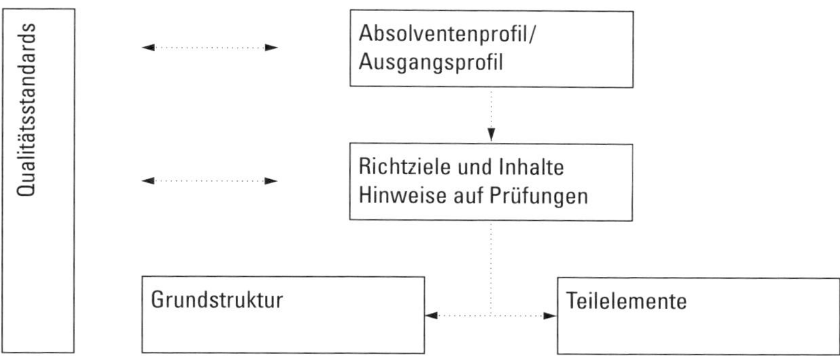

Abbildung 9: Planungsebene I: Elemente des Rahmenlehrplanes eines Studienganges

Die folgenden Ausführungen befassen sich mit den vier genannten Einflussfaktoren (vgl. Abb. 8) Trägerorganisation, Praxisbedarf, Wissen über Lehren und Lernen und gesellschaftliche Trends auf die Entwicklung eines Rahmenlehrplanes.

10.2 Merkmale der Trägerorganisation

Organisationskultur

Die Kultur einer Hochschule konstituiert sich insbesondere aus Wertvorstellungen über den eigenen gesellschaftlichen Auftrag in Bezug auf Lehre, Forschung und Dienstleistungen. In Bezug auf die Lehre zeigen sich die Werte am Verhältnis der Lehre zur Praxis und Wissenschaft, an den Vorstellungen über ideale Lernprozesse, Inhalte und Ziele des Lernens, an den Leistungsanforderungen an Studierende und Dozierende, an der Diskussionskultur und am persönlichen Umgang miteinander. Solche Wertvorstellungen sind meistens in Leitbildern und Visionen ausformuliert und zeigen sich idealerweise in den Alltagstheorien und im täglichen Handeln der Organisationsmitglieder. Diese spezifischen Wertvorstellungen einer Bildungsinstitution sind bei der Planung und Gestaltung von Lernprozessen zu reflektieren und umzusetzen.

Beispiel einer möglichen Leitbildaussage zum Aspekt Aus- und Weiterbildung:

«3. Was ist bezeichnend für unsere Aus- und Weiterbildungsangebote?

SIE SIND GEPRÄGT VON EINEM GANZHEITLICHEN VERSTÄNDNIS UND DER VISION LEBENSLANGER LERNPROZESSE.

Wir fördern fachliches Können, Gestaltungskompetenz und verantwortungsvolles Handeln.
Wir verwirklichen eine innovative Lernkultur auf Hochschulniveau.
Unsere Bildungsangebote überprüfen wir regelmäßig, damit sie bedürfnisgerecht, praxisorientiert, flexibel konzipiert, zielgerichtet und kohärent bleiben.»

http://www.hslu.ch/w-leitbild_hochschule_luzern_wirtschaft.pdf (17.7.14)

Strategie

Jede Bildungsinstitution verfolgt eine bestimmte Strategie, die sich in ihren mittel- und langfristigen Zielen ausdrückt. Die Entwicklung von Lernangeboten ist in die Gesamtstrategie der Hochschule einzubetten. Die folgenden Aspekte der Strategie einer Hochschule können beispielsweise die Konzeption von Bildungseinheiten beeinflussen oder tangieren:

- Aussagen zu inhaltlichen Schwerpunkten in allen Leistungsbereichen,
- Aussagen zur Qualität (und zu Qualitätssicherungsmaßnahmen),
- Aussagen zu Produktezielen (Bachelor, Master, Doktorat).

Organisationsstruktur und Abläufe

Organisationen bilden ihre Strukturen aufgrund ihrer Aufgaben. Die Mitglieder handeln innerhalb von bestimmten Prozessen und Funktionen. Organisationsinterne Entscheidungsprozesse sind bei der Planung von neuen oder bei der Überarbeitung von bestehenden Studiengängen zu berücksichtigen. Es empfiehlt sich, die Erfahrung und Kompetenz relevanter Personen und/oder Gruppen inner- und/oder außerhalb der «eigenen» Departemente (Abteilungen) einzubeziehen, beispielsweise fachliche Vorgesetzte, Fachgruppen, Schlüsselpersonen, Mentoren oder Fachstellen. Solche, möglichst frühzeitigen Gespräche sollen die Unterstützung der Pläne sichern, fördern die Qualität und stecken den Rahmen für die – an Hochschulen unbedingt notwendigen – Freiräume ab.

10.3 Praxisbedarf

Viele Hochschulen verstehen ihren Lehrauftrag als praxisorientierte Aufgabe. (→ Kapitel 6) Die berufsfeldbezogenen Anforderungen stellen deshalb, unter Berücksichtigung wirtschaftlicher, gesellschaftlicher, technologischer und kultureller Entwicklungen, den maßgeblichen Bezugspunkt für die Lehrplanung dar.

Der effektive Ausbildungsbedarf ergibt sich aus der Differenz zwischen Eingangs- und Ausgangskompetenzen (Ist/Soll). Eine erfolgreiche Lehrtätigkeit schließt bei den vorhandenen Fähigkeiten, den Eingangskompetenzen der Studierenden an und zielt auf das Erreichen des Ausgangsprofils (Stifterverband für die Deutsche Wissenschaft e.V. 2004; FRÖHLICH LUINI/THIERSTEIN 2001).

An Hochschulen sind die Eingangskompetenzen für die Studierenden in den Diplomausbildungen insoweit bekannt, als die Absolventenprofile der beruflichen und gymnasialen Maturitäten/Abiture bekannt sind. Auch bei der Planung von Nachdiplomstudien empfiehlt es sich, den Ausbildungsbedarf zusammen mit den potenziellen Abnehmern zu ermitteln. In Weiterbildungen sollen aber auch die Bildungsbedürfnisse der Studierenden berücksichtigt werden können.

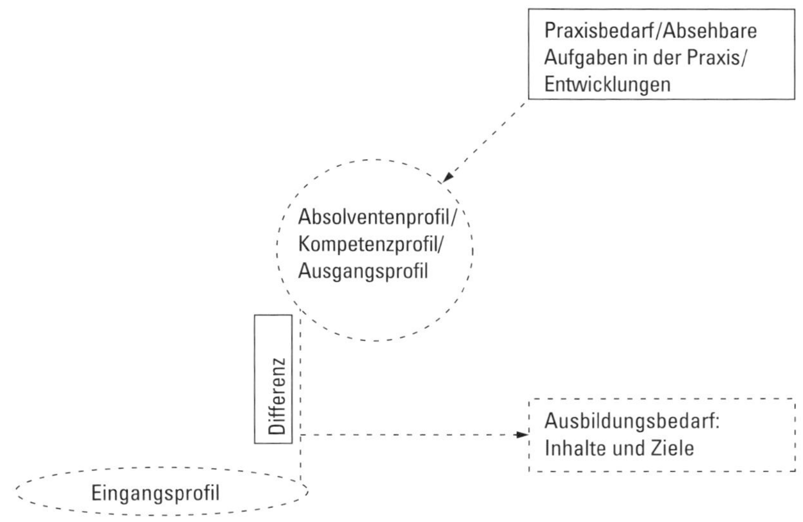

Abbildung 10: Der Praxisbedarf als zentraler Bezugspunkt für den Ausbildungsbedarf

Das Profil der Absolventen und Absolventinnen

Im Absolventenprofil sind die Kompetenzen[8] beschrieben, die für bestimmte Aufgaben in der Arbeitswelt erforderlich sind.

Die Erarbeitung eines Absolventenprofils vollzieht sich in mehreren Schritten – dies sei am Beispiel der Tätigkeit von Hochschuldozierenden aufgezeigt:

1. *Erfassen der berufsfeldbezogenen Aufgaben (Soll)*
   Diese Aufgaben werden in Interviews oder über Beobachtung erfasst.
   Beispiel: Dozierende an Hochschulen unterrichten in Diplom- und Nachdiplomstudiengängen. Konkret: Sie begleiten Studierende in Praktika. Sie arbeiten an Curriculumsentwicklungen mit. Sie arbeiten in Forschungsprojekten mit usw.

2. *Beschreiben der Tätigkeiten (Soll)*
   Aus der Beschreibung der beruflichen Aufgaben lassen sich die Tätigkeiten ableiten.
   Beispiel: Dozierende an Hochschulen unterrichten in Diplom- und Nachdiplomstudiengängen. Teiltätigkeiten: Lerneinheiten planen, Unterricht durchführen; Unterricht evaluieren; Lernerfolgskontrollen durchführen usw.

3. *Analysieren der Tätigkeiten*
   In einem nächsten Schritt lassen sich diese Tätigkeiten nun hinsichtlich der dazu benötigten Kompetenzen untersuchen.
   Beispiel: Lerneinheiten planen. Dafür sind folgende Kompetenzen bedeutsam (→ Kapitel 6.3):

---

8 Kompetenzen sind Fähigkeiten, um in bestimmten Aufgabenfeldern handlungsfähig zu sein. (→ Kap. 6.3)

Tätigkeit	Fachkompetenz/ Wissen	Methoden-kompetenz	Sozialkompetenz	Selbstkompetenz
Lerneinheiten planen	Lerntheorien verstehen Planungsmodelle und -schritte verstehen und beurteilen Zusammen-hänge zwischen Lerntheorien und Lernumgebungen erkennen	Inhalte begründet auswählen Inhalte sach- oder problembezogen strukturieren Grobziele und Lernziele formulieren Lehrszenarien wählen und Umsetzung planen	Gespräche führen Zuhören Wissen darstellen	Entscheiden Akzente setzen Lehrsituationen vorausdenken Sich in die Situation der Studierenden versetzen

10.4 Wissen über Lehren und Lernen

Grundsätzlich sollte Lehre im Sinne einer Begründung und eines Nachweises der Wirkung von hochschuldidaktischen Interventionen evidenzbasiert sein (Jornitz 2008).

Wissen über Lehren und Lernen kann Entscheide auf allen drei Planungsebenen begründen, beispielsweise

- bei der Definition von Qualitätsstandards für die Hochschullehre auf der Planungsebene I,
- bei der Definition von didaktischen Prinzipien und bei der Wahl von Lernszenarien auf den Planungsebenen II und III),
- bei der Planung von Lernprozessen auf der Planungsebene III.[9]

Beispiel: Das Wissen über Lernen als aktiven, konstruktiven, kumulativen, situierten und zielorientierten Prozess (z. B. Shuell, 1988 / Gruber/Mandl/Renkl, 2000) (→ Kapitel 9.1) zeigt sich in einer Studienanlage darin, dass Studierende

9 Qualitätsstandards sind normative Aussagen über die «gute Lehre» und haben eine handlungsorientierende Funktion, didaktische Prinzipien sind stärker handlungsleitend.

beispielsweise neues Wissen an einem konkreten Beispiel möglichst selbstständig erarbeiten, und aufgefordert sind, dabei vorhandenes Wissen zu reaktivieren. Dadurch steigt bekanntlich die Wahrscheinlichkeit, dass sie dieses in neuen Situationen aktivieren und anwenden werden.

Und wie zeigt sich solches Wissen in den verschiedenen Planungsprodukten?

Planungsebene I
Definition von *Qualitätsstandards:* Die Lehre orientiert sich an praxisorientierten Lerninhalten und Lernzielen.

Planungsebene II
Definition von *didaktischen Prinzipien: Problemorientierung:* Studierende erarbeiten Inhalte anhand von Beispielen aus der Praxis.

Planungsebene III
Gestalten von Lernumgebungen: Z. B. Projektunterricht.

10.5 Trends und externe Vorgaben

Folgende Trends sind heute bei der Entwicklung von Studiengängen, Modulen und Lerneinheiten zu bedenken:

E-Learning

Welche E-Learning-Elemente sollen eingebaut werden, zu welchem Zweck? (→ Kapitel 19)

Life-long Learning

Welche Inhalte gehören in die Bachelor- und Masterstudien, welche in die anschließenden Weiterbildungen? Was lernt man im Beruf?

Zugang zum Wissen

Wie lernen die Studierenden den Umgang mit der Wissensflut? Was bedeutet die Tatsache, dass Wissen innert kürzester Zeit über das elektronische Netz abgerufen werden kann?

Heterogentiät der Studierendengruppen

Was bedeuten die unterschiedlichen Voraussetzungen der Studierenden (z. B. sozial, kulturell, Bildungslaufbahnen vor dem Studium, Lernvoraussetzungen, Berufserfahrungen, Lebenssituationen) für die Organisation und Gestaltung des Studiums?

Modularisierung von Studiengängen

Welche Lerninhalte und Lernziele werden in welchen Modulen bearbeitet? Sollen die Module fachspezifisch oder fachübergreifend konzipiert werden? Sind bestimmte Modulketten notwendig und/oder empfehlenswert? Wie werden die Lernerfolgskontrollen in Modulen gestaltet, beziehungsweise wie werden Module abgeschlossen?

Selbststeuerung des Lernens – Selbststudien

Welche Lerninhalte und Lernziele lassen sich in mehr instruktiven, welche in mehr konstruktiven Lernprozessen gut bearbeiten? Sollen bestimmte Lernszenarien favorisiert werden? Wie können/müssen die Dozierenden das Selbststudium begleiten? Wie und wann können die Studierenden explizit ihre Lernfähigkeiten entwickeln?

Externe Vorgaben

Die Vorgaben übergeordneter und bildungspolitischer Gremien beeinflussen die Planung und forcieren gewisse Entwicklungen – beispielsweise eine Fokussierung auf bestimmte inhaltliche Schwerpunkte, die Modularisierung, die Größe von Lerngruppen, den Aufbau von Selbststudien, den Einbezug von E-Learning.

Konzeption von Modulen und Kursen

Absicht

Die folgenden Ausführungen zeigen die Leitfragen für die Planung von Modulen (Planungsebene II). Außerdem enthält das Kapitel Hinweise zur Auswahl bedeutsamen Wissens, zu didaktischen Gestaltungskonzepten und zum Verständnis der Begriffe Präsenz- und Selbststudium.

Leitfragen

- Welche Leitfragen führen zu den relevanten didaktischen Entscheidungen?
- Wie kann die Auswahl des Wissens legitimiert werden?
- Was gehört zum Präsenz- und was zum Selbststudium?
- Wofür eignen sich die verschiedenen Studienformen?
- Was gehört in eine Modulbeschreibung?
- Welche Arbeitsschritte führen zur definitiven Modulplanung?

11

In Kürze

Der Plan eines Moduls[11] beinhaltet im Minimum
- ein übergeordnetes, berufsfeldbezogenes Handlungsziel
- entsprechende Kompetenz- und Wissensziele
- ein didaktisches Konzept
- Angaben zum Lernnachweis

Diese Teilelemente sind aufeinander bezogen: Wissen und Kompetenzen sind im Hinblick auf die berufsfeldbezogenen Handlungsfelder und -ziele auszuwählen und zu reduzieren. Geeignete Lernszenarien sollen ermöglichen, dass die Studierenden die Wissens- *und* Kompetenzziele erreichen können. Auf der Ebene der Modulplanung ist ferner zu entscheiden, ob die Lernprozesse fach- oder problemorientiert gestaltet werden. Ebenfalls ist zu überlegen, welche Zielsetzungen am besten im Präsenz- und welche im Selbststudium bearbeitet werden sollen.
Die Planung mündet in eine Verlaufsskizze des Moduls, ein sogenanntes Lerndrehbuch. Bei Modulen, die aus mehreren Kursen oder Teilelementen bestehen, sind die Schnittstellen zu beachten. Es ist Aufgabe der Dozierenden, erwünschte Überschneidungen sowie die Vernetzung der verschiedenen Inhalte transparent zu machen. Dozierende sollten die sich daraus ergebenden Denkprozesse und Einsichten unterstützen.

11 Ein Modul ist ein strukturierter, zeitlich abgeschlossener, zielorientierter Verbund von Lehr- und Lerneinheiten und befasst sich mit einem bestimmten inhaltlichen Schwerpunkt eines Studienganges.

11.1 Elemente, Bezugspunkte und Leitfragen

Von den meist noch allgemeinen Ausgangskompetenzen lassen sich konkretere Teilkompetenzen ableiten. Auf der Basis dieser Teilkompetenzen, relevanter Qualitätsstandards (→ Kapitel 3.2), der Richtziele und inhaltlicher Angaben lassen sich Ausbildungsinhalte und Grobziele konkretisieren.[11]

Die Definition der Inhalte, der Grobziele und und Überlegungen zum Verhältnis von selbst- und fremdgesteuerten Lernprozessen führt zur Wahl geeigneter Lernszenarien.

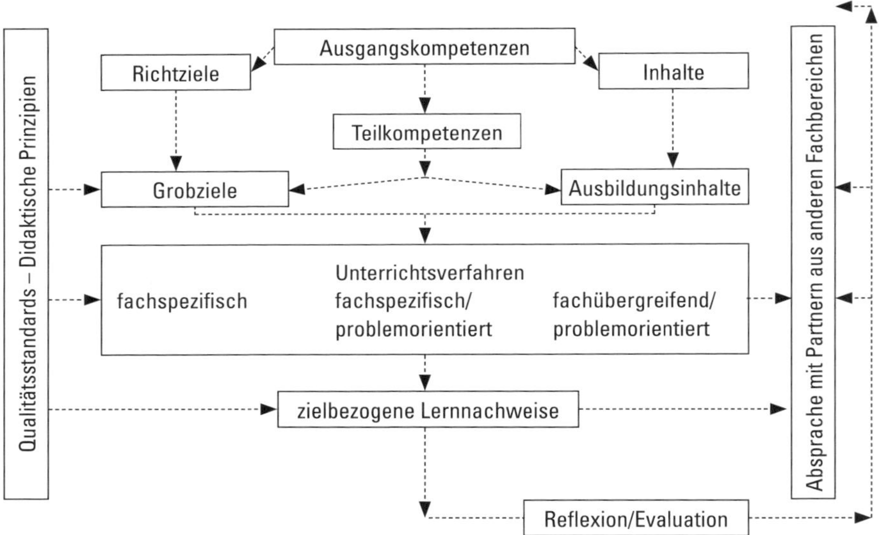

Abbildung 11: Planungsebene II: Planung von Module oder Kursen

Die situationsspezifische Reflexion folgender Leitfragen führt zu den didaktischen Entscheiden:

- Welches Wissen (fachspezifisch, fachübergreifend) ist für den Aufbau der beruflichen Handlungskompetenz beziehungsweise einer Teilkompetenz davon erforderlich?

11 Moon (2002, S. 16) schlägt vor, die Lernzielprüfung *(assessment criteria und assessment method)* gleich im Anschluss an die Definition der Lernziele *(learning outcomes)* zu bestimmen und erst im folgenden Schritt eine Lehrstrategie zu entwickeln.

- Welche Fertigkeiten und Teilkompetenzen sind für die Entwicklung der beruflichen Handlungskompetenz erforderlich?
- Für welche Teilziele soll der Lernprozess fachspezifisch gestaltet werden?
- Für welche Teilziele soll der Lernprozess fachübergreifend und problemorientiert gestaltet werden?
- Mit welchen Fachbereichen, Fachzentren und Forschungsstellen müssen Absprachen getroffen werden?
- Welche Lernsezenarien eignen sich oder sind zwingend, damit die Studierenden die Ziele erreichen können?
- Welche Ziele lassen sich am besten im Präsenzstudium erreichen?
- Welche Ziele lassen sich im Selbststudium erreichen?
- Wie sollen die Lernnachweise gestaltet sein?

11.2 Weniger ist mehr: Grobe Wahl des Wissens

Eine tiefen- und kompetenzorientierte Lehre muss darauf verzichten, Fachwissen zu den einzelnen Gebieten vollständig zu vermitteln. Die Beschränkung auf *ausgewählte* Wissensinhalte schafft Raum für vertiefte Verarbeitungsprozesse, für praxisbezogene Anwendungen, für Entwicklung und Reflexion. Die Reduktion der Inhalte ist eine der großen Herausforderungen jeglicher Unterrichtsplanung. Sie darf nicht zu simplifiziertem oder allzu bruchstückhaftem Wissen führen.

Die Reduktion der Inhalte gehört zur Grob- *und* der Feinplanung (→ Kapitel 12.5). Auf der Ebene der Grobplanung führt die Reflexion der folgenden Fragen zu den relevanten Inhalten:

Kompetenzen und Kompetenzziele (→ Kapitel 6)
- Welche Kompetenzen sollen gefördert werden?
- Hinsichtlich welcher Aufgaben und für welches Arbeitsumfeld sollen die Kompetenzen ausgebildet werden?
- Welches sind relevante Schlüsselqualifikationen/Querschnittkompetenzen?

Wissen und Wissensziele (→ Kapitel 7)
- Welche Wissensinhalte sind Bestandteil der Kompetenzen?
- Welche aktuellen Inhalte aus Wissenschaft, Forschung, Berufsalltag, Kunst müssen die Studierenden verstehen und verbalisieren können *(need to have)?*
- Welches Wissen ist vom fachlichen Standpunkt her unverzichtbar?

- Welche Teilelemente gehören dazu? Wie sind sie aufeinander bezogen?
- Welche Reihenfolge ist vernünftig?
- Gibt es ein Kern- oder ein Standardwissen?
- Welche Inhalte sind *nice to have?*
- Sind besondere Schwierigkeiten bezüglich einzelner Inhalte zu erwarten?

Selbst- und Fremdsteuerung

- Welches Wissen muss zwingend im Präsenzstudium bearbeitet werden?
- Welches Wissen kann im begleiteten Selbststudium bearbeitet und vertieft werden?
- Welches Wissen können die Studierenden (zum Beispiel durch Lektüre) im autonomen Selbststudium erarbeiten, vertiefen, ergänzen?

Exemplarische Bedeutung des Wissens

- Hat das Wissen generalistische Bedeutung für unterschiedliche Praxissituationen (ein Gesetz, eine Haltung, eine Methode usw.)?

Lernmöglichkeit

- An welchen Praxis- oder Lebenssituationen (situiertes Lernen) und über welche Prozesse können die Studierenden die Inhalte begreifen?

Zeit

- Können die Studierenden dieses Wissen innerhalb der verfügbaren Zeit vertieft bearbeiten?

11.3 Präsenz- und Selbststudium

Begriffsklärungen

Präsenzstudium/-lehre

In der Regel wird «Präsenzstudium» mit «Lektionen» gleichgesetzt. Es handelt sich um eine Zeiteinheit innerhalb eines Moduls oder Kurses, die formal dadurch charakterisiert ist, dass eine definierte Lerngruppe interaktiv mit Dozierenden lernt. Auch Einzelunterricht, z. B. Musik, kann darunter fallen.

> *Beispiele: Vorlesung, Seminar, Moderation gewisser Phasen im Problem-based Learning oder Projektunterricht usw.*

Selbststudium
Das Selbststudium kann mehr oder weniger begleitet oder autonom sein. Es ist eine Zeiteinheit innerhalb eines Moduls oder Kurses, während deren die Studierenden eigenständig Wissen und Kompetenzen erarbeiten und vertiefen.

Begleitetes Selbststudium
Studienzeit, in der Dozierende oder Assistierende den selbstständigen Lernprozess der Studierenden begleiten; individuell und/oder in offenen oder definierten Lerngruppen. Die Steuerung des Lernens erfolgt über Aufträge. Feedback ist ein zentraler Erfolgsfaktor für den Lernerfolg. (→ Kapitel 17)

> *Beispiele: Individuelle Betreuung von Arbeiten, Recherchen oder Übungen vor Ort oder im virtuellen Raum, Betreuung von offenen Gruppen im Studierforum vor Ort oder im virtuellen Raum, Begleitung von definierten Gruppen in der Selbstlernphase des Problem-based Learnings, in gewissen Phasen einer Projektarbeit oder einer Fallstudie, Leittextmethode, Labor usw.*

Autonomes Selbststudium
Freie Studienzeit; die Studierenden lernen meist individuell oder in Kombination mit autonomen Lerngruppen. Es ist keine Betreuung durch Dozierende oder Assistierende vorgesehen.

> *Beispiele: Vor- und Nachbereitung des Präsenzunterrichts, Hausarbeiten, Literaturstudium, Gestaltungsarbeit, Übungen, selbstständige Erarbeitung von (Teil-) Themen, Recherchen, individuelle Tagungsteilnahme, Prüfungsvorbereitung usw.*

Der folgende Überblick beschreibt die verschiedenen Studierformen entlang zentraler didaktischer Parameter, wobei die Übergänge fließend sind.

Didaktische Kriterien	**Präsenzstudium**	**Begleitetes Selbststudium**	**Autonomes Selbststudium**
Zielvorgabe	Kompetenz- und Wissensziele des Studiengangs, der Module		
Lernnachweise	Beziehen sich auf die Kompetenz- und Wissensziele der Module		
Sozialformen	Einzel-, Paar- Gruppenarbeit, Plenum		Einzel-, Paar-, Gruppenarbeit
Aufgaben Dozierende	planen; lehren; moderieren; auswerten	begleiten Feedback	Inhalte/Wahlmöglichkeiten vorgeben/empfehlen
Aufgabe Studierende	aktiv mitarbeiten	selbstständig lernen; Begleitung bei Bedarf nutzen; Lern- und Denkstrategien anwenden	selbstständig lernen ; Lern- und Denkstrategien anwenden
Steuerung	mehr bei Dozierenden	mehr bei Studierenden	vor allem bei Studierenden
Rolle Lernstrategien	Einführung	Voraussetzung; Übungsgelegenheit; Gegenstand der Begleitung	Voraussetzung; Übungsgelegenheit
Eignung abhängig vom Fach und vom Zeitpunkt des Studiums	Erarbeitung anspruchsvoller, Inhalte; Präsentation und Beurteilung von Produkten	Erarbeitung von zugänglichen Inhalten; Vertiefung und Ergänzung komplexer Inhalte	Ergänzung und Vertiefung
	Einüben von Kompetenzen		

Berechnung des Arbeitspensums für das Selbststudium (Workload)

Die Studienzeit setzt sich zusammen aus den Lerneinheiten im Präsenz- und im Selbststudium. Die Vergabe von Kreditpunkten (ECTS-Punkte) richtet sich nach dem geschätzten Aufwand für das Präsenzstudium *und* das Selbststudium. Zum Selbststudium gezählt werden in der Regel Vor- und Nacharbeit für die Präsenzveranstaltungen, größere Arbeiten und Projekte, Prüfungsvorbereitung und allenfalls Praktika.

Die Zuteilung von Kreditpunkten auf den Präsenzunterricht ist einfach und nachvollziehbar. Eine einigermaßen realistische Berechnung des Aufwands für das Selbststudium, welche auf einen großen Teil der Studierenden zutrifft, ist schwierig, jedoch erwünscht. Die Angabe eines, wenn auch geschätzten Aufwands für das Selbststudium in der Modulplanung ist für die Arbeitsplanung der Studierenden notwendig. Herren (2014a, 60) nennt als Basis für die Berechnung vier Kriterien: «Zielabhängigkeit, Methodenkomplexität, Ergebnis vs. Prozessorientierung, Lehrerfahrung».

Er geht von der Annahme aus, dass der Zeitaufwand für einen Auftrag mit zunehmendem Umfang und zunehmender Komplexität der Zielsetzung, des Auftrags und des Methodeneinsatzes steigt. Werden zusätzlich zum Produkt/Ergebnis des Lernprozesses auch dessen Reflexion verlangt, steigt der Zeitaufwand weiter. Erfahrene Dozierende werden die Berechnung gestützt auf ihre Beobachtungen und die Rückmeldung der Studierenden zunehmend realistisch vornehmen können. Evaluationen zeigen aber immer wieder, wie unterschiedlich der Zeitaufwand für eine Aufgabe ist, was wiederum von vielfältigen Faktoren bei den Studierenden abhängig ist. Herren (2014b, 19) schlägt ein Raster vor, um den geschätzten Aufwand für Selbststudien zu erfassen und mit dem effektiven Aufwand zu vergleichen.

Auftrag (Titel, Ziel, Ergebnis, Inhalte, Arbeitsprozesse)	**Vorgesehene Tätigkeiten und geschätzter Zeitaufwand**	**Effektiv benötigte Zeit (z. B. Mittelwert nach einer Evaluation)**
Beispiel: – *Transfermodul;* – *Fachbereich Elektrotechnik und Informatik;* – *Erweitern und vertiefen von Inhalten* – *LSC Methode (Laboratory Short Courses)*[12]	*Aufwand pro Posten (Laboratory short courses):* – *Analysieren des Auftrages, 15'* – *Aktualisieren von Wissen, Lektüre, 30'* – *Lösungsorientiert experimentieren, handeln, 30'* – *Darstellen der Lösung, 15'* – *Lösung mit Musterlösung vergleichen, Erkenntnisse formulieren, 15'* – *Bericht verfassen und einreichen, 15'*	*Einschätzung größtenteils realistisch.*

12 Mattle/Stüdli (2012, 6)

11.4 Modulbeschreibung

Die Grobplanung von Modulen führt zu folgenden Angaben, die auch die Voraussetzung für die Modulbeschreibung bilden:

- *Modulbezeichnung, Studiengang* (eventuell nähere Bezeichnung wie Art, Fachbereich usw.): Sie soll klar, aussagekräftig, ansprechend und adressatengerecht sein.
- *Leitidee:* Darin soll die Absicht, das Anliegen, der Lerngewinn und die Einbettung in den Studiengang und das Fachgebiet skizziert werden.
- *Eingangsvoraussetzungen:* Ausgangskompetenzen der verlangten vorauslaufenden Ausbildungen oder andere Module des Studienganges.
- *Kompetenzen:* Teilkompetenzen des Absolventenprofils (→ Kapitel 10.2)
- *Inhalte und Grobziele:* fachspezifisch, fachübergreifend
- *Sequenzierung* der Inhalte und Lernschritte
- Lernszenarien
- *Verlaufsskizze* (Lerndrehbuch): Angaben über Präsenzstudium und Selbststudium (Informationen über Inhalte, Aufgaben, Zeit, Abstimmung von Präsenz- und Selbststudium)
- *Gesamtumfang:* Zeit, Credit Points, Workload
- *Lernerfolgskontrolle/Testat, Teilschritte* (→ Kapitel 18)
- *Literatur*
- *Dozierende und Ansprechpartner*

Weitere mögliche Informationen sind: Modulniveau, Modultyp, Anschlussmodule, Unterrichtssprache, Bemerkungen. Setzt ein Modul sich aus mehreren Kursen zusammen, empfiehlt es sich, diese einzeln zu beschreiben und den inhaltlichen Zusammenhang aufzuzeigen.

11.5 Modultypen

I. Präsenzstudium (PS) mit begleitetem und autonomem Selbststudium (BSS und ASS)

I/1 *Fachsystematisch, additiv*
Klassische Wissensvermittlung im Präsenzstudium, zum Beispiel Vorlesung, Seminare in den traditionellen Fachbereichen, mit ergänzenden Lernprozessen (z. B. Übungen) im begleiteten und autonomen Selbststudium.

I/2 *Problemorientiert, fachübergreifend, integriert*
Erarbeitung von Wissen und Kompetenzen anhand von konkreten Problemstellungen, teils im Präsenzstudium, teils im begleiteten, teils auch im autonomen Selbststudium.

Die Kombination von I/1 und I/2 ist möglich (→ unten).

II. Präsenzstudium mit autonomem Selbststudium

Präsenzstudium mit Lernzeit für selbstständiges Lernen.

III. Begleitetes und/oder autonomes Selbststudium

Individuelle Studieneinheit, welche die Studierenden selbstständig planen und durchführen. Sie kann von Dozierenden mehr oder weniger begleitet werden.

Dozierende können mit Studierenden über eine autonome Lerneinheit einen Lernvertrag abschließen mit Zielen, Arbeitsschritten, Ergebnissen, Qualitätsanforderungen an das Ergebnis, Zeitangaben, Art der Begleitung.

Wie folgender Überblick zeigt, ist die Auseinandersetzung mit Wissen und das Einüben von Kompetenzen grundsätzlich im Rahmen aller Modultypen möglich.

<table>
<tr><th>Modultyp

Absicht</th><th>I/1
PS mit BSS und ASS
additiv</th><th>I/2
PS mit BSS und ASS
integriert</th><th>II
PS mit ASS</th><th>III
BSS und/oder ASS</th></tr>
<tr><td>Konstruktion von Wissen/Einüben von Lern- und Denkstrategien</td><td>Vorlesung mit Aktivierungen/ Begleitetes Selbststudium: Lektüreaufträge</td><td rowspan="2">Problem-based Learning (PBL) anschließend Unterricht in Fachdisziplinen oder Projekt-arbeit</td><td>Vorlesung mit Aktivierungen

Autonomes Selbststudium: Literaturstudium/ Recherchen/ Ausstellungsbe-suche</td><td>Recherchen Literaturstudium</td></tr>
<tr><td>Einüben von Handlungskom-petenzen/ Konstruktion von Wissen</td><td>Vorlesung mit Aktivierungen/ Begleitetes Selbststudium: Übung, Fallarbeit</td><td>Schriftliche oder gestalterische Arbeit</td><td>Schriftliche oder gestalterische Arbeit</td></tr>
</table>

Beispiel für Lehrsetting I/1, Modul mit drei Kursen[13]

Präsenzstudium mit begleitetem und autonomem Selbststudium, fachsystematisch, mit Anwendungen.

Umfang 6 ECTS-Punkte, 180 Stunden, davon
- *Präsenzstudium: 54 Stunden*
- *begleitetes Selbststudium: 27 Stunden*
- *autonomes Selbststudium: 99 Stunden*

Einführung
Präsenzstudium: 4 Stunden

Fachspezifisches Lernen mit Anwendungen		
Kurs I	***Kurs II***	***Kurs III***
Präsenzstudium: 20 Stunden	*Präsenzstudium: 20 Stunden*	*Präsenzstudium: 6 Stunden*
begleitetes Selbststudium: 27 Stunden	*begleitetes Selbststudium: 0 Stunden*	*begleitetes Selbststudium: 0 Stunden*
autonomes Selbststudium: 50 Stunden	*autonomes Selbststudium: 40 Stunden*	*autonomes Selbststudium: 9 Stunden*

Abschluss
Präsenzstudium: 4 Stunden

13 Die Stunden sind zufällig so verteilt. Die Aufteilung orientiert sich an den Zielen und ist Verhandlungsgegenstand der beteiligten Dozierenden.

Beispiel für Lehrsetting I/2, Modul mit zwei Kursen[14]

Präsenzstudium mit begleitetem und autonomem Selbststudium, fachübergreifend, problemorientiert, fachspezifische Lernprozesse

Umfang 3 ECTS-Punkte, 90 Stunden, davon
- *Präsenzstudium: 27 Stunden*
- *begleitetes Selbststudium: 13,5 Stunden*
- *autonomes Selbststudium: 49,5 Stunden*

Vorbereitung		
autonomes Selbststudium:	*5*	*Stunden*

Problemorientiertes Lernen		
Kurs I und II		
Präsenzstudium:	*7*	*Stunden*
begleitetes Selbststudium:	*13,5*	*Stunden*
autonomes Selbststudium:	*24,5*	*Stunden*

Fachspezifisches Lernen			***Fachspezifisches Lernen***		
Kurs I			*Kurs II*		
Präsenzstudium:	*12*	*Stunden*	*Präsenzstudium:*	*8*	*Stunden*
autonomes Selbststudium:	*10*	*Stunden*	*autonomes Selbststudium:*	*10*	*Stunden*

14 Die Stunden sind zufällig so verteilt. Die Aufteilung orientiert sich an den Zielen und ist Verhandlungsgegenstand der beteiligten Dozierenden.

11.6 Arbeitsschritte der Modulplanung

Die folgenden Überblicke zeigen die wesentlichen Arbeitsschritte für die Planung eines fachspezifisch und eines fachübergreifend problemorientiert gestalteten Moduls.

Fachspezifisches Vorgehen

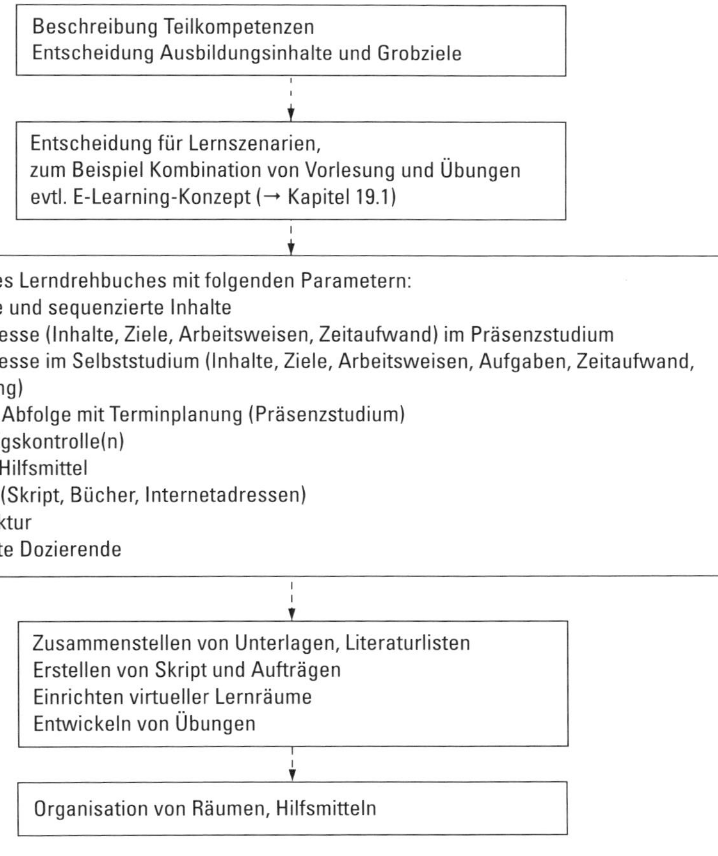

Fachübergreifendes problemorientiertes Vorgehen am Beispiel von Problem-based Learning (PBL)

Alle beteiligten Dozierenden	Beschreibung Teilkompetenzen – Entwicklung einer groben konkreten Fragestellung und Entscheid über Ausbildungsinhalte und Grobziele
	Entscheidung für ein fachübergreifendes, problemorientiertes Unterrichtsverfahren, zum Beispiel PBL oder Projektmethode
	Entwickeln von praktischen oder theoretischen Fragestellungen aus der Perspektive der verschiedenen Fachrichtungen und Erstellen einer komplexen Fallstudie Definieren der Lernerfolgskontrolle(n)
	Festlegen von Inhalten, Zielen, Fragestellungen, eventuell Lernerfolgskontrolle pro Kurs und/oder bezüglich des gesamten Moduls, E-Learning-Konzept
	Organisatorische und inhaltliche Absprachen über Reihenfolge der Kurse, Einführung der Studierenden in PBL, Integrationstage, Abschlusstag, Sitzungstermine der Dozierenden
	Definition der Rollen und Verantwortlichkeiten aller beteiligten Dozierenden und der Studierenden Bezeichnen des/r Hauptverantwortlichen (Hv)
Dozierende in Teilmodulen	Erstellen eines Lerndrehbuches mit Angaben zu folgenden Punkten: — Grobziele und sequenzierte Inhalte — Lernprozesse (Inhalte, Ziele, Arbeitsweisen, Zeitaufwand, E-Learning) im Präsenzstudium — Lernprozesse im Selbststudium (Inhalte, Ziele, Arbeitsweisen, Aufgaben, Zeitaufwand, E-Learning) — Zeitliche Abfolge mit Terminplanung (Präsenzstudium) — Lernerfolgskontrollen — Medien, Hilfsmittel — Literatur — Infrastruktur — Involvierte Dozierende
	Entwickeln von Fragestellungen, Unterlagen, Hilfsmitteln, Medien usw.
Hv	Erstellen einer Gesamtübersicht Sicherstellen der organisatorischen Aufgaben
	Anschließend: Einführung der Studierenden in die Arbeitsweise mit PBL oder Projektmethode Lehren, Moderieren und Lernen gemäß Gesamtplanung

11.7 Lerndrehbuch

Das Lerndrehbuch zeigt den Verlauf eines Moduls oder eines Kurses. Die vorgesehenen Inhalte und die entsprechenden Arbeitsschritte und Denkprozesse werden auf die dafür vorgesehene Zeit aufgeteilt, beispielsweise auf Wocheneinheiten, Tagesblöcke, Doppellektionen oder andere zeitliche Sequenzen.

Im Lerndrehbuch wird beschrieben, welche der erwünschten Lernaktivitäten im Präsenzstudium und welche im begleiteten oder im autonomen Selbststudium stattfinden sollen. Das Szenario kann im Weiteren über die Rolle der Dozierenden und Studierenden in den einzelnen Phasen informieren. Bei einem Blended-Learning-Konzept sind Angaben über Lernprozesse vor Ort oder im virtuellen Raum zwingend.

Ein Lerndrehbuch stellt eine großzügige Verlaufsübersicht dar und enthält Freiräume für Unvorhergesehenes. Es klärt, welche Arbeitsschritte wann vollzogen werden sollen, damit der Lernprozess kontinuierlich, zielorientiert und inhaltlich folgerichtig verlaufen kann. Idealerweise informiert das Lerndrehbuch auch über den Zeitpunkt und die Inhalte formativer und summativer Lernnachweise, über allfällige Integrationstage bei fächerübergreifenden Modulen und über weiterführende Quellen.

Die Form eines Lerndrehbuches soll dem Stil des/r Dozierenden und dem Inhalt entsprechen. Die folgende Struktur hat in diesem Sinne beispielhaften Charakter.

<table>
<tr><td colspan="7">Angaben über Modul (Titel, Codierung, Zeitraum)</td></tr>
<tr><td colspan="7">Name der Dozierenden</td></tr>
<tr><td colspan="7">Wissens- und Kompetenzziele</td></tr>
<tr><td rowspan="2">Zeitraum/ Daten</td><td rowspan="2">Inhalte und/oder Teilziele</td><td colspan="3">Lernprozesse vor Ort (vO) oder im virtuellen Raum (vR):</td><td rowspan="2">Literaturangaben</td><td rowspan="2">Rolle Dozent/ Dozentin</td></tr>
<tr><td>im Präsenzstudium</td><td>im begleiteten Selbststudium</td><td>im autonomen Selbststudium</td></tr>
<tr><td colspan="7">Literaturhinweise und Hilfsmittel
Integrationstage
Lernnachweise</td></tr>
</table>

Planung von Lernprozessen

Absicht

Die folgenden Ausführungen zeigen Planungselemente von Lernprozessen (Planungsebene III) und wie wichtige Einflussfaktoren und didaktische Prinzipien sich auf das Ergebnis auswirken können. Außerdem regen die Ausführungen an, die Lernprozesse auf die Situation der Studierenden auszurichten und Inhalte wenn nötig nochmals zu gewichten und zu reduzieren. Abschließend werden Vorschläge für einen Prozessplaner gezeigt.

Leitfragen

- Lassen sich Lernprozesse überhaupt planen?
- Welches sind wichtige Elemente einer Feinplanung?
- Welche Faktoren beeinflussen die Planungsentscheide?
- Wie lassen sich didaktische Prinzipien umsetzen?
- Welche Merkmale der Studierenden sollen berücksichtigt werden?
- Welche Überlegungen führen zur definitiven Wahl bedeutsamer Inhalte?
- Wie kann die Planung von Lernprozessen festgehalten werden?

12

In Kürze

Studierende können die Lernziele grundsätzlich auf verschiedenen Wegen erreichen. Die tägliche Erfahrung zeigt, dass geplante Lernprozesse in der Realität oft ganz anders verlaufen. Im Lehralltag ist Flexibilität und manchmal das Abrücken vom Plan gefragt. Planungen sollen Lernprozesse ermöglichen, nicht verhindern.
Der Plan eines Lernprozesses beinhaltet im Minimum

- Feinziele,
- präzise und reduzierte Inhalte,
- Skizze des Unterrichtsverlaufes,
- Angaben über Medien, Hilfsmittel, Aufträge.

Auch auf der Planungsebene III sind wichtige gesellschaftliche und organisatorische Rahmenbedingungen mitzubedenken. Auf dieser Ebene geht es insbesondere auch darum, die oft abstrakten, qualitativen Vorstellungen über Lernprozesse zu konkretisieren.
Ein zentraler Bezugspunkt sind die Lernvoraussetzungen und Praxiserfahrungen der Studierenden.
Eine wichtige Aufgabe besteht darin, sich nochmals mit den zentralen Inhalten zu befassen. Oft ist es notwendig, zugunsten einer vertieften Auseinandersetzung und der Förderung von Kompetenzen die Inhalte nochmals zu gewichten und/oder zu reduzieren.
Es empfiehlt sich, den erwünschten Verlauf der Lernprozesse pro Lerneinheit in einem Prozessplaner festzuhalten.

12.1 Unplanbares planen

Die Grobplanung liefert einen Rahmen für die Gestaltung einzelner Lernsequenzen (zum Beispiel Doppellektionen, Lerncoaching-Sitzungen, Tagesveranstaltungen). Die Feinplanung besteht darin, die Ziele *(learning outcomes)* zu präzisieren, sowie eine Vorstellung über künftige Lernprozesse der Studierenden und eine entsprechende Umsetzungsidee zu entwickeln.

Bei der Antizipation von Lernprozessen sind folgende Gesichtspunkte zu bedenken:

- *Variabilität der Lernwege:* Ein Lernziel kann auf verschiedenen Wegen erreicht werden. Die Wahl der Vorgehensweise hängt von der Perspektive des Planers oder der Planerin ab.
- *Beschränkte Planbarkeit:* In der Regel sind es die Dozierenden, die planen – konkretisiert werden die Pläne aber zusammen mit den Studierenden. Auch die Realisierung eines Plans wird zwar von den Dozierenden gesteuert. Wie die Umsetzung aber in der Praxis verläuft, hängt bekanntlich von vielen weiteren Bedingungen ab, etwa von der Motivation und Vorbereitung, den Lernstilen und Lernmöglichkeiten der Studierenden, von soziodynamischen Prozessen in den Lerngruppen, von der fachlichen und didaktischen Kompetenz der Dozierenden, von aktuellen organisatorischen Bedingungen, von der Tagesform von Studierenden und Dozierenden usw. Die tatsächlichen Lernprozesse verlaufen deshalb nicht immer wie geplant. Planen von Lernprozessen bedeutet, sich auf einen Prozess in einem komplexen und dynamischen Feld vorzubereiten. Mit Überraschungen darf immer gerechnet werden.
- *Umgang mit Widersprüchen:* Die Anforderungen an Dozierende sind in vielerlei Hinsichten durch Widersprüche gekennzeichnet. Wegner/Nückles 2013 halten fest, dass Dozierende oft verschiedene Ziele gegeneinander abwägen und einen begründeten Entscheid fällen müssen, beispielsweise das selbstständige Lernen der Studierenden unterstützen, Freiräume bieten *und* gleichzeitig eine didaktische Struktur, verknüpft mit Anforderungen, vorgeben. Planen bedeutet, gewisse Dilemma-Situationen in der Lehre vorab zu reflektieren und diesbezüglich einen klaren, wenn auch flexiblen Standpunkt einzunehmen, beispielsweise eine gewählte Methode oder das Maß an Eigenverantwortung zu begründen. Weitere Widersprüchlichkeiten können sich in der Interaktion mit den Studierenden zeigen, etwa bei Ressourcenproblemen oder im Umgang mit Nähe und Distanz. Im Lehralltag sind Dozierende auch mit widersprüchlichem Rollenverhalten von Studierenden konfrontiert, wenn diese sich beispielsweise in einer Lernsituation mehr als Kunden denn als Lernende verhalten, sich also

die didaktische und organisationale Struktur einer Situation überlagern (vgl. dazu REINMANN/JENERT 2011; JENERT/FUST 2012).

12.2 Elemente und Einflussfaktoren

Die Feinplanung besteht in der Bestimmung folgender Elemente:
- Feinziele (→ Kapitel 8.4)
- präzisierte Inhalte
- Skizze des Unterrichtsverlaufes mit Angabe der erwünschten Denk- und Arbeitsschritte der Studierenden und grober Zeiteinteilung
- Angaben über Medien, Hilfsmittel, Arbeitsaufträge

Bei der Feinplanung und der Durchführung von Unterricht sind die bereits beschriebenen gesellschaftlichen und organisatorischen Aspekte zu berücksichtigen (→ Kapitel 10), ebenso die Voraussetzungen der Dozierenden und Studierenden.

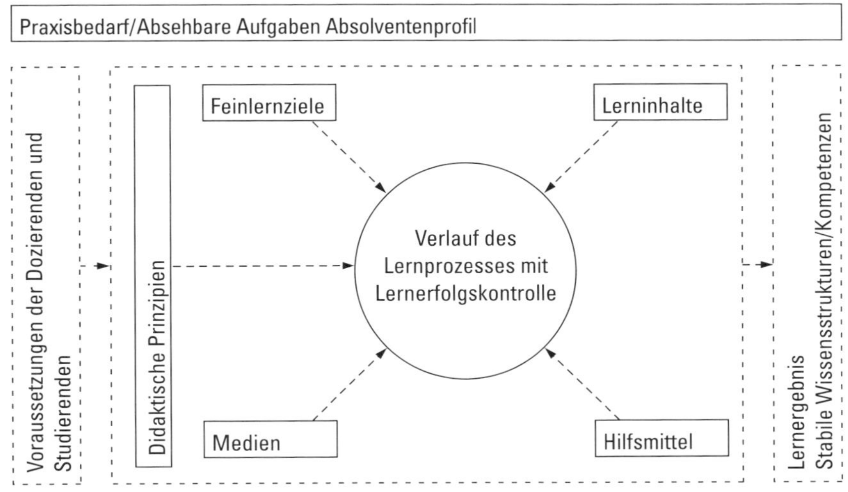

Abbildung 12: Planungsphase III: Elemente und Einflussfaktoren (in Anlehnung an das didaktische Modell von SCHULZ 1996, zit. nach BERNER 1999, S. 127 ff.)

Die folgenden Darstellung zeigt, wie verschiedene Bedingungen sich auf die Lehre auswirken können.

Einflussfaktoren	Mögliche Auswirkungen
Gesellschaftliche Rahmenbedingungen – Finanzlage und Vorgabe von staatlichen oder privaten Gremien (beeinflusst zum Beispiel Gruppengröße, Umfang Präsenzstudium) – Gesetzliche Grundlagen – Eingangsprofile der Studierenden	– Methodenwahl – Auflage in der Form einer inhaltlichen Vorbereitung im autonomen Selbststudium
Organisatorische Bedingungen – kulturelle Werte – räumliche Situation – Studienpläne – Kompetenzprofile – Strategien, z. B. bzgl. E-Learning	– Methodenwahl – Gestaltung der Lernnachweise/Prüfungen – Interaktion zwischen Studierenden und Dozierenden – Pflicht, E-Learning einzusetzen
Voraussetzungen aufseiten der Dozierenden – Inhaltliche, didaktische, kommunikative Fähigkeiten – Praxiserfahrungen – Forschungserfahrungen – Tätigkeiten im Kontext Hochschule	– Methodenwahl – Praxisbeispiele – Verfügbarkeit außerhalb des Präsenzstudiums
Voraussetzungen aufseiten der Studierenden (→ Kapitel 2) – Motivation, Lernkompetenzen – Aktuelle Lebenssituation	– Mitwirkung im Unterricht – Übernahme der Verantwortung für Lernprozess – Interesse – Verfügbare Zeit

12.3 Didaktische Prinzipien und didaktische Handlungen

Didaktische Prinzipien sind allgemeine Aussagen über die Gestaltung der Lehre, die sich insbesondere in der Feinplanung und effektiven Unterrichtsgestaltung ausdrücken. Welche didaktischen Prinzipien für die Lehre an Hochschulen relevant sind, zeigt die folgende Übersicht.

Didaktisches Prinzip	***Beispiele von didaktischen Handlungen***
Bedeutungsorientierung – Praxisorientierung Einsicht in den Wert oder die Bedeutung der Inhalte und Ziele ermöglichen	*Beim Einstieg die Bedeutung des Gelernten für die berufliche und künstlerische Praxis an eigenen Erfahrungen, an Erfahrungen der Studierenden oder an aktuellen Beispielen aufzeigen*
Problemorientierung Inhalte wirklichkeitsbezogen durchdenken lassen (im Gegensatz zu historisch oder fachlogisch); situiert lernen	– *Ein Problem an den Anfang der Wissenserarbeitung stellen* – *Bei der Stoffwahl Schwerpunkte setzen und auf Vollständigkeit aus Sicht der Fachperspektive verzichten*
Zielorientierung Die Ziele bekannt geben, begründen oder durch die Studierenden formulieren lassen	– *Beim Einstieg die Ziele begründen* – *Bei Aufträgen den Lernzielbezug aufzeigen* – *Bei Präsentationen von Lernergebnissen lernzielbezogene Rückmeldungen geben* – *Prüfungen lernzielorientiert gestalten*
Interaktion/Teamorientierung Lernsequenzen in Gruppen ermöglichen	– *Die Bildung von Lerngruppen anregen* – *Gruppen- und Paararbeiten einplanen* – *Interaktive Lernsequenzen in Vorlesungen einplanen*
Metakognition Wahrnehmungen und Handlungen reflektieren lassen	– *Anregen zum Nachdenken über das eigene Tun* – *Das Nachdenken vorleben*
Multiple Perspektive und Wiederholen Gleiche Inhalte in unterschiedlichem Kontext bearbeiten und/oder üben lassen	– *Einen zentralen Inhalt (zum Beispiel eine Arbeitsweise oder einen Wissensinhalt) in verschiedenen Projekten anwenden lassen* – *Eine komplexe Berechnungsart an verschiedenen Beispielen üben lassen*
Neues mit Bekanntem verknüpfen	– *Das Vorwissen der Studierenden erfragen,* – *Mit einer kognitiven Landkarte (Advance Organizer) größere Zusammenhänge aufzeigen und das Neue im bekannten gedanklichen Netzwerk platzieren*
Verschiedene Wahrnehmungsorgane ansprechen	– *Inhalte maßvoll visualisieren (Vizualizer, Beamer, Wandtafel, Modelle, Video)* – *Experimente ausführen lassen* – *Modelle, Materialien berühren, erkunden und erstellen lassen*
Begeisterung zeigen und Neugier wecken	– *Eigene Faszination am Wissen oder an der Aufgabe zeigen* – *Echte Fragen stellen*

12.4 Orientierung an den Studierenden

Auch bei einer Ausrichtung der Lehre auf Ziele empfiehlt es sich, die Eingangsgegebenheiten der Studierenden zu berücksichtigen. Gemäß KIENER 2012, S. 15, ist das Bildungssystem traditionellerweise davon ausgegangen, dass die als äquivalent eingeschätzten Erfahrungen für eine Bildungslaufbahn relevant sind. Als Dozent/in würde man sich gerne darauf verlassen, dass Studierende aufgrund einer bekannten Vorbildung über bestimmtes Wissen verfügen und gewisse Lernkompetenzen mitbringen. Man darf jedoch nicht davon ausgehen, dass gleiche Lernerfahrungen Gleiches bewirken. In den letzten Jahren sind Bildungsverläufe insgesamt individueller geworden. Die Unterschiede zwischen den Lernenden sind eminent. Die Hochschulen sind mit einer wachsenden Diversität der Studierenden konfrontiert, beispielsweise in Bezug auf Lern- und Praxiserfahrungen, nationale und soziale Herkunft, aktuelle Lebenssituationen. Die (Bildungs)Biografie und die aktuelle Lebenssituation beeinflussen die Vorstellungen über Lernen und die Lernmöglichkeiten. Es ist gut, sich bereits in der Planungsphase mit den künftigen Studierenden zu befassen. Informationen über Studierende können dazu beitragen, deren Lernmöglichkeiten besser einzuschätzen. Fehlplanungen lassen sich vermeiden. Dabei sind etwa die folgenden Aspekte in Betracht zu ziehen:

Lernfähigkeit – Lernerfahrungen

- Welche Bildungslaufbahn hatten die Studierenden vor Beginn des Studiums?
- Welche Vorkenntnisse haben die Studierenden (Eingangsprofil)?
- Welche Lerndefizite sind in Bezug auf das Eingangsprofil vorhanden?
- Welches Spezialwissen haben die Studierenden (vor allem in der Weiterbildung relevant)?
- Was motiviert die Studierenden?
- Über welche Lernkonzepte, Lernstrategien, Lerntechniken verfügen die Studierenden?

Praxiserfahrungen

- Welche beruflichen Erfahrungen haben die Studierenden?
- Welche Funktion haben die Studierenden im Beruf (vor allem in der Weiterbildung relevant)?

Herkunft der Studierenden

- Woher kommen die Studierenden?

Aktuelle Lebenssituation

- Wie ist die Belastung der Studierenden durch Beruf, Familie, Weiterbildung, andere Tätigkeiten?
- Wo wohnen die Studierenden (Anfahrtszeit)?
- Wie finanzieren die Studierenden ihre Ausbildung?
- Ist der Besuch der Weiterbildung freiwillig?

12.5 Weniger ist mehr: Definitive Wahl des Wissens

Die Auseinandersetzung mit den Inhalten und Zielen führt in der Feinplanungsphase oft nochmals zu einer Reduktion, Gewichtung oder Ergänzung. LEHNER 2013 plädiert für den Verzicht auf Vollständigkeit zugunsten einer gründlichen Auseinandersetzung mit ausgewählten wichtigen Inhalten.

Die Reflexion der folgenden Fragen unterstützt die definitive Wahl der Inhalte.

Kompetenzen und Kompetenzziele (→ Kapitel 6)

- Welche Fähigkeiten sollen aufgrund von bekannten Praxissituationen zwingend ausgebildet werden? Welches Wissen braucht es dazu?

Wissen und Wissensziele (→ Kapitel 7)

- Was ist Pflicht, was ist Kür?
- Welches Wissen ist aufgrund aktueller Erkenntnisse und Ereignisse bedeutsam?
- Wie kann das Wissen mit der Praxis verknüpft werden?
- Welches Wissen hat generalistische, exemplarische Bedeutung für unterschiedliche Praxissituationen (ein Gesetz, eine Haltung, eine Methode usw.) und ist deshalb besonders zu gewichten?

Präsenz- und Selbststudium

- Welches Wissen muss zwingend und gründlich im Präsenzstudium bearbeitet werden?
- Welches Wissen können Studierende im begleiteten Selbststudium selbstständig erarbeiten oder vertiefen?
- Welche Aktivitäten der Studierenden führen zur Erreichung der Ziele?

Anschaulichkeit

- An welchen Beispielen, Situationen, Werken, Ereignissen können die Studierenden das Wissen begreifen?

Zeit

- Können die Studierenden den Umfang des Wissens innerhalb der verfügbaren Zeit überhaupt bearbeiten?

Merkmale der Studierenden

- Welche Vorkenntnisse können vorausgesetzt werden?
- Welche Interessen der Studierenden können einbezogen werden, beispielsweise für «Kür Inhalte»? (→ Abschnitt 12.4)?

12.6 Prozessplaner

Der Prozessplaner skizziert den erwünschten Verlauf einer konkreten Lerneinheit im Präsenzstudium und in allfälligen Präsenzformen des begleiteten Selbststudiums. Solche Planungshilfen können die Klärung der Lehrabsichten und -entscheidungen unterstützen. Das untenstehende Beispiel 1 könnte weiter ausdifferenziert werden, beispielsweise durch eine zusätzliche Zeile: «Ergebnis». Letztlich ist ein solches Planungsinstrument etwas Individuelles und soll dem Planungsstil der Dozierenden entsprechen.

Beispiel 1: Verlaufsplanung für eine vermittlungsorientierte Lerneinheit mit Aktivitäten der Dozierenden und Studierenden.

Thema/Inhalt/Grobziel

Feinziele

Datum

Zeit	*Inhalt oder Lernziel oder Denkprozesse*	*Lehrform*	*Medien*	*Besonderes, zum Beispiel Verknüpfungen mit Bekanntem* *Hinweis auf Praxisbeispiel*

Beispiel 2: Offene Verlaufsplanung, beispielsweise für den Einstieg in eine Projektarbeit

Ziele

Voraussetzungen	
Informationen – *inhaltlich* – *organisatorisch*	*Arbeitsschritte*
Hilfsmittel *Unterlagen*	*Ergebnis*
Nächste Schritte der Studierenden	

Gestaltung von Lernprozessen IV

Beziehungen und Lernklima

Absicht

Die folgenden Ausführungen gelten der Bedeutung der Beziehung zwischen Dozierenden und Studierenden sowie den Beziehungen zwischen den Studierenden für das Lernen. Es wird angeregt, Beziehungen und Lernklima konstruktiv mitzugestalten.

Leitfragen

- Was tut ein «guter» Dozent, eine «gute» Dozentin?
- Worum geht es bei der Beziehung zwischen Lehrenden und Studierenden?
- Wie können Dozierende ein lernförderndes Klima mitgestalten?
- Inwiefern können Dozierende zur Arbeits- und Leistungsfähigkeit von Gruppen beitragen?

13

In Kürze

Gute Dozierende sind fachlich und didaktisch kompetent und praxiserfahren. Sie *wollen* ihren Studierenden den Zugang zum Wissen eröffnen.
Die Beziehung zwischen Studierenden und Dozierenden soll den Lernprozess der Studierenden unterstützen. Gute Dozierende befassen sich grundlegend mit ihrem Lerngegenstand und seiner Bedeutung für eine lebenswerte (Arbeits-)Welt. Sie ermöglichen durch ihr Engagement den Studierenden einen wissensfundierten und persönlich motivierten Umgang mit Aufgaben und Wandel im Beruf – und zeigen sich dabei selbst auch als Lernende. Mit einem wertschätzenden Umgang, verbindlichen Abmachungen, klaren Anforderungen und Rückmeldungen sowie der Einbindung möglichst vieler Studierender in Lern- und Arbeitsprozesse leisten Dozierende einen Beitrag zu einem lernfördernden Arbeitsklima.
Die Dynamik in einer Gruppe kann den Lern- und Arbeitsprozess behindern. Dann lohnt es sich, störende Prozesse, Verhaltensweisen, Normen oder Einstellungen anzusprechen, zu reflektieren und zielbezogen neue Formen der Zusammenarbeit und des Umgangs miteinander auszuhandeln. Dies gilt auch für das Lernen im Rahmen von Gruppenarbeiten. Ziel ist dann, die Arbeitsfähigkeit herzustellen und zu verbessern.

13.1 Gute Dozierende

Der erfolgreiche Abschluss von Arbeiten und Modulen ist ein sichtbarer Gradmesser für eine erfolgreiche Lehre: Fachliche Kompetenz, verständliche Darstellung bedeutsamen Wissens und aktueller beruflicher Erfahrungen, zieldienliche Begleitung studentischer Arbeiten – all dies fördert den Lernerfolg und zeichnet gute Dozierende aus.

Die Tätigkeit einer Dozentin oder eines Dozenten beschränkt sich aber bei Weitem nicht darauf, die Studierenden zu guten Abschlüssen zu führen. Dozierende begleiten Menschen in einer wichtigen Lern- und Lebensphase. Sie tragen wesentlich dazu bei, dass sich das Studium nicht darin erschöpft, Wissen und Fähigkeiten anzusammeln, sondern dass die Studierenden ein vitales Bedürfnis entwickeln, die Themen zu verstehen, sich persönlich damit zu befassen und die Bedeutung für sich und eine lebenswerte Welt zu reflektieren.

Die vielen kleinen und großen Erfahrungen, die Studierende mit den Dozierenden machen, führen zu einer Ansammlung von individuellen Geschichten, die als Grundlage für das Lernen und Arbeiten in Zukunft nicht zu unterschätzen sind.

Die Bedeutung, die Dozierende ihrem Wissen geben, die Beziehungen, die sie zu den Studierenden aufnehmen, das Interesse, das sie deren Entwicklung und Erfolg entgegenbringen, trägt dazu bei, dass die Studierenden gerne und intensiv lernen und auch nach dem Studienabschluss weiterlernen.

Studierende erachten Dozierende und deren Lehre als gut, wenn diese an ihre Erfahrungswelt anschließen und Wissen verständlich erklären. ZELLER/ZIMMERMANN 2012 stellen diesbezüglich fest, dass Studierende von den Dozierenden ernst genommen werden wollen und den Dialog auf Augenhöhe schätzen. Gute Dozierende sind nicht nur gute Didaktiker, welche Inhalte und didaktisches Vorgehen gut aufeinander abstimmen, sondern persönlich involviert sind in den Lehr- und Lernprozess. (→ Kapitel 2.1/2.3) Sie

- zeigen die eigene Begeisterung und ihr Interesse am Wissen, an Problemlösungen und am Lehren,
- sind interessiert daran, welche Bedeutung die Studierenden dem Wissen geben,
- sind interessiert daran, wie die Studierenden denken, wie sie mit der Fülle an Informationen umgehen und wie sie Probleme und Aufgaben angehen,
- zeigen Ärger über Nachlässigkeit *und* die Freude über eine angeregte Diskussion,
- lassen Schwierigkeiten der Studierenden zu,

- sind unmissverständlich im Anspruch an die erwartete Leistung und bedauern Bequemlichkeit,
- sind glaubwürdig und echt.
  (Beschreibung der Aufgaben der Dozierenden → Kapitel 9.3)

Wenn die Bedeutung der Beziehung zwischen Dozierenden und Studierenden und der Studierenden untereinander für das Lernen thematisiert wird, bedeutet dies keineswegs, dass Dozierende zusätzlich noch eine soziale Betreuungsfunktion zu übernehmen hätten. Das Thema ist das Lernen, die Frage ist:

Wie können Dozierende durch ihre Beziehungen zu den Studierenden diese

- in Denkprozesse über Wissen involvieren,
- zu einer persönlichen Auseinandersetzung mit Wissen und Problemlösungen anregen,
- Lernprozesse zielbezogen begleiten?

(vgl. dazu auch: Böss-Ostendorf/Senft 2014, S. 79 ff.)

13.2 Lernfördernde Beziehungen zu einzelnen Studierenden

Das Thema zwischen Dozierenden und Studierenden ist das Lernen, der Erwerb von Wissen und Kompetenzen. Dies erfordert von Dozierenden, sich mit den Lernmöglichkeiten der Studierenden zu befassen, also die Fachorientierung um die Lernendenorientierung zu erweitern. Eine Facette des Lehrens besteht demnach auch darin, die Beziehung zu den Studierenden lernfördernd zu gestalten. Dass beim Lernen Kopf, Herz und Hand beteiligt sind, mag inzwischen banal klingen, ist aber ernst zu nehmen. Nicht bloß das Denken spielt beim Lernen eine wichtige Rolle, sondern auch die Motivation und die persönliche Fähigkeit, sich auf Inhalte einzulassen und zu konzentrieren. Dozierende, die ihr Augenmerk nicht nur auf den Lerngegenstand, sondern auch auf den Umgang der Studierenden damit richten, können diese besser begleiten.

Echtes Interesse am Studieren und am Menschen wird sich für Dozierende und Studierende als großer beruflicher und persönlicher Gewinn erweisen, denn es macht Freude und bringt Erfüllung und Genugtuung, Menschen auf dem Weg zu ihren Zielen zu begleiten. Für viele Studierende haben außerdem persönliche Erfahrungen mit engagierten Dozierenden nicht zu unterschätzenden, modellhaften Charakter für ihre späteren beruflichen Beziehungen.

Die folgende Abbildung verdeutlicht die zentrale Bedeutung des Interesses von Dozierenden an der Förderung von Studierenden.

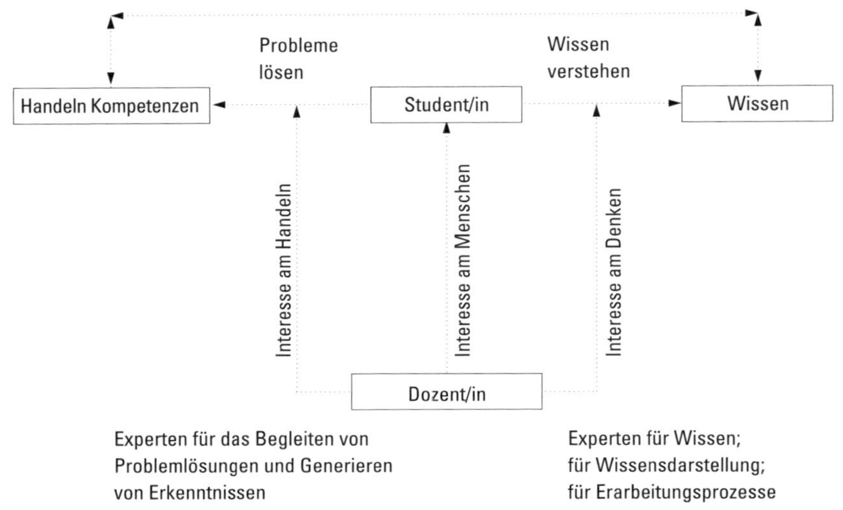

Abbildung 13: Lernfördernde Perspektiven

Anregungen, um die Beziehung zu den Studierenden lernförderlich zu gestalten

Interventionen für das Fördern des Handelns	Interventionen für das Fördern des Denkens
– Erfahrungen ermöglichen – anregen, Wissen zu reaktivieren oder zu suchen – eigene Erfahrung einbringen – vordenken, wie man die Aufgabe angehen könnte – nach Begründungen fragen – nach Absichten fragen – nach möglichen Problemen fragen – anregen, einen Plan zu machen – anregen, bestimmte Techniken einzusetzen – anregen, verschiedene Lösungen zu gewichten – falsche Vorgehensweisen analysieren – Erkenntnisse formulieren lassen	– Vorwissen aktivieren – nach Zielen, Interessen fragen – Sinn erkennen lassen und so Konzentration und Lernbereitschaft fördern – komplexes Wissen vordenken und präsentieren – inhaltliche Fragen stellen – nach Schwierigkeiten fragen – nach Verstandenem fragen – nach Meinungen fragen – Wissen in eigenen Worten erläutern lassen – zu Wissen Entsprechung in der Praxis finden lassen – zu Wissen Erfahrungen einbringen lassen – anregen, Zusammenfassungen zu machen, Wissenslücken zu erkennen und zu schließen
– Studierende mit Namen ansprechen (Namenskarten verwenden) – Anerkennung *und* – kritische Beobachtungen aussprechen – Übungen anbieten – Feedback geben – Ergebnis oder Teilergebnisse beurteilen – anregen, den persönlichen Lernprozess zu reflektieren – anregen, die Zusammenarbeit in Gruppen zu reflektieren – Lernprozesse evaluieren, Ergebnisse besprechen	

13.3 Klima in Lerngruppen

Mit und in einer Gruppe zu lehren ist deshalb so anspruchsvoll, weil Dozierende einzelnen Individuen *und* einer Gruppe gegenüberstehen und sich meist gleichzeitig noch auf einen Inhalt konzentrieren müssen.

Jeder Studierende möchte als Einzelperson wahrgenommen und behandelt werden. Gleichzeitig ist da auch eine Gruppe mit einer spezifischen Dynamik, die sich äußerst positiv auf den Lernprozess der Studierenden auswirken kann – aber leider auch sehr negativ.

Dozierende können eine lernfördernde Dynamik unterstützen, indem sie:

In der Anfangssituation
- klar und umfassend informieren (z. B. Ziele, Leistungsnachweise, Termine, Freiräume),
- mit der Gruppe verbindliche Vereinbarungen treffen und diese selbst einhalten, beispielsweise über Pünktlichkeit, Umgang mit Handys und Notebook,
- die Kommunikation und Erwartungen klären.

Während der Lernphasen
- einen wertschätzenden Umgang pflegen und von den Studierenden erwarten, dass sie abwertende und diskriminierende Umgangsformen nicht dulden,
- sachlich anerkennen und kritisieren,
- Studierende durch herausfordernde Aufgaben und Fragen aktivieren und involvieren,
- Unsicherheiten und Fehler als Lernchance nutzen,
- im Rahmen von Zwischenevaluationen die Zusammenarbeit und Abmachungen besprechen,
- verbindlich und authentisch sind sowie Verbindlichkeit einfordern.
  (Vgl. Reitzer 2014, S. 21–42)

Wenn Dozierende den Eindruck haben, dass die entstandene Dynamik den Lern- oder Arbeitsprozess behindert, empfiehlt es sich, die Situation anzusprechen, sie gemeinsam zu verstehen und neue Möglichkeiten des Umgangs miteinander zu finden, auszuhandeln und umzusetzen. Solche Interventionen sind abhängig von der Gruppengröße, der Bereitschaft aller Beteiligten und der Intensität des Kontakts der Dozierenden mit der Gruppe.

Als Dozentin oder Dozent mit einem Kleinstpensum ist eine Einflussnahme schwierig, ebenso in sehr *großen Gruppen*. In einer *Vorlesung* mit zweihundert Studierenden kann man diese zum Beispiel auffordern, Anfangs- und Schlusszeiten der Veranstaltung einzuhalten und die Handys auszuschalten, aber es macht keinen Sinn über Rollenverteilung oder Zeitung lesende und spielende Studierende zu sprechen. (→ Kapitel 20).

In *kleineren Gruppen,* beispielsweise in einer Projekt- oder Seminargruppe, sind die Beziehungen untereinander bedeutungsvoll für eine zieldienliche Arbeit in ein förderliches Klima. Deshalb empfiehlt es sich, Störungen rasch anzusprechen und zu klären. Die Schwierigkeiten liegen oft in den folgenden Bereichen:

- Zusammenarbeit und Übernahme von Verantwortung,
- Umgang miteinander,
- unterschiedliche Motivation, persönliche Ziele,
- unterschiedliche Voraussetzungen, Lebenssituationen,
- unterschiedliche Vorstellungen über das Anspruchsniveau des Ergebnisses,
- Veränderung der Sympathien.

Meist bewirkt bereits die Tatsache, dass die Schwierigkeiten zur Sprache kommen, eine Veränderung. Es empfiehlt sich, konkrete Abmachungen zu treffen, protokollieren zu lassen sowie zu evaluieren.

In *größeren Gruppen* treten häufig folgende störende Dynamiken auf.

- *Nichteinhalten der Zeiten:* Hier ist es sinnvoll, die Normen noch einmal bekannt zu geben und konsequent einzufordern.
- *Wenig Beteiligung an Diskussionen und Lehrgesprächen:* Durch didaktische Impulse können alle zum Mitdenken angeregt werden. Dozierende können die Bedeutung des persönlichen Engagements kommentieren und wiederholt alle einladen mitzumachen. Unterschiede in den Lernstilen der Studierenden sollen indes respektiert werden. Auch Stille beteiligen sich innerlich oft stark.
- *Nebengespräche:* Die Nebengespräche sind oft nicht Ausdruck von fehlendem Interesse, sondern handeln vom Inhalt. Wenn sich Dozierende dadurch in ihrer Konzentration gestört fühlen, empfiehlt es sich, dies zu äußern, zusammen mit der Erwartung, Nebengespräche zu beschränken. (→ Kapitel 20)

13.4 Lernfördernde Prozesse in Gruppenarbeiten

Potenzial von Gruppenarbeiten

Gruppenarbeiten haben ein großes Potenzial bezüglich des selbstständigen Erarbeitens von Wissen und des Einübens von umfassenden und spezifischen Kompetenzen. Lernen im Rahmen kooperativer Lernszenarien fördert Denk- und Problemlöseprozesse, ermöglicht selbstständiges, aktives Entwickeln von Lösungen und Produkten, sowie Erklären von Wissen, das «Lernen durch Lehren» (Hänze 2008). Hattie 2013 hält fest: «Kooperatives Lernen ist effektiver als individuelle Methoden» (S. 251) und «kooperatives Lernen ist effektiver als kompetitives Lernen, beide sind individuellem Lernen überlegen» (S. 254).

Studierende erhalten im Rahmen interaktiver Prozesse vielfältige inhaltliche Anregungen und befassen sich mit neuen Sichtweisen. Sie lernen, mit Unterschieden umzugehen, und üben ihre Argumentationsfähigkeit. Studierende können in Gruppen gute Ergebnisse erzielen und Spaß am Lernen haben.

Gelingensfaktoren für kooperatives Lernen

Ein gutes Arbeitsklima und Teilerfolge unterstützen die (Durchhalte)Motivation. Lernprozesse in Gruppen erfordern von Studierenden zusätzlich zur inhaltlichen Bearbeitung von Aufgaben auch Beiträge zur Entwicklung der Arbeitsfähigkeit in Gruppen. Kooperatives Lernen erfordert:

- gemeinsame Vorstellungen über Umfang und Qualität des Zieles/Ergebnisses,
- verbindliche Abmachungen über die Arbeitsweise,
- angemessene Häufigkeit der Interaktion vor Ort oder virtuell,
- einhalten der Termine, Verbindlichkeit,
- rechtzeitiges Erkennen und Ansprechen von Konflikten,
- soziale Kompetenzen und Leistungsfähigkeit der Gruppenmitglieder (Hänze 2011),
- Einsatz von Arbeitsinstrumenten und organisatorische Kompetenzen.

Risiken von Gruppenarbeiten

Didaktisch unsorgfältig gestaltete Gruppenarbeiten und eine Missachtung der Grundlagen für eine arbeitsfähige Gruppe führen zu oberflächlichen Lernprozessen, mittelmäßigen Ergebnissen, geringer Kreativität und Frustration. Huber 1999, S. 12, Huber 2006, S. 264; nach Widulle 2009, S. 212, haben dafür Erklärungen:

- Social loafing (soziales Trittbrettfahren): Die Arbeitsgruppen sind zu groß, Studierende werden passiv.
- Sucker effect: Motivierte, engagierte Gruppenmitglieder sind demotiviert und

ziehen sich zurück. Sie haben das Gefühl, einen zu großen Beitrag alleine zu leisten oder unterfordert zu sein.

- Gimpeleffekt: Wenn in einer Gruppe die Leistungsunterschiede sehr groß sind, können sich die Guten zurückziehen. Sie wollen die Gruppe nicht dominieren, nehmen Rücksicht auf Schwache oder werden subtil sanktioniert.
- Konflikte: Aufgrund von fehlenden Arbeitsstrategien, Unverbindlichkeiten, Unterschieden beispielsweise bezüglich Engagement, Werten, Ansprüchen, zeitlicher Möglichkeiten, Vorstellungen über Zusammenarbeit.
- Ungünstige Gruppendynamik: Aufgrund von ungeklärten Rollen insbesondere der Führung, von offenen oder subtilen Machtkonflikten, von Misserfolgserwartung, einer grundsätzlichen Ablehnung von Gruppenarbeiten, von Überlastung durch zu viele gleichzeitige Gruppenarbeiten oder Prüfungsdruck.

Förderung der Arbeitsfähigkeit

Die Planung, Begleitung und Auswertung von Gruppenarbeiten ist zunächst eine didaktische Aufgabe. Klärungen auf der didaktischen Ebene (→ Kapitel 14.6.1 E), eine angemessene Begleitung (→ Kapitel 17) und umfassende Informationen fördern eine zielorientierte Zusammenarbeit in Gruppen. Die nachfolgenden, wissenschaftlich fundierten Aussagen geben weitere Hinweise für einen lernfördernden Einsatz von Gruppenarbeiten an Hochschulen (Huber 2006 nach Widulle 2009, S. 216):

- Kollektive Belohnungen (Noten) führen zu sozialem Trittbrettfahren. Die Lernleistungen in Gruppen sind besser, wenn alle Gruppenmitglieder sich individuell für das Ergebnis verantwortlich fühlen. Der individuelle Lernerfolg ist auch in Gruppenarbeiten zentral und zu belohnen.
- Lernende, die gut mit offenen und unsicheren Situation umgehen können, bringen ihre Fähigkeiten besser in Gruppen ein, als Lernende, die damit Mühe haben.
- Aufgaben ohne Spielraum führen zur Reproduktion bekannter Lösungen.
- Hohe Kontrolle durch Lehrende, also zu starke Einschränkung von Handlungs- und Entscheidungsspielräumen, erschwert kooperatives Lernen (Huber 1997).
- Dozierende tragen zum Gelingen von Gruppenarbeiten bei, wenn sie auch die Arbeitsfähigkeit und den individuellen Lernerfolg der einzelnen Gruppenmitglieder im Auge behalten, indem sie:
- subjektiv bedeutsame Aufgaben mit Spielraum planen,
- klare Rahmenbedingungen definieren und situationsspezifisch angemessene Freiräume eröffnen,
- Gruppenleistung und individuelle Beiträge bewerten,

- Beiträge aller visualisieren lassen,
- Austausch individueller Fertigkeiten anregen,
- Wertschätzung von Verschiedenartigkeit fördern,
- Gruppen gemäß Aufgabenstruktur und Anforderungen zusammensetzen,
- anregen, Aufgabe und Ziele zu analysieren, Arbeitsprozesse zu planen, Zusammenarbeit zu besprechen, insbesondere das Maß an Kooperation und Arbeitsteilung, und Entscheidungsprozesse zu strukturieren.

Literatur

Stangor, C. (2004): Social groups in action and interaction. Kapitel 10. New York: Psychology Press.

Schulz-Hardt, St./Brodbeck, F. C. (2007): Gruppenleistung und Führung. In:

Jonas, K./Stroebe, W./Hewstone, M. R. C. (Hrsg.): Sozialpsychologie. Heidelberg: Springer, S. 444–485.

Auf den Punkt gebracht

Gute Dozierende sehen in ihren Studierenden Menschen, die nicht nur ihre Fachkompetenz nutzen wollen, sondern auch persönlich wahrgenommen werden möchten. Dozierende können Studierenden ihr Interesse an einem erfolgreichen Studienverlauf zeigen, indem sie gute Leistungen und kooperative Verhaltensweisen zielbezogen und ehrlich wertschätzen, sich über das Interesse der Studierenden freuen und Mängel sachbezogen kritisieren. Sie können das Arbeitsklima in Lerngruppen durch umfassende Informationen, die Definition von Grenzen und Freiräumen und geklärte Rahmenbedingungen stark mitprägen. Sie unterstützen die Selbstregulation in Lerngruppen durch das Besprechen und Aushandeln der Zusammenarbeit, durch ergebnisoffene Aufträge, klare Anforderungen und besonders durch Vertrauen. So werden Lerngruppen in zunehmender Eigenregie ein gutes Klima kreieren und gute Ergebnisse liefern.

Konstruktion von Wissen

Absicht

Die Überlegungen im folgenden Kapitel beinhalten grundsätzliche Überlegungen und konkrete Umsetzungsideen für Lehrprozesse, die auf die Konstruktion von Wissen fokussieren.

Leitfragen

- Warum ist eine wissensorientierte Didaktik an Hochschulen sinnvoll?
- Welche Lehrprozesse unterstützen die Konstruktion von Wissen?
- Wie sieht ein lernfördernder Start, wie der mögliche Verlauf einer solchen Lerneinheit aus?
- Mit welchen Methoden lassen sich Denkprozesse anleiten?

14

In Kürze

Kognitive Verarbeitungsprozesse erhöhen die Chance, dass die Studierenden das Wissen verstehen, im Langzeitgedächtnis verankern und bei Problemlösungen reaktivieren werden. Lernen beinhaltet nicht nur Aufnehmen, sondern auch Konstruieren, Organisieren und Modifizieren von Wissen. Didaktisch handeln bedeutet in diesem Sinne:

- Ziele sind transparent und anspruchsvoll.
- Neues Wissen knüpft an Bekanntem an.
- Methoden und Hilfsmittel unterstützen zielbezogene Denkprozesse.
- Wissen ist verständlich präsentiert und in lernfördernder Form visualisiert.
- Pflichtlektüre und Lehrtexte sind ziel- und adressatenbezogen ausgewählt.
- Feedbacks sind zielbezogen.

Didaktische Anregungen sollen zielbezogene Denkprozesse fördern.
Es empfiehlt sich, umfassende Lernprozesse in logisch sinnvolle Denk- und Arbeitsschritte zu unterteilen und entsprechend zu phasieren. Am Anfang steht der Aufbau der Lernbereitschaft. Darauf folgen verschiedene Schritte des Kennenlernens und der Verarbeitung der Inhalte. Der Abschluss soll die Integration und Kompilierung fördern.
Beim Start einer Lerneinheit sollen die Studierenden über Ziele, wesentliche Inhalte und den Verlauf informiert und, wenn es realistisch ist, dabei einbezogen werden. Zu Beginn einer thematischen Einheit kann mittels eines *Advance Organizer* die grobe Struktur der Teilinhalte erläutert und visualisiert werden. Dadurch können Studierende die neuen Inhalte in eine bereits bekannte Struktur integrieren.

14.1 Gründe für eine wissensorientierte Didaktik

Wenn Hochschulabsolventen als professionelle Praktiker und Praktikerinnen im Berufsalltag *wissensgeleitet* handeln sollen, bekommt der Aufbau von Wissensstrukturen eine herausragende Rolle. Abnehmer von Hochschulabsolventen und -absolventinnen erwarten fundiertes Wissen im Fachgebiet.

Aufgabe der Dozierenden ist es, die Studierenden während des Studiums derart zu unterstützen, dass diese in der Lage sind,

- relevantes Wissen[15] zu verstehen und zu erklären,
- Wissen mit berufsfeldbezogenen Situationen zu verknüpfen,
- Wissen zu vergleichen, zu analysieren, zu evaluieren, um in Bezug auf eine Aufgabe die am besten geeignete Lösung vorschlagen zu können,
- Wissen zu adaptieren und zu entwickeln (→ Zielstufen für den Aufbau von Wissen, Kapitel 8.5.1).

Die folgenden Ausführungen zeigen, wie Dozierende die Lernprozesse zur Konstruktion von Wissen an- und begleiten können, damit Studierende dieses verstehen und im künftigen Berufsalltag darauf zurückzugreifen können. Eine wissensvermittelnde Didaktik versteht Lernen als Prozess der Aufnahme, Konstruktion, Organisation und Modifikation von Wissen (vgl. Kognitivismus). Neurowissenschaftlich gesprochen geht es darum, die neuronalen Netzwerke im Gehirn für die eingehenden Impulse zu öffnen, deren Anknüpfen an vorhandenen Netzwerken zu unterstützen, bestehende Netzwerke zu aktivieren und zu differenzieren sowie neue Verbindungen zu stabilisieren (z. B. Brand/Markowitsch 2009).

14.2 Wissensorientierte Lernprozesse als Denkprozesse

Am Aufbau von stabilen Wissensrepräsentationen sind didaktische Angebote der Lehrenden (Fremdsteuerung) und individuelle Lernstrategien der Studierenden (Selbststeuerung) beteiligt. Der erste Lernschritt erfolgt meist über das Hören und Sehen. Grundsätzlich sind aber alle Sinne und insbesondere auch Gefühle an einem

15 Als «Wissen», oft auch Inhalt genannt, werden hier beispielsweise Begriffe, Fakten, Zusammenhänge, Formeln, Vorgehensweisen, Methoden, Techniken, Modelle, erprobte Alltagskonzepte, Theorien, Werke verstanden.

Lernprozess beteiligt (Spitzer 2012/ https://www.youtube.com/watch?v=DhYeqITs0jI; 30.6.14).

Bereits bei der Wahrnehmung von Informationen findet eine Selektion statt. Individuelle Interessen, Voraussetzungen und besonders die Lernziele steuern die Aufmerksamkeit und bestimmen, welche Informationen in den Ultrakurzspeicher aufgenommen und im Arbeitsgedächtnis weiterverarbeitet werden. Dabei ist die Verknüpfung des neuen Wissens mit Vorwissen besonders bedeutsam, denn nicht verknüpfte und bearbeitete Informationen werden zum größten Teil nach wenigen Sekunden wieder vergessen.

In das Arbeitsgedächtnis überführte Informationen können durch aktive Denkprozesse gefestigt werden. Da das Arbeitsgedächtnis nur beschränkte Kapazität für Informationen bietet, findet während dieser Lernphase meist ein weiterer Informationsverlust statt. Dozierende können das Wissen um die beschränkte Kapazität des Arbeitsgedächtnisses nutzen, indem sie Informationen portionieren oder der Verarbeitung von umfassenden und komplexen Informationen die entsprechend notwendige Zeit einräumen.

Studierende nehmen die Informationen aus der Umwelt nicht exakt nach den Vorstellungen der Dozierenden oder der Verfasser von Lehrbüchern auf, sondern strukturieren und konstruieren Wissensinhalte auf ihre individuelle Art und Weise. Jedes Gehirn, jede Persönlichkeit ist durch die individuelle (Lern)biografie geprägt. Jede neue Information erhält zunächst eine persönlich geprägte Bedeutung. Durch Nachdenken, Fragen, Wiederholen, Vergleichen, Verknüpfen, Verbalisieren, Üben, Zusammenfassen und weitere Tätigkeiten des Lernens verändern sich die Informationen und deren Bedeutung. Diese persönlichen Prozesse führen letztlich zu individuellen, stabilen Wissensstrukturen. Das gefestigte neue Wissen wirkt bei kommenden Lernprozessen wiederum als Filter für die Informationsaufnahme.

Didaktisches Handeln ermöglicht den Lernenden:

- Aufmerksamkeit und Konzentration aufzubauen und zu erhalten, Lernbereitschaft zu wecken;
- Überblick über den Wissensumfang zu erhalten, Wissen logisch zu portionieren, Teiletappen anzupeilen;
- bedeutsame Informationen sachlich richtig aufzunehmen – beispielsweise durch Vorträge, Skripts, Filme, Experimente, Podcasts;
- Denkprozesse anzustoßen, um Wissen zu verarbeiten oder
- Informationen selbstständig zu recherchieren, selektionieren, gewichten, verstehen, verarbeiten, wiederholen und organisieren.

Erfolgreich lernen bedeutet somit, Bedeutsames im Langzeitgedächtnis zu speichern und in neuen Lern- und Arbeitssituationen und natürlich auch – aber nicht nur – in Prüfungen zu reaktivieren.

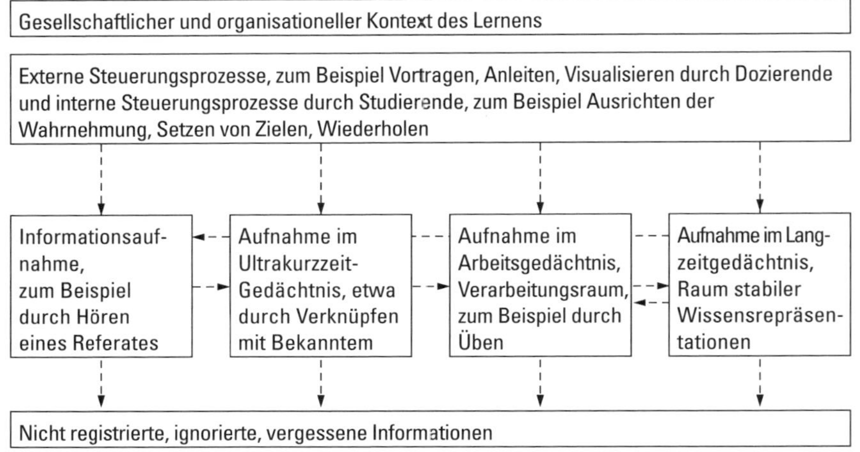

Abbildung 14: Einfaches Lernmodell der Informationsverarbeitung

14.3 Grundsätze einer wissensorientierten Hochschuldidaktik

- Die Lehre orientiert sich an anspruchsvollen und überprüfbaren Wissenszielen.
- Die Lernziele sind transparent, begründet und den Studierenden bekannt.
- Die Auswahl der Inhalte entspricht dem aktuellen Wissensstand aus Wissenschaft, Praxis und Kunst.
- Ziele, Lehr- und Lernprozesse sowie Lernnachweise stehen in einem plausiblen Zusammenhang (constructive alignment). (→ Kapitel 14.4)
- Die Inhalte sind so angeordnet, dass Neues auf Bekanntes folgt, die Abfolge kann linear oder spiralförmig sein.
- Lehren heißt, Räume für die Denkprozesse der Studierenden vorzusehen und die aktive und kommunikative Auseinandersetzung mit Inhalten zu ermöglichen (zum Beispiel durch Diskussionen, Übungen, Simulationen).

- Die Lernangebote variieren.
- Der Einsatz der Methoden, auch von E-Learning ist zieldienlich.
- Lehrmaterialien und Hilfsmittel sind verständlich gestaltet.
- Wissensinhalte sind lernfördernd visualisiert. (→Kapitel 16)
- Pflichtlektüre und Lehrtexte für das Selbststudium sind zielbezogen ausgewählt und enthalten lernfördernde Hinweise, zum Beispiel Fragen, Aufgaben und Lösungen, Kommentare, Gewichtungen, Denkanstöße.
- Studierende erhalten zielbezogene, differenzierte Feedbacks auf ihre Arbeiten und Beiträge.
- Eine gewisse Fehlertoleranz, die konsequente Fehleranalyse und -optimierung ist Teil der Lernkultur.

14.4 Zusammenhang zwischen Wissensziel, Methode Lernaktivität und Lernnachweis

Bei der Planung von Lernprozessen ist darauf zu achten, dass Ziele, Wissen, Lernumgebung/Methode, Lehr-/Lernaktivitäten und Lernnachweise konsistent sind. Die Übereinstimmung zwischen diesen didaktischen Parametern, auch «Constructive Alignment» genannt, gilt für die Studien- und Modulplanung, und ganz besonders für die Planung von konkreten Lerneinheiten (Biggs/Tang 2011).

Die folgende Darstellung zeigt, wie Ziele, Lerngestaltung/-umgebung und Lernnachweise bezüglich der Konstruktion von Wissen aufeinander abgestimmt werden können.

Ziele	Methoden	Aktivitäten der Studierenden	Lernnachweise
1 Wissen verstehen	– Vorlesungen Podcasts – Lektüre von Texten und Berichten – Demonstrationen – schriftliche Arbeiten – Recherche	– wahrnehmen – verstehen – nachmachen – schreiben – zitieren – fragen – sprechen – präsentieren	– Multiple Choice – Erklärungsfragen beantworten – Texte verfassen und Referate halten, dabei Begriffe und Konzepte korrekt einsetzen
2 Wissen zuordnen/ mit Erfahrungen verknüpfen	– simulierte und echte Fälle – Betrachtungen, Interviews – Praxisbesuche	– eine Situation mit Bezug auf Wissen beschreiben – Wissen an Beispielen erkennen	– Beispiele für die Umsetzung von Konzepten nennen – an Beispielen Elemente von Konzepten erkennen – Ergebnisse aus Interviews wissensbezogen darstellen – Beobachtungen mit korrektem Bezug zu Wissen kommentieren
3 Wissen beurteilen	– Arbeit mit Beispielen, Werken mit simulierten und mit echten Fällen – Übungen – Diskussionen – schriftliche Arbeiten	– Situationen mithilfe von Wissen beurteilen – wissensbezogene Lösung für ein Problem vorschlagen	– Lösungen, Strategien wissensbezogen analysieren – Lösungen unter Bezug zu Wissen entwickeln
4 Wissen entwickeln	– Aufträge an konkreten neuen Problemstellungen – Diskussionen	– Fantasie entwickeln – neue Gedanken formulieren – wissensbezogene Argumente einbringen – einen eigenen Standpunkt einnehmen	– Neue Teillösungen entwickeln, zum Beispiel im Rahmen einer Projektarbeit

14.5 Verlauf einer Lerneinheit für die Konstruktion von Wissen

Die Strukturierung des Lernprozesses ist hinsichtlich verschiedener Gesichtspunkte möglich:

A. Lernphasen
B. Rhythmisierung durch verschiedene Lernprozesse
C. Inhaltliche Logik

A Lernphasen

Das Basismodell beschreibt drei Lernphasen:

I. Aufbau der Lernbereitschaft
II. Verstehen des Wissens oder des Problems (Hauptphase)
III. Abschluss des Lernprozesses

14.5.1 Aufbau der Lernbereitschaft / Phase I

Der Start hat eine wichtige Türöffnerfunktion für den Lernprozess. Er soll den Studierenden ermöglichen, ihre Aufmerksamkeit auf das Neue auszurichten, den Sinn zu erkennen und eine gedankliche Verbindung zu Vorhandenem herzustellen.

Der *informierende Unterrichtseinstieg* (Frey-Eiling/Frey 1993) sieht folgende didaktische Handlungen vor:

- *Wissen, Inhalte, Thema nennen:* Die Studierenden sollen über die wesentlichen Fragestellungen und das Entscheidende informiert sein.
- *Neues Wissen mit vorhandenem Wissen verbinden; Vorkenntnisse anerkennen:* Die Verknüpfung des neuen mit früher bearbeitetem Wissen vermittelt Orientierung und Vertrautheit. Es ermöglicht den persönlichen Zugang (vgl. *Advance Organizer*) zum Wissen.
- *Feinziele bekannt geben und praxisbezogen begründen:* Dies wirkt sehr motivierend und fördert die Ausrichtung der Wahrnehmung auf das Wesentliche. Die Information und der Austausch über die Feinziele schaffen Transparenz über die Leistungsanforderungen.
- *Artikulation des Lernprozesses aufzeigen:* Die Kenntnis der wesentlichen Arbeitsschritte (beispielsweise visualisiert auf Flipchart oder an der Wandtafel) zeigt den Studierenden, wie sie ihren Lernprozess aktiv mitgestalten und wie die Dozierenden ihren Lernprozess unterstützen werden.

- *Persönlichen Bezug zum Thema formulieren und positive Erwartungen ausdrücken:* Erfahrungen und Überraschungen der Dozierenden mit dem Thema wecken die Neugier und wirken so äußerst motivierend.
  Beispiele: «Als Student machte mir das Thema Mühe, bis ich begriff, dass ...» – «Gehört zu den interessantesten Themen, weil ...»
- *Eventuelle Mitplanung ermöglichen:* Mitplanung kann darin bestehen, dass die Studierenden Ergänzungen und Erfahrungen oder Veränderungsvorschläge für den Unterrichtsverlauf oder bezüglich Lerninteressen einbringen. Mitplanung kann aber auch Teil des Lernszenarios sein (zum Beispiel bei Projektunterricht).

Der *Advance Organizer* (AUSUBEL 1974) optimiert den informierenden Unterrichtseinstieg. Er ist zu vergleichen mit einer kognitiven Landkarte, welche eine mögliche Struktur des neuen Wissens in Wort und Bild zeigt. Die dabei verwendeten Begriffe sollen bekannt, die Darstellung einfach sein. Das Angebot einer marginalen Struktur zu Beginn einer Lerneinheit ermöglicht den Studierenden, das neue Wissen zu organisieren.

Ein solches inhaltliches Gerüst kann im Unterricht ergänzt und differenziert werden. Der *Advance Organizer* erfüllt also eine Brückenfunktion zwischen Bekanntem und Neuem und unterstützt den Aufbau erwünschter Denkstrukturen.

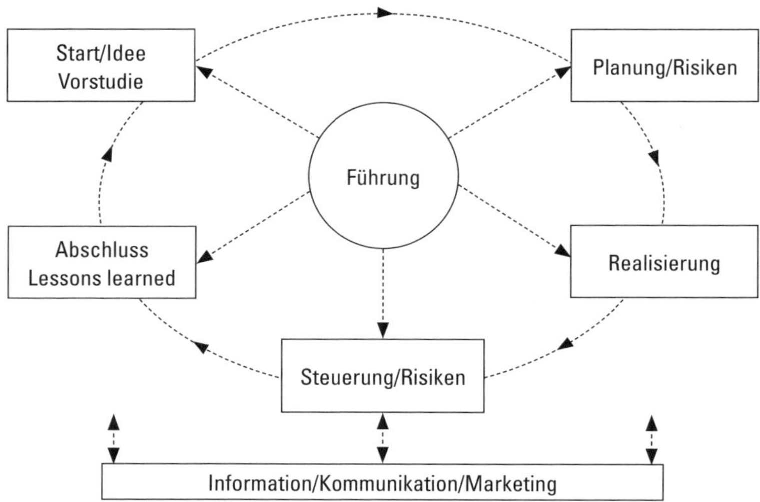

Abbildung 15: Advance Organizer zum Thema «Projektmanagement»

Die Skizze (Abb. 15) wurde als *Advance Organizer* bei einer kurzen, mehrteiligen Lerneinheit zum Thema Projektmanagement für drittsemestrige Studierende eingesetzt. Sie ermöglichte,

- *beim Start der gesamten Lerneinheit* einen Überblick über die Hauptthemen zu geben und den Zusammenhang zwischen den einzelnen Themen zu zeigen,
- *beim Einstieg in die einzelne Lerneinheit* das bereits bearbeitete Thema zu wiederholen und das neue Thema damit zu verknüpfen,
- *beim Ausstieg aus den einzelnen Lerneinheiten* das Wichtigste festzuhalten (ergänzende Stichworte wurden direkt auf die Folie geschrieben), das Neue ins Bekannte zu integrieren und einen Blick auf das Kommende zu werfen.

Im Verlaufe des Unterrichts wurde die Skizze laufend mit neuen Ankerbegriffen innerhalb der Teilthemen ergänzt. Diese Skizze sollte die Bildung der folgenden kognitiven Strukturen fördern:

- Prozessidee aufbauen,
- Struktur aufbauen,
- Zentrale Rolle der Führung aufzeigen,
- Funktion der Kommunikation als ständige Aufgabe des Projektmanagements aufzeigen.

14.5.2 Verstehen des Wissens (Phase II)

Um den Verlauf des Lernprozesses in der Hauptphase zu beschreiben, wurde das fünfstufige Modell von Aebli (1990) auf die Lernsituation an Hochschulen adaptiert und erweitert. Dabei ist es nicht notwendig, dass alle Teilphasen ohne Unterbruch und in Anwesenheit von Dozierenden erfolgen. Gewisse Lernschritte können in Paar- oder Gruppenarbeit stattfinden, vor Ort oder virtuell – oder auch im Selbststudium.

Die verschiedenen Lernphasen sind nachfolgend bezüglich ihrer Lernfunktion, möglicher Lernaktivitäten der Studierenden und Lehraktivitäten der Dozierenden dargestellt. Um den vollständigen Lernprozess zu zeigen, sind auch die Einstiegs- und die Ausstiegsphase erwähnt (kursiv gesetzt).

Lernphase	**Lernfunktion/ Gehirnaktivität**	**Beispiele von Aktivitäten der Studierenden**	**Beispiele von Aktivitäten der Dozierenden**
Aufbau der Lernbereitschaft (Phase I)	*Neugier wecken; Lernfähigkeit herstellen; Aufmerksamkeit und Verantwortung für den Lernprozess wecken; Bezüge zu vorhandenem Wissen herstellen*	*Vorwissen einbringen*	*Informierender Unterrichtseinstieg/Advance Organizer (→ Kapitel 14.5.1)*
Verstehen des Wissens (Teilphasen der Phase II)			
Problemstellung erkennen, Vorwissen reaktivieren	– Sinn erkennen – Denken anregen – Wissen reaktivieren – Erkennen von Anknüpfungsmöglichkeiten	– eigene Erfahrungen und vorhandenes Wissen einbringen – Fragestellungen entwickeln	– angepasstes Fallbeispiel schildern – Fragen stellen
Wissen nachvollziehen	– Begriffe klären – Modelle, Konzepte, Theorien verstehen – Strukturen bilden – Erfahrungen machen	– zuhören – Notizen machen – individuell recherchieren – in Lerngruppen Fragen beantworten, Erfahrungen analysieren und Erkenntnisse ableiten	– sachlogisches Referat halten – problem- oder sachbezogenes Lehrgespräch führen – Leittext abgeben und Vorgehen erläutern
Wissen verarbeiten, wiederholen und festigen	– Wahrnehmung von Praxissituationen erweitern – Wissen speichern – Neuronale Verknüpfungen verfestigen	– Aufgaben lösen – Beispiele analysieren	– Aufgaben stellen – Problemlösungen analysieren lassen – Beobachtungen anleiten

Lernphase	Lernfunktion/ Gehirnaktivität	Beispiele von Aktivitäten der Studierenden	Beispiele von Aktivitäten der Dozierenden
Wissen einordnen, vernetzen, auf Neues übertragen, evtl. präsentieren	– Lernerfolg feststellen – Wissen sichern – Falsches korrigieren – Transferbezug reflektieren – Implementation des Gelernten im Berufsalltag vorbereiten – Schwerpunkte setzen – Wissen dekontextualisieren	– Ergebnisse darstellen – Praxisbezug planen – konkrete Schritte festlegen – Erkenntnise in neue Zusammenhänge stellen	– lernzielorientiertes Feedback geben – Musterlösungen zeigen – ergänzen – korrigieren – Lücken benennen – zu verbindlichen Umsetzungsschritten anregen – neue Aufgabe stellen
Über Lernprozess und Ergebnis nachdenken; Metakognition	– Wissen sichern – Wissen kompilieren – Lernkompetenzen aufbauen	– Erkenntnisse verbalisieren und/oder festhalten, Notizen überarbeiten	– Fragen stellen – Zusammenhänge aufzeigen – Zusammenfassung initiieren
Abschluss (Phase III)	*abschließen, emotional und geistig frei werden für Nachfolgendes*	*abschließen*	*Wunsch formulieren, Geschichte erzählen, Rückblick, Ausblick, Abschied*

B Rhythmisierung

Die Rhythmisierung durch verschiedene Prozesse der Informationsaufnahme und -verarbeitung ist ein weiteres, lernförderndes Gestaltungsprinzip. Formen des Aufnehmens, beispielsweise durch Zuhören oder Zuschauen, sollten durch verarbeitende Denkprozesse ergänzt werden, beispielsweise Diskutieren oder Lösen von Übungen. Die Kunst besteht darin, eine lernförderliche und adressatengerechte Abwechslung zwischen aufnehmenden und verarbeitenden Lernprozessen zu finden, welche die Erreichung der Ziele optimal unterstützt.

C Inhaltliche Logik

Beim Aufbau einer Lerneinheit sind auch inhaltliche Überlegungen ausschlaggebend. Mögliche Prinzipien einer inhaltlichen Logik sind:

- vom Einfachen zum Komplexen,
- vom Konkreten zum Allgemeinen oder umgekehrt,
- vom Überblick zu den Einzelelementen,
- chronologische Reihenfolge,
- sachlogische Folgerichtigkeit.

14.5.3 Vorläufiger Abschluss des Lernprozesses

Es empfiehlt sich, den Ausstieg aus dem Lernprozess als bewussten Abschluss zu planen (Döring/Ritter-Mamczek 2001). Am Schluss einer Lerneinheit sollen die Studierenden die Lerninhalte nochmals in konzentrierter, übersichtlicher, zusammenhängender, geordneter Form wahrnehmen und verankern können. Dozierende können den Abschluss selbst übernehmen oder die Studierenden dazu auffordern. Beispiele:

- Lernerfolg prüfen: Mündliche, schriftliche, formative, summative, offene, geschlossene Lernkontrolle
- Inhalte systematisch zusammenfassen: Durch Dozierende oder Studierende
- Gelerntes unter einem neuen Gesichtspunkt und/oder anhand einer neuen Illustration aufzeigen
- Gelerntes anhand einer Erfahrung oder eines (neuen) Beispiels aufzeigen
- Kernsätze formulieren (Wissenskompilierung)

Der Abschluss trägt zur Sicherung der Ergebnisse bei. Er schließt die aktuelle Lernsituation ab und bietet einen Ausblick auf Kommendes, unter dem Motto: «Jeder Abschluss ist die andere Seite eines Anfangs».

Die folgende Übersicht zeigt lernunterstützende Handlungen zur Anregung des Denkens und des Dialogs.

Denkprozesse anleiten	**Phasen**	**Interaktion gestalten**
Sinn, Praxisbezug und Ziel aufzeigen Überblick geben	**Lernbereitschaft wecken** (Start Phase 1)	Begrüßen Nach Interessen/Erfahrungen fragen/Ziele besprechen
Vorwissen reaktivieren Strukturbildung initiieren	**Wissen verstehen** Präsenzstudium (Phase 2a)	(Lehr)Gespräche führen
Wissen darstellen, erarbeiten		Aufgaben erteilen und besprechen
Wissen vertiefen, anwenden lassen		Plenum und Kleingruppenarbeit variieren
wiederholen	**Vorläufiger Abschluss** (Phase 3)	Fazit anregen These diskutieren
Wissen einordnen, sichern		Ausblick/Aufgaben erklären
Lernergebnisse artikulieren		Kommunikation anregen: Individuell und/oder in Lerngruppen;
Anregungen geben für Vertiefung, Vernetzung, Anwendung, Vorbereitung	**Wissen verstehen** Selbststudium (Phase 2b)	Face-to-face oder im virtuellen Raum

Abbildung 16: Lernunterstützende Handlungen für die Konstruktion von Wissen

14.6 Methoden für die Konstruktion von Wissen[16]

14.6.1 Methoden für Präsenzstudium

A Referat/Vorlesung

Beschreibung	**Vortragen von Wissen. Die Darstellung kann sachlogisch oder problemorientiert strukturiert sein.**
sinnvoller Einsatz	– wenn viele Studierende das gleiche, klar umrissene Wissensgebiet oder eine einfache Fertigkeit erlernen müssen – wenn die direkte Vermittlung oder Instruktion durch Dozierende für das Verständnis des Stoffes oder die Lösung von Aufgaben notwendig ist – als Einstieg in ein Projekt oder in eine Fallanalyse – für den Erwerb deklarativen und prozeduralen Wissens
Lernaktivitäten	– strukturierte, zusammenhängende Informationen und Prozesse nachvollziehen, mitdenken
Vorteile	– Ermöglicht die Vermittlung eines Überblicks über ein Thema und den Vergleich verschiedener Positionen. – Viel Stoff kann in kurzer Zeit vielen Studierenden erläutert werden. – Aktuelles kann sofort einfließen. – Komplexe Inhalte können ausführlich erklärt werden. – Dozierende können vorzeigen, wie sie mit Wissen umgehen (vordenken). – Vorlesungen können als Podcast zur Verfügung gestellt werden.
Nachteile	– Die Studierenden bleiben eher passiv, Gefahr der Verstärkung einer Konsumhaltung. – Eine inhaltliche Auseinandersetzung findet kaum statt. – Das Wissen kann in Handlungssituationen nicht aktiviert werden.
Erfolgsfaktoren	– Vortragende sind kompetent und können begeistern – klarer Aufbau und verständliche Sprache – Inhalte sind lernfördernd visualisiert – Dauer beschränkt

16 Vorgehensweisen für die Lehre in Großgruppen finden Sie → Kapitel 20.

Bligh (2001, S. 3–20) kommt aufgrund der Analyse zahlreicher Studien zur Auffassung, dass Vorlesungen sich für die Vermittlung von deklarativem Wissen ebenso gut eignen wie andere Methoden. Wenn Lernprozesse auf die Förderung von komplexen Handlungskompetenzen oder Lernkompetenzen zielen, greift die traditionelle Vorlesung zu kurz.

Hinweise für den Aufbau einer Vorlesung

Einfache Grundstruktur anwenden (analog zur Phasierung einer Lerneinheit):

1. *Einführung:* Thema, Übersicht, Ziele, Begründung, Abgabe einer schriftlichen Übersicht über die Teilthemen.
2. *Hauptteil:* Drei bis vier Teilthemen, diese jeweils mit Teilzusammenfassungen abschließen.
3. *Schluss:* Zusammenfassung, Hinweise auf Übungen und Literatur, Vorausschau.

Literatur

Apel, H. J. (1999): Die Vorlesung. Einführung in eine akademische Lehrform. Köln: Böhlau.

Galizia, G. (2012): Vorlesung. In: Klatt, M./Koller, S. (Hrsg.) (2012): Lehre als Abenteuer. Anregungen für eine bessere Hochschulausbildung. Frankfurt/New York: Campus Verlag, S. 217–119.

Geraskov, D./Göller, S./Rüsse, W./Sesink, W./Trebing, T. (2005): Transformation einer Vorlesung durch E-Learning-Elemente. In: MedienPädagogik, Heft 10: Medien in der Erziehungswissenschaft II, 2005. http://www.medienpaed.com/04-2/sesink04-2.pdf (30.7.2014).

Kerres, M./Preussler, A. (2013): Zum didaktischen Potenzial der Vorlesung: Auslaufmodell oder Zukunftsformat. In: Reinmann, G./Ebner, M./Schön, S. (Hrsg.): Hochschuldidaktik im Zeichen von Heterogentität und Vielfalt. Doppelfestschrift für Peter Baumgartner und Rolf Schulmeister. BIMSe.V., Bad Reichenhall, S. 79–97. Online zugänglich unter: http://bimsev.de.

Webler, W. D. (2013): Die Vorlesung – eine ausbaufähige Lernveranstaltung (I). Das Hochschulwesen, 61, 3, S. 82–94. Das gesamte Heft 61/3 steht unter dem Thema: «Vorlesungen als Hauptform der akademischen Lehre».

Winteler, A. (2004): Professionell lehren und lernen. Darmstadt: Wissenschaftliche Buchgesellschaft. S. 127 ff.

B Impulsreferat/Impulsvorlesung

Beschreibung	**Durch Aufgaben zur Aktivierung des Denkens unterbrochenes und ergänztes Referat**
Vorgehen	1. Vortragen eines Kurz- oder Teilreferates, eventuell mit Aktivierungsimpuls (vgl. Hinweise unten) 2. Aufgabe stellen, welche die Studierenden einzeln, paar- oder gruppenweise bearbeiten 3. Ergebnisse besprechen 4. Referat fortsetzen oder Abschluss
Sinnvoller Einsatz	– in allen Vermittlungssituationen – für den Erwerb deklarativen und prozeduralen Wissens
Lernaktivitäten	– nachdenken, Wissen aktivieren, verstehen, verbalisieren, hinterfragen, bewerten, Stellung beziehen
Vorteile	– fördert die Aufmerksamkeit der Zuhörenden – fördert vertiefte Lernprozesse – bei einer beliebigen Zahl von Teilnehmenden möglich
Nachteile	– Braucht mehr Zeit als eine klassische Vorlesung
Erfolgsfaktoren	– Kurze Aufgaben verständlich und zielorientiert stellen – Dozierende führen das Gespräch klar – Lernprozess auswerten, Feedback geben – Struktur der Inhalte lernförderlich visualisieren – Einsatz neuer Medien (z. B. Classroom Response Systems, «Clickers» (→ Kapitel 20)

Beispiele für Impulse (in Anlehnung an WOHLGEMUTH *2003)*

Fragen zu Meinungen stellen

Stellen Sie zu Beginn eines Referates Fragen nach Meinungen, Vermutungen oder Erfahrungen. Halten Sie die Voten stichwortartig fest. Nehmen Sie im Referat Bezug auf die Beiträge.

Führen Sie zu Beginn eines Referates eine «Abstimmung» durch (zum Beispiel darüber, ob eine ungewöhnliche Behauptung wahr oder erfunden sei). Notieren Sie das Stimmenverhältnis. Wiederholen Sie am Schluss des Referates die «Abstimmung». Führen sie anschließend eine Diskussion – paarweise oder im Plenum – über die Gründe, warum das Stimmenverhältnis sich verändert hat oder gleich geblieben ist.

Fragen zu Inhalten stellen (lassen)
Stellen Sie eine Frage zum behandelten Stoff und geben Sie drei oder vier Antworten vor. Fordern Sie die Studierenden auf, durch Handaufhalten ihre Antworten zu geben. Gehen Sie in Ihrem Referat auf die Antworten ein.
Stellen Sie eine Frage. Lassen Sie diese in Ad-hoc-Gruppen besprechen. Sammeln und diskutieren Sie anschließend die Antworten aus den Gruppen.
Projizieren Sie eine Folie mit vielen Fragen. Lassen Sie die Studierenden Fragen nach eigener Wahl beantworten. Gehen Sie in Ihrem Referat auf die Antworten ein.
Lassen Sie die Studierenden eigene Fragen zum Stoff, mündlich oder schriftlich, einzeln, partner- oder gruppenweise formulieren. Diskutieren Sie anschließend.

Aufgaben stellen
Stellen Sie nach der Wissenspräsentation kleinere Aufgaben. Anschließend besprechen Sie die Lösungen und beantworten Fragen.
Stellen Sie die Aufgabe vor Ihrem Referat. Zeigen Sie danach die Lösung schrittweise auf (zum Beispiel eine Begriffsdefinition).

Argumente sammeln, einander gegenüberstellen. Vor- und Nachteile sammeln
Lassen Sie Ihre Studierenden partner- oder gruppenweise Argumente für oder/und gegen eine Sache (These, Theorie, Ansicht, Methode, Maßnahme usw.) sammeln oder Vor- und Nachteile auflisten. Stellen Sie die Positionen einander gegenüber. Fordern Sie Ihre Studierenden auf, die Argumente zu diskutieren.

Diskussion und Meinungsbildung anregen
Bereiten Sie provokative Thesen vor und fügen Sie zu jeder These eine Skala zur Meinungsbildung ein.
Beispiel: Die abwesenden Dozierenden sind die besten Dozierenden.

Lassen Sie über die These(n) nachdenken und fordern Sie die Studierenden auf, eine Position auf der Skala zu markieren. Anschließend können Sie Zeit für eine kurze Diskussion zu zweit geben. Regen Sie die Studierenden an, während Ihres Referates besonders auf die Begründung der These zu achten. Abschließend besteht die Möglichkeit, die These nochmals zu diskutieren.

Einsatz von Karikaturen in der Einstiegsphase

Wiepecke, C. (2010) schlägt zur Aktivierung des Denkens vor, in der Einstiegsphase mit Denkaufgaben oder Karikaturen zu arbeiten. Karikaturen reduzieren gesellschaftliche Phänomene auf eine Kernaussage. Sie provozieren, regen Interaktion und Denken an und fördern die Meinungsbildung. Die Verknüpfung von Wissen mit visueller Darstellung unterstützt außerdem die Gedächtnisleistung.

Anregungen über die Kombination von Vorlesungen mit weiteren didaktischen Methoden → Kapitel 20.5.2/3.

Erkenntnis aus dem forschenden Lehren

THIELE (2014) ist der Frage nachgegangen, inwieweit aktivierende und interaktive Lehransätze den Lernerfolg gegenüber einer konventionellen Vorlesung verbessern. Er hat eine als Lehrgespräch mit interaktiven Methoden gestaltete Lerneinheit mit einer klassischen Vorlesung in Bezug auf die Wahrnehmung der Veranstaltung durch die Studierenden und punkto Zeitaufwand verglichen (Medizinstudium, 2. Semester).

Ergebnis:

- Beide Veranstaltungen wurden ähnlich gut bewertet. Die Studierenden nahmen die zusätzliche Interaktion z. B. mittels «Buzz groups»[17] nicht als signifikante Verbesserung wahr.
- Der Autor erklärte die Zufriedenheit der Studierenden mit der klassischen Vorlesung mit deren guter Gestaltung:
- «... Präsentation einer Gliederung zur Orientierung,
- das Eingehen auf Fragen,
- Zusammenfassung und Wiederholungen nach Sinnabschnitten,
- Pausen und Anekdoten,
- Unterscheidung von neuen und bereits bekannten Lerninhalten und deren Verknüpfung,
- Aktivierung durch Diskurs,
- Veranschaulichung und Praxisbezug» (ebd., S. 253).

---

17 Buzz-Groups, auch Murmelgruppen genannt, werden zur Aktivierung in einer Lehrveranstaltung eingesetzt. Zu zweit oder zu viert diskutieren die Studierenden halblaut kurz eine Frage, ein Bild, ein Problem usw. Da sie dies gleichzeitig tun, entsteht ein «Summen» im Saal, das aber nicht störend wirkt. Durch das Gespräch in der kleinen Gruppe sinkt die Hemmschwelle zur Beantwortung einer Frage. Alle sind aufgefordert, sich denkend und interaktiv mit einem Problem zu befassen.

C Lehrgespräch

Beschreibung	Das Lehrgespräch ist ein Dialog zwischen Dozierenden und Studierenden über Inhalte und Probleme. Es zielt darauf, dass Studierende Wissen verstehen oder neues Wissen entdecken, zum Beispiel Problemlösungen.	
Vorgehen	*Dialog als Wissensvermittlung* 1. konkrete Fragestellung und Ziele aufzeigen *durch Fragen und Denkanstöße* 2. das Vorwissen aktivieren 3. anregen, neue Gedanken zu formulieren 4. auffordern, Wissen zu gewichten oder zusammenzufassen 5. Übungen anleiten 6. Selbstevaluation anleiten	*Dialog als Entdeckungsprozess* 1. konkrete Problemstellung aufzeigen *durch Fragen und Denkanstöße sowie Hinweise auf Vorwissen* 2. auffordern, das Problem zu beschreiben 3. Hypothesen zu bilden 4. Hypothesen zu gewichten 5. Erkenntnisse zu formulieren 6. evtl. Umsetzungen anleiten 7. Selbstevaluation anleiten
Sinnvoller Einsatz	– in Vermittlungs- oder Entdeckungssituationen für den Erwerb deklarativen und prozeduralen Wissens und die Entwicklung von Erfindungswissen	
Lernaktivitäten	– nachdenken, verknüpfen, üben, verstehen, verbalisieren, verallgemeinern	
Vorteile	– fördert vertiefte Lernprozesse über anspruchsvolle Inhalte und Fragen, bei einer beliebigen Zahl von Teilnehmenden möglich	
Nachteile	– braucht mehr Zeit als traditionelle Vorlesung	
Erfolgsfaktoren	– geeignete Fragen, vorbereitet und aus der Situation heraus formuliert – visualisieren der Beiträge – Interesse am Lern- und Denkprozess der Studierenden – konkrete Praxisbezüge – die Verknüpfung von bekanntem und neuem Wissen – Denkprozesse durch Fragen und Impulse – die Selbstevaluation der Studierenden	

Literatur

Dubs, R. (1995): Lehrerverhalten. Zürich: Verlag des Schweizerischen Kaufmännischen Verbandes. S. 131–151.

D Diskussion

Beschreibung	Gespräch, das Dozierende mit einer Gruppe von Studierenden führen. Die Leitung kann durch Dozierende oder Studierende erfolgen. Das Ziel besteht im Austausch und Kennenlernen verschiedener Standpunkte und im Einüben wissensbezogenen Argumentierens.
Vorgehen	1. in Thema und Zweck einführen und Regeln bekannt geben 2. moderieren oder durch Studierende moderieren lassen 3. abschließen, zum Beispiel, indem die Teilnehmenden einen persönlichen Eindruck oder eine Lernerkenntnis äußern
sinnvoller Einsatz	– als Einstieg in ein neues Thema – als Abschluss eines Themas – zur Diskussion verschiedener Standpunkte im Bereich aller Wissensarten – zur Förderung des Verstehens gegensätzlicher Meinungen – zur Förderung der Argumentationsfähigkeit
Lernaktivitäten	– zuhören, eigene Meinung überdenken und verbalisieren, sich in andere versetzen
Vorteile	– fördert die Reflexion von Werthaltungen und die Meinungsbildung – fördert verfügbares Wissen
Nachteile	– Wenig redegewandte Studierende oder «langsame» Studierende – sind nicht in der Lage, sich einzubringen
Erfolgsfaktoren	– herausfordernd und spannend einführen – sorgfältig moderieren

E Gruppenarbeit[18]

Beschreibung	Eine Lernaktivität, die von mehreren Studierenden gemeinsam wahrgenommen wird, kooperativ oder arbeitsteilig.
Vorgehen	Phase 1 Dozierende führen in Thema und Aufgabenstellung ein. Phase 2 Die Studierenden bearbeiten die Aufgabe in Gruppen. Phase 3 Studierende präsentieren, Dozierende beurteilen die Ergebnisse.
sinnvoller Einsatz	– zur Erarbeitung neuen Wissens – zur Verarbeitung von präsentiertem Wissen – zum Anwenden und Einüben methodischer und sozial-kommunikativer Fähigkeiten – zum Entwickeln von Ideen (und Produkten)
Lernaktivitäten	– durchdenken, durcharbeiten, üben, anwenden, verbalisieren, diskutieren, zusammenarbeiten, erfinden
Vorteile	Interaktives Lernen fördert – die Zusammenarbeit, die Problemlösefähigkeit, den Praxisbezug – das tiefenorientierte Verstehen – das selbstständige Lernen und Arbeiten
Nachteile	– ungünstige Gruppendynamik wirkt lernhemmend (→ Kapitel 13.4)
Erfolgsfaktoren	– sorgfältig vorbereiten (Zielklärung, geeignete Unterstützung) – umfassend informieren – Aufgaben verständlich, zielorientiert und schriftlich stellen – Kooperationsskripts einsetzen (Anweisungen oder Drehbücher mit Rollenfunktionen und Bearbeitungsverläufen (Ertl/Mandl 2006, S. 279) – Qualitätskriterien in Bezug auf das Ergebnis definieren – Dozierende nehmen unterschiedliche Rollen wahr: Führen in der ersten, Begleiten in der zweiten und Moderieren in der dritten Phase – zielorientiert auswerten; Feedbacks sachbezogen und persönlich formulieren – Hinweise auf Lern-, Arbeits- und Präsentationstechniken geben

18 Die Gruppenarbeit gibt es in vielfältigen Formen, z. B. als Puzzle-Methode oder Projektarbeit. In Abhängigkeit vom Auftrag eignet sie sich auch für die Entwicklung von Handlungskompetenzen (→ Kapitel 15).

Die Studierenden werden in Gruppenarbeiten ihre Ziele besser erreichen, wenn die Dozierenden den Methodeneinsatz inhaltlich und didaktisch sorgfältig vorbereiten, verständliche Anweisungen geben, den Prozess angemessen moderieren und die Ergebnisse zielbezogen kommentieren. Die gesamte Lernanlage sollte einen angemessenen Freiraum bieten, aber den Rahmen klar abstecken.

Umfassende Gruppenarbeiten können dem begleiteten Selbststudium zugeordnet werden (→ Kapitel 17).

Didaktische Aufgaben für den Einsatz von Gruppenarbeiten

Vorbereitung der Gruppenarbeit:
- Ziel definieren oder den Rahmen für die Zieldefinition durch Studierende abstecken,
- die inhaltlichen Voraussetzungen der Studierenden klären,
- Hilfsmittel vorbereiten,
- Räume und Medien reservieren,
- die inhaltliche Einführung in die Gruppenarbeit vorbereiten,
- verständliche Arbeitsaufträge mit erwartetem Ergebnis verfassen.

Arbeitsauftrag formulieren (→ Kap. 17.6)
Ein vollständiger Arbeitsauftrag ist verständlich und knapp formuliert und definiert die folgenden Elemente:
- Aufgabe, eventuell Arbeitsschritte,
- Erwartetes Produkt (zum Beispiel Kurzvortrag mit Ergebnissen auf Flipchart, Rollenspiel, E-Book, Beitrag für einen Blog),
- Qualität des Produktes und der Präsentation, quantitativ und qualitativ,
- Rahmenbedingungen (Dauer, Ort der Gruppenarbeitsphase),
- Termine (Zwischenpräsentationen, Abgabe).

Durchführung der Gruppenarbeit Phase 1: Einführung im Plenum
- Inhaltliche Einführung in die Thematik,
- Information über den Auftrag (→ oben),
- Organisation (Bekanntgabe von Raum, Zeit, Hilfsmittel, Gruppenbildung, Einsatz Lernplattform),
- Sicherstellen der Gruppenbildung, organisiert durch Dozierende oder selbstorganisiert durch Studierende,
- Hinweise, beispielsweise zur Zusammenarbeit in Gruppen, Methodik,
- Information über die Rolle des Dozierenden während der Gruppenphase.

Durchführung der Gruppenarbeit Phase 2: Bearbeitung der Aufgabe in Gruppen
Dozierende haben in dieser Phase begleitende Funktion. Finden Gruppenarbeiten während des Präsenzstudiums statt, soll den Gruppen bekannt sein, wo sie Dozierende finden. Empfehlenswert ist es, die Gruppen zu besuchen und allenfalls zu unterstützen. (→ Kapitel 17) Finden die Gruppenarbeiten im Selbststudium statt, ist der Begleitmodus mit den Studierenden zu klären. Hierfür eignen sich die Neuen Medien gut.

Durchführung der Gruppenarbeit Phase 3: Präsentation und Beurteilung der Ergebnisse im Plenum
Die Prozesssteuerung beinhaltet folgende Funktionen:
- Moderation der Auswertungsphase (Zeitmanagement), kann auch an Studierende delegiert werden,
- zielbezogene Feedbacks auf Gruppenergebnisse (auch durch Studierende), Anerkennung und Kritik. Fehler sind als Lernchance zu besprechen,
- Vermittlung von inhaltlichen Ergänzungen, Klärungen,
- Abschluss der Gruppenarbeit und Überleiten in die nächste Aktivität (zum Beispiel Transferüberlegungen, Integration der Ergebnisse, Vorlesung).

Literatur

Döring, K. W./Ritter-Mamczek, B. (1999): Lehren und Trainieren in der Weiterbildung. Weinheim: Beltz.

Reich, K. (Hrsg.) (2014): Methodenpool. In: url: http://methodenpool.uni-koeln.de (23.7.2014).

McKeachie, W. J. (2002): McKeachie's, Teaching Tipps. Eleventh edition. Boston/New York: Houghton Mifflin Company, S. 187–203.

F Methode 6–6–6/5–5–5

Beschreibung	Miniform der Gruppenarbeit. Eine Gruppe von 6 (5) Studierenden bespricht in 6 (5) Minuten eine Sachfrage und bringt 6 (5) Aspekte zurück ins Plenum.
Vorgehen	1. Die Gesamtgruppe wird in Gruppen von 6 (5) Studierenden eingeteilt. 2. Die Dozierenden stellen die Aufgabe, beispielsweise: eine präzise Frage beantworten oder Fragen/Merksätze/Ideen zu einem Wissensbereich formulieren. 3. Die Gruppen lösen die Aufgabe, sie bleiben im Plenumsraum. 4. Es erfolgt eine kurze Berichterstattung im Plenum. 5. Die Dozierenden würdigen die Ergebnisse und/oder lassen diese in die Fortsetzung des Unterrichts einfließen.
sinnvoller Einsatz	– als Einstieg: Wenn die Studierenden ihre Gedanken auf den Inhalt ausrichten sollen und/oder um an ihr Vorwissen anzuknüpfen – nach Vermittlungsphasen, wie beispielsweise einem Referat oder Film – als Ausstieg zum Zusammenfassen/Kompilieren – zum raschen Sammeln vieler Ideen
Lernaktivitäten	– Gedanken formulieren, Informationen zusammenfassen, sich in Gruppen einbringen
Vorteile	– rasche Aktivierung – auch bei fixen Bestuhlungen möglich – geringer Zeitaufwand
Nachteile	– Es muss etwas mehr Zeit als für eine reine Vorlesung eingesetzt werden.
Erfolgsfaktoren	– straff leiten – Aufgaben präzise stellen

Hinweise

Es besteht die Möglichkeit, Kleingruppen zu drei, vier oder fünf Personen zu bilden und die Zeit entsprechend zu minimieren. Je nach Aufgabe kann auf die Berichterstattung verzichtet werden.

G Expertenbefragung

Beschreibung	Experten tragen ihr (Spezial)Wissen aufgrund von Fragen der Studierenden vor.
Vorgehen	1. Die Studierenden bereiten individuell oder in Gruppen Fragen vor. 2. Die Fragen können entweder – durch die Studierenden in unstrukturierter Reihenfolge oder – durch dafür bestimmte Sprecherinnen und Sprecher vorgetragen oder – auf Zettel geschrieben, von den Dozierenden oder einer Gruppe geordnet, zusammengefasst und vorgetragen werden. 3. Der Experte oder die Expertin beantwortet die Fragen. 4. Nach einer ersten Expertenrunde kann Raum für weitere Fragen gegeben werden.
sinnvoller Einsatz	– wenn viele Studierende das gleiche, klar umrissene Wissensgebiet erlernen müssen – wenn die Inhalte sehr spezifisch sind – wenn die Sicht der Praxis bedeutsam ist – als Ergänzung zur Vermittlung von allgemeiner Theorie – als Abschluss eines Lerngebietes – fördert das Verständnis von deklarativem, prozeduralem und konditionalem Wissen
Lernaktivitäten	– Informationen wahrnehmen, Interessen formulieren und verfolgen, Informationen vertiefen und verknüpfen, Meinungsbildung zu komplexen Themen
Vorteile	– viel Wissen kann in kurzer Zeit vielen Studierenden erläutert werden – hohe Aktualität, hohe Expertise und hoher Praxisbezug – die Studierenden sind aktiv – die Fragestellung ist anonym, dadurch ist die Hemmschwelle niedrig
Nachteile	– Es muss mehr Zeit als für eine traditionelle Vorlesung eingesetzt werden.
Erfolgsfaktoren	– begeisternde und kompetente Experten – gute Vorbereitung und Moderation

Hinweis

Es besteht die Möglichkeit, mehrere Expertinnen und Experten einzuladen. Die Veranstaltung kann in verschiedene inhaltliche Blöcke strukturiert werden.

14.6.2 Methoden für Präsenzstudium kombiniert mit Selbststudium

A Gruppenpuzzle (Frey-Eiling/Frey 2002)

Beschreibung	Das Gruppenpuzzle ist eine Form der Gruppenarbeit. Die Studierenden erarbeiten Teile des Wissens selbstständig und entwickeln sich so zu Experten in einem spezifischen Bereich. Anschließend vermitteln sie dieses Teilwissen ihren Mitstudierenden in Gruppen.
Vorgehen	1. Die Dozierenden bereiten die Lernmaterialien vor. 2. Dozierende führen ein, inhaltlich und organisatorisch. 3. Selbststudium: Studierende erarbeiten Teilbereiche, individuell, vor Ort oder zu Hause 4. Themengleiche Gruppen (Expertenrunde) 4.1 Vertiefen des erarbeiteten Inhaltes 4.2 Didaktisches Vorbereiten der anschließenden Vermittlung in den gemischten Gruppen 5. Gemischte Gruppe (Lehr-Unterrichtsrunde) Gegenseitiges Vermitteln des erarbeiteten Wissens
sinnvoller Einsatz	– in allen Vermittlungssituationen, wenn das Ziel im Verstehen und Verbalisieren von Informationen besteht – eignet sich für den Erwerb von deklarativem und prozeduralem Wissen
Lernaktivitäten	– durchdenken, durcharbeiten, verstehen, verbalisieren, präsentieren
Vorteile	– durchdenken und verbalisieren von Wissen, die Studierenden sind sehr aktiv – führt zu verfügbarem Wissen, ist somit sehr effektiv – auch mit großen Gruppen möglich – Lernmaterialien können mehrmals verwendet werden
Nachteile	– Es muss mehr Zeit eingesetzt werden als für einen Vortrag.
Erfolgsfaktoren	– verständliche Lernmaterialien – klare Organisation – Information, inwieweit das Wissen prüfungsrelevant ist – Überprüfung des Wissens nach der Expertenphase

Hinweise

- Lernmaterialien ziel- und adressatenorientiert auswählen.
- Wissen in gleich große und in sich verständliche Bereiche aufteilen.
- Nach der Expertenphase einen kleinen Lerntest anbieten.

- Die didaktische Vorbereitung der Experten mit Hinweisen unterstützen (z. B. Ziel formulieren, Hilfsmittel einsetzen, Kontrollfragen formulieren).
- Prozess im Plenum evaluieren

Phase 1: *Je vier Studierende erarbeiten individuell ihren Text:* *Text A, Text B, Text C*	
Phase 2: *A und A und A und A* *B und B und B und B* *C und C und C und C*	*Austausch in Expertengruppen*
Phase 3: *A und B und C* *A und B und C* *A und B und C* *A und B und C*	*Austausch in gemischten Unterrichtsgruppen*

Abbildung 17: Beispiel einer Verlaufsskizze

B Studierforum

Das Studierforum stellt einen Rahmen und einen Raum für begleitetes Selbststudium dar. Im Studierforum finden die Studierenden verschiedene individuelle und soziale Lernarrangements, um Inhalte aus dem Präsenzstudium zu vertiefen, zu üben, zu ergänzen und anzuwenden und allenfalls Inhalte aus dem autonomen Selbststudium zu klären.

Alle Aktivitäten sind darauf ausgerichtet, dass die Lernziele, beispielsweise eines Moduls, erreicht werden. Der Besuch ist freiwillig. Das Studierforum kann vor Ort oder virtuell eingerichtet sein.

Formen des Lernens

Individuell

Dozierende bereiten Aufgaben vor. Studierende lösen diese vor Ort oder zu Hause und besprechen die Lösungen im Studierforum mit Dozierenden und/oder Studierenden. Selbstkorrekturen aufgrund von Musterlösungen sind ebenfalls denkbar.

Lernpartnerschaften oder -gruppen
Studierende können im Studierforum informell Kollegen und Kolleginnen für gemeinsames Studieren treffen. Sie können sich mit einer organisierten Lerngruppe treffen oder eine spontane Lerngruppe oder Lernpartnerschaft formieren. In diesen Formationen klären sie gemeinsam ihre Fragen oder diskutieren Aufgabenstellungen. So üben sie nebenbei auch ihre Sozialkompetenz.

Zusammen mit Dozierenden als Lerncoachs
Studierende treffen sich einzeln oder als Lerngruppe mit dem Dozierenden und besprechen ihre Fragen. Der Dozent hat in dieser Rolle des Lerncoachs mehrheitlich eine beratende Funktion.

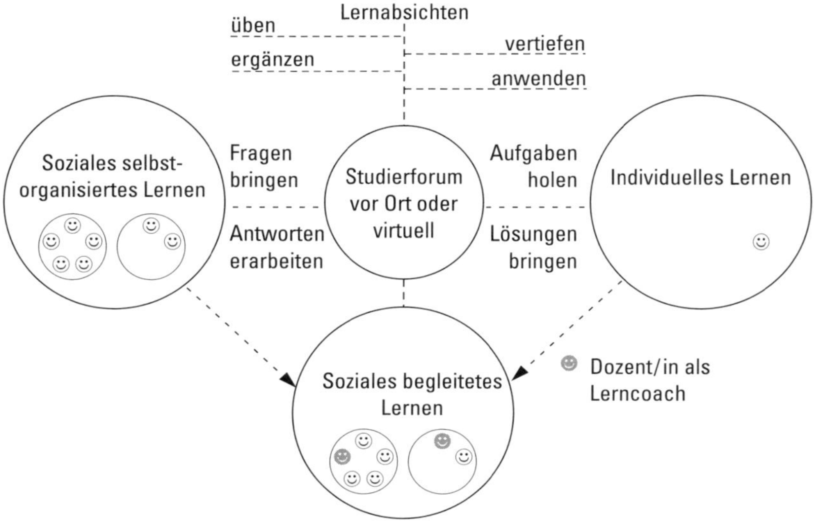

Abbildung 18: Das Studierforum, virtuell oder vor Ort

Der Stellenwert des Studierforums

Das Studierforum ist eine Form des begleiteten Selbststudiums, es stellt, wie auch das autonome Selbststudium, in der Regel eine Ergänzung zum Präsenzstudium dar.

Die Lernaktivitäten in allen drei Lernformen sind auf die Lernziele ausgerichtet, alle Inhalte sind somit Gegenstand der Lernnachweise.

Das Studierforum ist kein Repetitorium, auch kein Nachhilfeunterricht für Interessierte, sondern eine Möglichkeit der tieferen Verarbeitung und Ergänzung von Inhalten. Dozierende unterstützen Klärungen. Studierende bearbeiten Themen aus dem Präsenz- und Selbststudium.

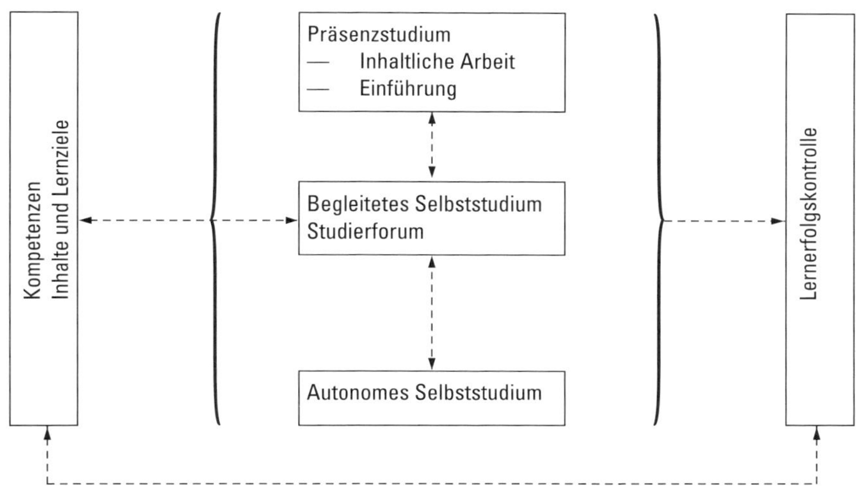

Abbildung 19: Das Studierforum als Ergänzung des Präsenz- und autonomen Selbststudiums

Die Aufgaben der Dozierenden

Die Dozierenden planen das Studierforum als integriertes begleitetes Selbststudium eines Moduls. Sie bereiten das Studierforum vor und organisieren oder moderieren die Lernsituationen vor Ort. Dazu gehören drei Aufgabenbereiche:

- *Grobplanung (Modul, Kurs):* Sie enthält Hinweise auf Inhalte und Zielsetzungen, die hauptsächlich im Präsenzstudium, im Studierforum oder im autonomen Selbststudium zu bearbeiten sind, und sie zeigt Verbindungen auf.
- *Vorbereitung des Studierforums als begleitetes Selbststudium*
  - Aufgaben und Lösungen erstellen,
  - Überblick über Aufgaben erstellen,
  - Räume reservieren,
  - Studierende informieren und auf die Arbeitsweise vorbereiten,
  - Gruppenbildung wenn nötig unterstützen,
  - eigene Präsenzzeiten bekannt geben.

- *Moderation des Studierforums*
    - Einführen, vorbereiten,
    - Feedback geben auf Lösungen,
    - Hinweise geben auf Weiterarbeit,
    - Lerngruppen moderieren (klären, ergänzen, wiederholen).

Aufgabentypen und Arbeitsformen
Im Studierforum erhalten die Studierenden vertiefende Lernangebote.

Einige Beispiele:
- *Texte mit vorgegebenen inhaltlichen Fragestellungen bearbeiten (→ Leittextmethode, vgl. URL: http://methodenpool.uni-koeln.de),*
- *Zu Text (Prüfungs-)Fragen formulieren lassen,*
- *Text bearbeiten, mit dem Auftrag, eine Checkliste zu erstellen,*
- *Text bearbeiten, mit dem Auftrag, den Inhalt zu visualisieren (kognitive Landkarte, Mind-Map, Website),*
- *Text bearbeiten, mit dem Auftrag, eine Präsentation zu erstellen,*
- *Verschiedene Texte bearbeiten, mit dem Auftrag, Vergleiche herzustellen,*
- *Text bearbeiten mit dem Auftrag, diesen hinsichtlich eines theoretischen Modelles zu analysieren,*
- *Stellungnahme verfassen, veröffentlichen und mit anderen Studierenden diskutieren,*
- *Diskussionsauftrag,*
- *Selbsttests mit Hinweisen, wie Schwachstellen behoben werden können,*
- *Übung,*
- *Fallanalyse,*
- *Video (Film, Diskussion) oder Blogbeiträge analysieren,*
- *Lösung für einen Fall kreieren, Lösungen vergleichen,*
- *Recherchierauftrag, Ergebnisse als Website zu visualisieren usw.*

Hinweise
Aufträge
Aufträge müssen vollständig und selbsterklärend sein. (→ Kapitel 14.6.1./E)

Rhythmus
Der Rhythmus ist auf den Lehr- und Lernprozess im jeweiligen Modul anzupassen.

Es empfiehlt sich, das Studierforum (vor Ort) zu gleich bleibenden Zeiten anzubieten, beispielsweise vierzehntäglich oder monatlich. Die Möglichkeit eines vierzehntäglich angebotenen Studierforums ist für Studienanfängerinnen und -anfänger sicher angezeigt. In späteren Studienphasen sind vermutlich größere Abstände richtig.

Das Studierforum ist als begleitetes Selbststudium in der Semester- oder Modulplanung aufzuführen. Die Termine sind den Studierenden zu Beginn der Lehreinheit bekannt zu geben.

Information der Studierenden
Das Lernen im Studierforum bedingt klare Informationen:
- über Lernziele und erwartete Lernleistung des Moduls,
- über den Zusammenhang zwischen Lernprozessen, die im Präsenzunterricht, im Studierforum und im autonomen Selbststudium möglich sind,
- über die Rolle und Präsenzzeit der Dozierenden im Studierforum,
- über die Rolle der Studierenden,
- über die Verpflichtung gegenüber den Lernzielen und über die Freiwilligkeit bezüglich Präsenz im Studierforum,
- über Ort und Zeit.

Studierforum im virtuellen Raum
Findet das Studierforum im virtuellen Raum statt, können die Studierenden die Lernangebote auf einer Lernplattform im virtuellen Raum abholen, individuell oder kooperativ bearbeiten und Lösungen an den dafür bestimmten Orten ablegen. Feedbacks sind virtuell, synchron oder asynchron denkbar (→ Kapitel 19.3).

C Lernteam-Coaching

Was ist Lernteam-Coaching?
Lernteam-Coaching (Lorbeer et al. 2000; Fleischmann et al. 2003) ist eine Möglichkeit, Präsenz- und Selbststudium miteinander zu kombinieren. Die klassische Vorlesung in Gesamtgruppen entfällt. Die Studierenden werden in Lernteams von fünf bis acht Personen aufgeteilt und erarbeiten in diesem Lernszenario die Lerninhalte maßgeblich selbstständig. Die Dozierenden bereiten die Inhalte vor und begleiten den Lernprozess im Rahmen von Coachingsitzungen. Die Aufgabe von Dozierenden liegt nicht mehr beim Vermitteln von Wissensinhalten, sondern beim Ermöglichen von Lernprozessen.

Erfahrungen zeigen, dass gecoachtes Selbstlernen zu besten Studienergebnissen führt. Dozierende *und* Studierende müssen sich aber auf diese Art des Lehrens und Lernens vorbereiten. Der Erfolg hängt in hohem Maße von der Vorbereitung und Einstellung der Dozierenden *und* der Studierenden für die neue Aufgabe als Coach bzw. als Selbstlernerin oder Selbstlerner ab.

Das Coaching kann sich auf das Bearbeiten der Lernaufgabe (Inhalt) an sich und auf die sozialen und individuellen Lernprozesse beziehen. (→ Kapitel 17). Die Begleitung zielt somit auf das Verstehen von Wissen und auf die Entwicklung von Sozial- und Lernkompetenzen, insbesondere auf das selbstständige Lernen.

Wie die oben erwähnten Autoren berichten, gaben bei erstmaligen Durchführungen bloß gut die Hälfte der Studierenden an, das Lernteam-Coaching gegenüber der traditionellen Vorlesung zu bevorzugen. Die Beurteilung änderte sich aber im Zusammenhang mit der zunehmenden Erfahrung der Dozierenden als Coaches eindrücklich: Achtzig bis neunzig Prozent der Teilnehmenden gaben bei einer zweiten Befragung nach einem Semester an, intensiver, aktiver, erfolgreicher und mit mehr Motivation zu lernen.

Phasen des Lernteam-Coachings

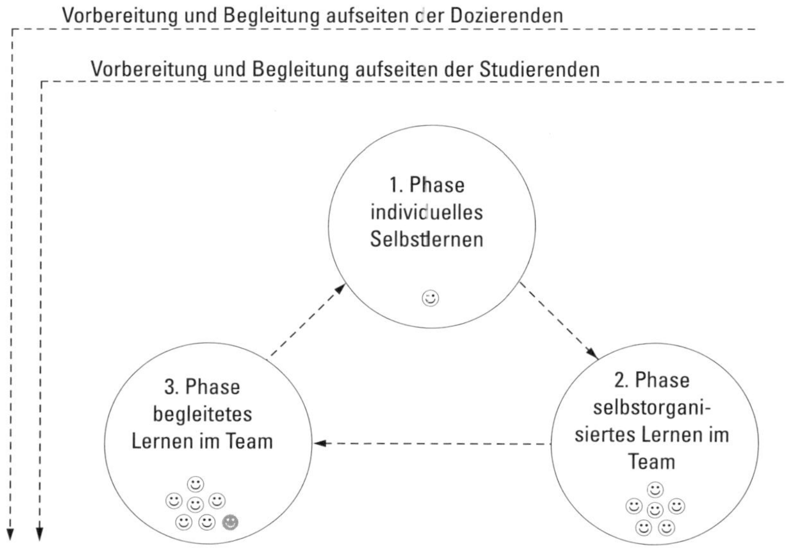

Abbildung 20: Begleitetes Selbststudium durch Lernteam-Coaching

1. Phase des individuellen Selbstlernens

Die Studierenden bearbeiten einen Lerntext. Sie halten Fragen und Ungeklärtes fest.

Rolle und Aufgabe Dozierende	Rolle und Aufgabe Studierende	Stolpersteine
– Ein verständliches Skript mit Illustrationen verfassen; der Text soll auch Bezüge zu Handlungssituationen aus dem jeweiligen Berufsfeld aufweisen – Lesehinweise, Verständnisfragen, integrierte Übungen zur Verfügung stellen	– Inhalte bearbeiten – Fragen beantworten – Übungen lösen – sich über Verstandenes und Nichtverstandenes klar werden – Fragestellungen formulieren	– Fehlende Erfahrung der Studierenden mit Freiheiten – fehlende Lernstrategien und -techniken – ungeeignete Texte

2. Phase des selbstorganisierten Lernens im Team

In einem Lernteam, bestehend aus vier bis acht Personen, beantworten die Studierenden gemeinsam ihre Fragen.

Rolle und Aufgabe Dozierende	Rolle und Aufgabe Studierende	Stolpersteine
– Gewisse Funktionsträger ansprechen, zum Beispiel Moderator/in	– Fragen einbringen – Wissen verbalisieren – Sitzung moderieren – Coachingsitzung vorbereiten	– Fehlende Erfahrung in der Sitzungsmoderation – fehlende Sitzungsstruktur – fehlende Zusammenfassung – lernhemmende Gruppendynamik (→ Kapitel 13.4)

3. Phase des begleiteten Lernens im Team

In Lernteam-Coaching-Sitzungen diskutieren die Studierenden mit Dozierenden oder wissenschaftlichen Mitarbeitenden die offengebliebenen Fragen. Die Studierenden bringen ihre vorbereiteten Fragen ein.

Rolle und Aufgabe Dozierende	**Rolle und Aufgabe Studierende**	**Stolpersteine**
– Moderation der Coachingsitzung; dabei Fragen klären, Lernfortschritte überprüfen, Ergänzungen einbringen, individuelle Lernfragen besprechen – Zusammenarbeit im Team besprechen – Lernstrategien besprechen – nächste Coachingsitzung planen	– Fragen einbringen – Ergebnisse diskutieren – Themen der Zusammenarbeit einbringen – einzelne Moderationsaufgaben übernehmen, zum Beispiel einen Problemspeicher führen oder Zeitmanagement wahrnehmen	– Fehlende Struktur und Zielvereinbarung – fehlende Evaluation des Lernzuwachses und des Lernprozesses (Metakognition)

Struktur der Phase 3: Begleitetes Lernen im Team

Begleitete Lernteam-Coachingsitzungen dauern in der Regel neunzig Minuten; denkbar sind indessen auch kürzere Einheiten. Der Arbeitsprozess in diesen Sitzungen – und insbesondere ihre Moderation – ist modellhaft für die Sitzungen in den Lernteams. Die eigentliche Coachingsitzung gliedert sich in drei Phasen:

1. Diagnose und Kontrakt
2. Bearbeitung der Themen
3. Abschluss

1 Diagnose und Kontrakt (ca. 7 bis 10 Minuten)

Ziel	Arbeitsschritte	Ergebnis
– Die zu bearbeitenden Inhalte bezeichnen und erkennen – Inhalte gewichten – einen Verlaufsplan erstellen – die Studierenden in die Verantwortung für den Sitzungsverlauf einbeziehen	– Inhalte, Fragen auflisten, zum Beispiel auf Flipchart, Studierende bringen Fragen, Dozierende nennen die klärungsbedürftigen Inhalte aus ihrer Sicht – nach Kriterien bewerten (zum Beispiel mit farbigen Punkten oder Farben): – gut verstanden – eher unklar – völlig unklar – die wichtigsten Themen priorisieren und in eine Reihenfolge bringen, die Zeit einteilen – Aufgaben verteilen	– Sitzungsplan – lernförderliche Atmosphäre

2 Bearbeitung der Themen (ca. 75 Minuten)

Ziel	Arbeitsschritte	Ergebnis
– Inhaltliche Unklarheiten ausräumen – allfällige Fragen zum individuellen Lernprozess und zur Zusammenarbeit in der Lerngruppe klären	– Gemeinsam Antworten finden – bei Bedarf Expertenwissen einbringen – Zusammenfassungen, Checklisten, thematische Landkarten erarbeiten – individuelle Lernthemen und Themen der Zusammenarbeit besprechen	– Unklarheiten und zentrale Inhalte sind geklärt, gewichtet und integriert – Aufgaben sind besprochen – Offenes ist benannt

3 Abschluss (ca. 5 bis 10 Minuten)

Ziel	Arbeitsschritte	Ergebnis
– Zentrale Erkenntnisse bezüglich Inhalten, individuellen Lernens, Zusammenarbeit im Lernteam benennen – Sitzungsverlauf reflektieren	– Alle nennen die für sie wichtigsten Erkenntnisse bezüglich Inhalt (Rundgespräch) – Erkenntnisse in Bezug auf das Lernen formulieren – Sitzung auswerten, zum Beispiel hinsichtlich des Lerngewinns, individuellen Engagements, der Moderation	Abschluss und Ausblick

Erfolgsfaktoren für die Umsetzung

Die Dozierenden setzen sich mit ihrer neuen Aufgabe als Lerncoaches auseinander und eigenen sich Beratungskompetenzen an. Sie suchen geeignete, verständliche Lerntexte oder entwickeln selbst solches Material.

Schulleitungen und Kollegenteam unterstützen die neuen Lehrverfahren. Die Studierenden erhalten Lehrangebote zum Aufbau von Lern- und Arbeitskompetenzen. Sie sollten am Anfang keinesfalls sich selbst überlassen werden.

Die organisatorischen Lösungen sind maßgeschneidert in Abhängigkeit vom Modul, von der Verfügung stehender Zeit und der Gruppengröße.[19]

Literatur

Lorbeer, B./Fleischmann, P./Tröster, F. (2000): Integrierte Förderung von Schlüsselqualifikationen. Alsbach: Leuchtturm (Schriftenreihe report. Band 39.), S. 127–163.

19 Bei einer Gruppe von 48 Studierenden und einer Lehrzeit von 135 Minuten pro Woche kann der Dozent beispielsweise im Dreiwochenrhythmus wöchentlich drei Teams zu ca. fünf bis sechs Personen während 45 Minuten coachen. Er kann auch zwei Teams zusammenfassen und häufiger und länger coachen.

14.6.3 Methoden für begleitetes Selbststudium

A Leittextmethode

Beschreibung	Die Leittextmethode basiert auf schriftlichen Informationen, Leitfragen und Kontrollbögen (Lösungen), die in der Regel durch die Dozierenden aufbereitet werden. Die Leitfragen steuern den Lern- und Arbeitsprozess. Die Studierenden bearbeiten die Aufgaben selbstständig, allein oder in Gruppen und beurteilen auch das Ergebnis selbstständig.
Vorgehen	1. Die Dozierenden bereiten schriftliche Unterlagen, Quellen, Leitfragen und Lösungen vor. 2. Sie führen die Studierenden in die Arbeitsweise ein. 3. Die Studierenden planen die Bearbeitung und entscheiden sich für ein Vorgehen. 4. Sie bearbeiten die Aufgaben und kontrollieren die Ergebnisse mittels der Musterlösung. 5. Die Dozierenden und Studierenden reflektieren Ergebnis und Vorgehensweise. Bei Gruppenarbeiten findet eventuell auch eine Präsentation statt. 6. Auf die Wissenserarbeitung kann eine Übungsphase folgen.
sinnvoller Einsatz	– zur Erarbeitung eines abgrenzbaren Wissensgebietes im Bereich deklarativen und prozeduralen Wissens – zum Erwerb spezifischer Fertigkeiten – zur Förderung der Selbstständigkeit und der Sozialkompetenz
Lernaktivitäten	– zusammenarbeiten, entscheiden, durchdenken von Informationen, verbalisieren, kontrollieren, reflektieren
Vorteile	– Die Studierenden sind sehr aktiv und lernen nachhaltig. – Der Lernerfolg ist sofort sichtbar. – Die Studierenden entwickeln die eigenen Lernkompetenzen.
Nachteile	– Die Methode eignet sich kaum für komplexe, forschende, experimentelle oder künstlerische Inhalte.
Erfolgsfaktoren	– an Vorwissen *und* Lernfähigkeiten der Studierenden anknüpfen. – Anleitungen sind klar. – Quellen sind präzise angegeben. – Verschiedene verständliche Fragen und Denkanstöße.

Hinweise

Die Art der Fragen ist zielabhängig. Leitfragen können den Charakter von engen Fragen, aber auch von Denkanstößen haben. Sie sollen den Denkprozess ausrichten *und* anregen.

Studierende können selber Leittexte erstellen, beispielsweise als Lernnachweis.

Literatur

Reich, K. (Hrsg.): Methodenpool. In: url: http://methodenpool.uni-koeln.de (23.7.2014).

B POGIL – Prozessorientiertes, durch Fragen geführtes Lernen[20]

Beschreibung	POGIL ist eine Variante der Leittextmethode, bei welcher jedoch in Gruppen gearbeitet wird. POGIL zielt darauf, dass Studierende Wissen grundlegend verstehen und Lernkompetenzen aufbauen (also nicht auswendig lernen). Im Rahmen von POGIL arbeiten die Studierenden unter schriftlicher Anleitung selbstständig in Gruppen.
Vorgehen/Bestandteile des Auftrags	1. Begründung Hier wird die Bedeutung der Thematik aus fachlicher und berufsfeldbezogener Sicht erläutert 2. Ziele/Erfolgskriterien Sie enthalten das beobachtbare, überprüfbare Ergebnis und den Maßstab. Sie beschreiben präzise, in welcher Art und Weise das Wissen und die Methoden verfügbar sein sollen. 3. Hilfsmittel und Informationen Unterlagen, technische Hilfsmittel, Grundlagenwerke, Links, Checklisten 4. Schlüsselfragen Die Beantwortung der Schlüsselfragen fördert das Verständnis des Wissens. Die Fragen lenken die Studierenden auf die zentralen Inhalte und Konzepte. Studierende erhalten dadurch Sicherheit, die Inhalte verstanden zu haben. 5. Übungen Die Übungen leiten eine vertiefende Auseinandersetzung (Elaborieren) mit dem Wissen an, z. B. vergleichen, kombinieren, unterscheiden, zerlegen. Die Schlüsselfragen und Übungen zielen auf den Aufbau von kognitiven Ressourcen. 6. Aufgaben, Probleme Diese zielen auf den Aufbau von kognitiven und/oder handelnden Problemlösefähigkeiten. 7. Anleitung zur Metakognition «Wie sind wir vorgegangen?» «Wie haben wir zusammengearbeitet?»

20 POGIL: Process Oriented Guided Inquiry Learning; www.pogil.org. (30.7.14)

Sinnvoller Einsatz	– zur Erarbeitung eines abgrenzbaren Wissensgebietes im Bereich deklarativen und prozeduralen Wissens – zum Erwerb spezifischer Fertigkeiten – zur Förderung der Selbstständigkeit und der Sozialkompetenz In Abhängigkeit der Raumgröße auch in großen Gruppen einsetzbar. Es ist darauf zu achten, dass das Coaching sichergestellt werden kann, wozu auch Tutoren und Assistentinnen infrage kommen.
Lernaktivitäten	Intensives Verarbeiten von Informationen Kritisches und analytisches Denken – Lösen von Problemen Mündliches und schriftliches Kommunizieren – Zusammenarbeiten – Metakognition
Vorteile	– Die Studierenden lernen nachhaltig. – Der Lernerfolg ist sofort sichtbar. – Die Studierenden entwickeln die eigenen Lernkompetenzen.
Erfolgsfaktoren	– an Vorwissen *und* Lernfähigkeiten der Studierenden anknüpfen – umfassende Aufgaben und Lösungen – Coaching ist sichergestellt (z. B. durch Assistenten und Tutoren). – Einführung in Arbeitsweise, Anwendung von Lernstrategien

Beispiel: http://www.pogil.org./uploads/media_items/atoms-and-their-isotopes.original.pdf (30.7.14)

C Literaturstudium

Beschreibung	Das Selbststudium zur Er- oder Verarbeitung von Wissen besteht häufig im Studium traditioneller, textbasierter oder interaktiver Skripts und bestehender Literatur. Dozierende haben die Möglichkeit, in Skripte Hinweise einzufügen, beispielsweise in Form von Kommentaren und Gewichtungen, sowie Aufgaben oder Lernkontrollen einzubauen.
Einsatz von Skripten	– zum selbstständigen Erarbeiten von Wissen – als Begleitmaterial zu einer Veranstaltung – zum Vor- bzw. Nachbereiten von Präsenzveranstaltungen – als persönliches Lerndokument, beispielsweise durch Einfügen von persönlichen Notizen, Fragen und Anmerkungen – zum Wiederholen der Inhalte vor Prüfungen
Gestaltungsmerkmale für die Erstellung eines Skripts	– Einfache, konsistente, und inhaltlich sinnvolle Struktur – Leitfragen pro inhaltliche Einheit – Lernziele – Denkimpulse – Übungen – Übersichtlicher Satzbau, kurze Sätze, großzügige Gestaltung – Bilder, Tabellen, Grafiken, Film und Animationen bei digitalen Skripten – Zusammenfassungen – Hinweise auf Lesetechniken Hinweise (Links) auf weiterführende Quellen Einfache Navigation bei digitalen Skripten
Digitale Skripte	Online zur Verfügung gestellte Vorlesungsskripte und Begleitmaterialien: Als Word- oder PDF-Datei: Inhaltlich lineares Dokument mit Texten, Bildern, Filmen, Links. Offline arbeiten ist damit möglich. In Form eines Hypertexts: Vernetzung von Wissen durch das Setzen von Hyperlinks ermöglicht einen dynamischen Zugang zu den Inhalten. Online arbeiten ist zwingend. Vertiefung http://www.e-teaching.org/lehrszenarien/vorlesung/skript/index_html (24.7.14) HInweise zur Gestaltung von interaktiven Skripten: http://www.e-teaching.org/didaktik/gestaltung/ (24.7.14)

Vorteile	Präsenzunterricht wird von reiner Wissensvermittlung entlastet, die Zeit kann für interaktive, vertiefende und praxisbezogene Lernprozesse verwendet werden. Digitale Skripte können anschaulich gestaltet werden. Studierende können bezüglich Zeit, Ort und Tempo individuell lernen. Durch Tests (z. B. Multiple-Choice-Aufgaben), die in ein interaktives Skript eingebunden sind, erhalten die Studierenden unmittelbar Rückmeldung über den Lerngewinn
Nachteile	Langes Lesen, vor allem am Bildschirm, ist für viele ermüdend. Gestaltung eines anschaulichen, modernen Skripts ist aufwendig.
Erfolgsfaktoren	Motivierende Skripte. Didaktisch sinnvolle Abstimmung von Selbststudium mit Präsenzveranstaltungen (→ Kap. 19.1). Angebot von Interaktionsmöglichkeiten zwischen Studierenden und mit Dozierenden (z. B. in virtuellen Diskussionsforen).

Literatur

Tilg, D., (2007): Konzept zur Erarbeitung von Skripten im Rahmen von Lehrveranstaltungen.
http://hermes.phl.univie.ac.at/elearningcenter/fileadmin/generalgroup_files/eBologna/2008/eBologna_AP3_Skripten.pdf (30.7.14).

Entwicklung von Handlungskompetenzen

Absicht

Im folgenden Kapitel werden Begründungen, Gestaltungsprinzipien und Lernszenarien für eine praxis- und handlungsorientierte Lehre dargestellt.

Leitfragen

- Warum ist für Hochschulen eine handlungsorientierte Didaktik zwingend?
- Wodurch zeichnen sich handlungs- beziehungsweise praxisorientierte Lernprozesse aus?
- Nach welchen Gesichtspunkten können handlungsorientierte Lernprozesse gestaltet werden?
- Warum wenden Studierende Wissen oftmals nicht an?
- Welche Lernszenarien eignen sich, um wissensbasierte, handlungsorientierte Lernprozesse zu fördern?

15

In Kürze

Aus einer einseitigen Konzentration der Lehre auf die Vermittlung von Wissen resultieren zu wenig praxiswirksame Lernerfolge. Die oft festgestellte Kluft zwischen vorhandenem Wissen und Handeln kann verringert werden, wenn die Studierenden anhand von konkreten Situationen und Aufgabenstellungen lernen können.
Die folgenden Möglichkeiten fördern praxiswirksames Lernen:

- Wichtige Fähigkeiten können an verschiedenen Beispielen und in unterschiedlichen Kontextsituationen eingeübt werden.
- Die Ziele sind erreichbar und herausfordernd.
- Studierende und Dozierende kooperieren und kommunizieren miteinander.
- Lernprozess und Lernergebnis werden reflektiert.
- Die Studierenden nehmen ein lernförderndes Maß an Selbstverantwortung wahr.
- Dozierende begleiten und beurteilen die Studierenden lernfördernd.

Erfahrungen zeigen, dass vor allem Studienanfängerinnen und -anfänger in unstrukturierten Lernsituationen rasch überfordert sind. Ohne Unterstützung erreichen sie ihre Ziele kaum oder mangelhaft. Die Einsicht wächst, dass die Kunst der guten Lehre in der Balance zwischen Darlegen von Wissen und Ermöglichen von praxisbezogenen Erkenntnissen sowie in der Begleitung der Studierenden bei Selbstlernprozessen liegt.

15.1 Gründe für eine handlungsorientierte Didaktik

Berufsbefähigung

Die Gründe für eine handlungsorientierte Didaktik liegen vor allem im Anspruch an die Berufsbefähigung der Studierenden. Abnehmer erwarten zwar aktuelles und fundiertes Fachwissen, allein damit lassen sich berufsfeldbezogene Aufgaben jedoch selten bewältigen. Dazu braucht es zusätzliche Handlungskompetenzen. Insbesondere die sozialen Kompetenzen gelten heute als ökonomisch relevanter Faktor, sie sind Gegenstand vieler Personalbeurteilungen. (→ Kapitel 5/6)

Kluft zwischen Wissen und Handeln

Dass Studierende etwas wissen, bedeutet leider noch nicht, dass sie es beim Lösen von Aufgaben auch einsetzen. So wurde experimentell beobachtet, dass Studierende gelerntes Wissen zwar in Prüfungssituationen verbal reproduzieren können, es aber in aktuellen Problemsituationen nicht verfügbar haben. Das erlernte Wissen bleibt «träge» (GRUBER/MANDL/RENKL 2000). Um dies zu verhindern bzw. die aktive Verfügbarkeit von Wissen zu fördern, sollen die Studierenden bereits während des Studiums auch wissensgeleitetes *Handeln* einüben.

Problemlösungen erfordern Interaktion und Intuition

Erfolgreiche praktische Problemlösungen sind nicht (nur) die Folge rationalen Handelns. Wissenschaftliche Theorien reichen oft nicht aus, konkrete Aufgaben zu analysieren und zu bearbeiten. Beim erfolgreichen Problemlösen spielen weitere Faktoren mit, beispielsweise die Interaktion und Intuition. Studierende sollen deshalb auch das intuitive und interaktive Handeln entwickeln können. Lernprozesse sind zwar immer individuell, vollziehen sich aber häufig in einem sozialen Kontext. Mittels individueller Prozesse nimmt das Individuum die Welt wahr und überführt die Wahrnehmungen durch vielfältige geistige Verarbeitungsprozesse in verfügbares Wissen. (→ Kapitel 14) Lernen heißt aber auch interagieren. Menschen denken, kommunizieren, fühlen und handeln innerhalb von sozialen Gefügen und konstruieren so gemeinsame Wirklichkeiten und Problemlösungen. (→ Kapitel 1.2) Aufgaben im Beruf sind oft Teamaufgaben. Deshalb sollen Studierende während des Studiums Experimentierfelder erhalten und lernen, in Gruppen zu arbeiten und ihre Intuition wahrzunehmen. Sie erweitern dadurch Handlungskompetenzen, aber auch ihre individuellen Wissenskonzepte.

Erfahrungen führen zu Erkenntnissen

Die Annahme, zuerst müssten Wissensstrukturen aufgebaut, dann erst könnten, darauf basierend, Anwendungen geübt werden, ist erweiterungsbedürftig (ALTRICHTER/POSCH 1994).

Konkrete Aufgaben oder Erfahrungen sind ein guter Ausgangspunkt für Lernen. Handelndes Lernen ermöglicht den Erwerb und die Entwicklung von Wissen *und* Kompetenzen. Eine Problemlösung zu entwickeln oder ein Werk für Menschen und Organisationen zu gestalten, setzt Wissen und Kompetenzen voraus, ermöglicht aber neue Erkenntnisse und Kompetenzen. Die Gedächtnisstrukturen differenzieren sich durch handelndes Lernen, und vorhandene Strukturen werden stabilisiert. An mit Emotionen verknüpfte Ereignisse, können Menschen sich gut erinnern und somit auch an die damit verbundenen Erkenntnisse (VON CRANACH/BANGERTER 2000).

Die Förderung von Handlungsfähigkeiten im Kontext einer Hochschule heißt, die Studierenden im Rahmen von konkreten Situationen zum Denken *und* Handeln anregen. Mentale und konkrete Handlungsprozesse sind einander ergänzende und sich gegenseitig bedingende Prozesse.

15.2 Praxisorientierten Lernprozesse als vollständige Handlungsprozesse

Umfassende, praxisorientierte Lernprozesse entsprechen einem vollständigen Handlungsprozess.

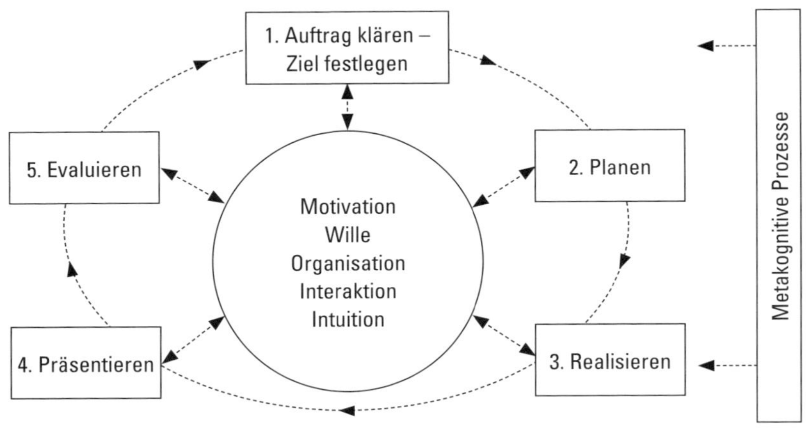

Abbildung 21: Der Lernprozess als vollständiger Handlungsprozess

Handelndes Lernen besteht in einem Zusammenspiel verschiedener Teilprozesse (vgl. von Cranach/Bangerter 2000, S. 228 ff.). Die Arbeit auf der aufgabenbezogenen Ebene (äußerer Kreis in obiger Darstellung) erfordert von den Studierenden neben Wissen und Können beispielsweise auch den Erhalt der Motivation, Willenseinsatz, Lern- und Arbeitsorganisation, Mitgestaltung interaktiver Prozesse und die Intuition (innerer Kreis).

Das Nachdenken über das Handeln (Metakognition) und das Verbalisieren von Erfahrungen trägt dazu bei, dass die konkrete Erfahrung in Erkenntnisse mündet. Die Anleitung der Metakognition ist eine wesentliche Aufgabe von Dozierenden mit dem Ziel, dass Studierende dies mehr und mehr selbst übernehmen.

Eine Didaktik der vollständigen Handlungsprozesse unterstützt die Studierenden dabei,

- Ziele zu setzen,
- Lernprozesse und Problemlösungen zu planen,
- Probleme und Aufgaben wissensbezogen und intuitiv zu bearbeiten,
- entsprechend Wissen zu aktivieren und recherchieren,
- Lernstrategien einzusetzen,
- Lernprozesse und Problemlösungen zu bewerten,
- sachliche und persönliche Erkenntnisse und Schlussfolgerungen abzuleiten.

Da Handlungen häufig zu zweit oder in Teams realisiert werden, ist eine handlungsorietierte Didaktik nicht nur eine Didaktik des individuellen Lernens, sondern auch der Zusammenarbeit in Gruppen (→ 13.5).

15.3 Vom Wissen zur wissensbasierten Handlungskompetenz

Bei Leistungen von Studierenden zeigt sich die oben erwähnte Kluft zwischen Wissen und Handeln. Hochschuldidaktische Interventionen unterstützen deshalb Studierende dabei, konkrete Aufgaben auf der Basis von Expertenwissen (Konzepte, wissenschaftliche Theorien) zu analysieren, bearbeiten und evaluieren.

Wahl (2006, S. 19 ff.) unterscheidet zwischen subjektiven Theorien geringer, mittlerer und großer Reichweite. Bei den subjektiven Theorien geringer Reichweite handelt es sich um Alltagskonzepte, die stark mit der persönlichen Biografie verknüpft sind. Sie sind unbewusst, schwer beeinflussbar und steuern unter Druck das Handeln. Die subjektiven Theorien mittlerer und großer Reichweite stellen komplexe gedankliche Konstrukte dar (z. B. über Führung, Entwurf, Produktion) und sind strukturell vergleichbar mit wissenschaftlichen Theorien. Diese Theorien sind bewusst, veränderbar und können berufliches Handeln steuern. Dies erfordert allerdings erhebliche Lernleistungen. Die nachfolgend beschriebenen Lernprozesse beziehen sich besonders auf das Erlernen von wissensbasiertem Handeln unter Druck, sind jedoch generell relevant für wissensbasiertes Handeln in der Praxis.

Handlungsfähigkeit erfordert, in der Praxissituation einen sogenannten «Situationsprototypen» (ebd., 23) zu erkennen. Damit ist gemeint, dass jede, zwar an sich einzigartige Situation auch etwas Grundlegendes hat, beispielsweise eine bestimmte Struktur oder Beziehungssituation. Studierende müssen also lernen, spezifische Praxissituationen einzuschätzen, daran das Allgemeine und den Handlungsansatz zu erkennen.

Damit Theorien handlungsrelevant werden können, müssen Studierende ebenso theoretisch fundierte «Handlungsprototypen» (ebd., 23) bilden. Solche rasch verfügbaren Handlungsmuster erfordern, dass Studierende umfangreiches Wissen verdichtet haben und das kompilierte Wissen im Rahmen einer konkreten Aufgabe eher aktivieren (und wieder erweitern) können.

Ein weiterer Lernschritt besteht darin, den Situationsprototypen passende Handlungsprototypen zuzuordnen. Da vermutlich je nach Situationseinschätzung mehrere Handlungsmuster (HM) infrage kommen, besteht eine weitere Aufgabe darin, sich in einer konkreten Situation für eine Handlung zu entscheiden, diese anzuwenden, häufig auch zu adaptieren und zu evaluieren.

Handlungskompetenz beinhaltet somit in einem ersten Schritt die Einschätzung einer Praxissituation, das Abrufen von kompiliertem Wissen, sowie das Prüfen der Passung zwischen der Situationseinschätzung und dem verfügbaren Wissen.

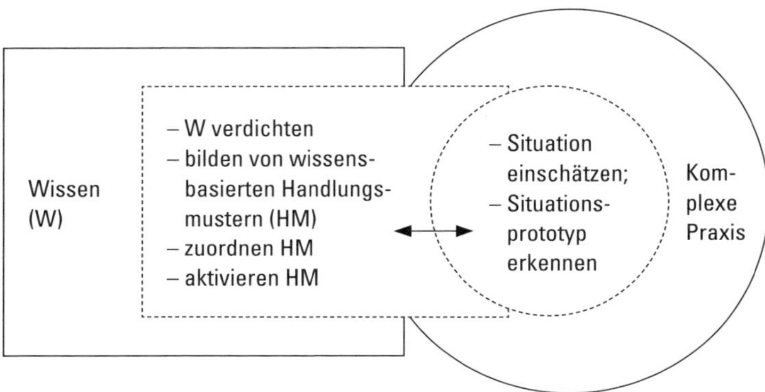

Abbildung 22: Prozesse zur Verzahnung von Wissen und Praxis

Beispiel: Bereich Unternehmenskommunikation. Die Aufgabe besteht darin, die Kommunikation nach einem Amoklauf eines chinesischen Mitarbeitenden zu gestalten. Studierende erkennen den Situationsprototyp: Krisenkommunikation im interkulturellen Kontext. Sie aktivieren spezifisches Wissen zur Kommunikation im interkulturellen Kontext. Sie entscheiden sich dafür, die Inhalte «sprachliche Konventionen» und «Bedeutung der Gesichtswahrung im chinesischen Kulturkreis» besonders zu berücksichtigen. Sie aktivieren und konkretisieren die entsprechenden Handlungsmuster auf den spezifischen Fall bezogen und entwickeln einen Lösungsvorschlag.

15.4 Gründe für mangelnde Anwendung von Wissen

(Gruber/Renkl, 2000, S. 163 ff.) sehen verschiedene Ursachen, warum Studierende gelerntes Wissen (W) nicht anwenden.

Mögliche Gründe Studierende ...	**Art des Defizits**
wissen nicht wie, wann, wozu Wissen anwenden,	metakognitiv
haben wenig Interesse an den Inhalten,	motivational
wollen Wissen nicht anwenden, weil sie es beispielsweise als unnötig oder zu aufwendig erachten,	volitional (Wille)
trauen sich nicht zu, Wissen anzuwenden,	emotional, geringes Selbstwertgefühl
agieren auf Basis von Alltagswissen (Theorien geringer Reichweite), sie erachten Wissen als unnötig, sie finden sich talentiert genug, Aufgaben ohne neues Wissen zu bearbeiten.	epistemologische Überzeugung

Lernspezifische Gründe Studierende...	**Defizite**
lernen vor allem Faktenwissen für die Prüfung (oberflächliches Lernen),	Struktur, Verstehen des Wissens
können Faktenwissen oder komplexe Inhalte nicht in eine konkrete Praxissituation einfließen lassen,	Mangelnde Verdichtung des Wissens (Wissenskompilierung)
können Wissen nicht mit der Praxissituation kombinieren,	Wissen ist nicht mit Anwendung verknüpft, mangelnde Situierung des Wissens
haben neues Wissen nicht mit altem Wissen verknüpft, verschiedene Wissensblöcke sind nicht miteinander verknüpft	Kompartmentalisierung (Schubladisierung des Wissens)

Die folgenden Grundsätze zeigen, wie Dozierende die Verknüpfung von Wissen und Handeln didaktisch unterstützen können. Die Umsetzung erfolgt immer situativ und erfordert didaktischen Erfindungsgeist und Kreativität (Collins/Brown/Newman 1989; Gruber/Mandl/Renkl 2000; Laur-Ernst 1990[b]; Käppeli 2001).

15.5 Didaktische Prinzipien einer handlungsorientierten Hochschuldidaktik

Konkrete, herausfordernde und unterschiedliche Lernsituationen

Lernen anhand von realistischen Aufgaben (situiertes Lernen) ermöglicht den Studierenden, die Bedeutung und den Nutzen des Lernprozesses rasch und unmittelbar zu erkennen. Praxisnahe Aufgaben bieten die Gelegenheit, verschiedene Teilprozesse einer vollständigen Handlung einzuüben und mehrere Kompetenzen zu entwickeln.

Authentische Praxissituationen sollen unterschiedlich und zunehmend komplexer angelegt sein. Die Herausforderung ist dann motivierend, wenn die Aufgabe lösbar ist, aber auch einen kognitiven Konflikt[21] auslöst, der eine Denkanstrengung und Kreativität erfordert. Ein zu tiefes Anspruchsniveau wirkt demotivierend, genauso auch zu hoch gesetzte Ziele.

Die Anwendung von Wissen und Kompetenzen in nur einer Praxissituation führt noch nicht zu verfügbaren Fähigkeiten und Erkenntnissen. Damit Studierende die erworbenen Erkenntnisse in neuen Situationen aktivieren, müssen sie Grundlegendes mehrmals, aber in verschiedenen Anwendungssituationen einüben. Dies fördert das Generalisieren und situativ angemessene Anwenden von Erkenntnissen.

Zielorientierte und prüfbare Lernsituationen

Zielorientierung meint die Ausrichtung der Lernhandlungen auf Kompetenzziele, Produkte und Resultate. Ziele müssen bekannt und akzeptiert sein. In Form von quantitativen und qualitativen Kriterien haben sie Maßstabsfunktion für die Kont-

---

21 Ein kognitiver Konflikt wird durch eine Konfrontation mit Unerwartetem ausgelöst, wenn Studierende eine Aufgabe nicht mit bekanntem Wissen und gewohnten Strategien lösen können.

rolle der Zielerreichung. (→ Kapitel 18) Die Reflexion der Zielerreichung ist zentraler Bestandteil der handlungsorientierten Didaktik. (→ Kapitel 8)

Interaktive und kooperative Lernsituationen

Kooperative Lernprozesse fördern erwiesenermaßen die Anwendung des Gelernten in neuen Situationen. Lernprozesse in Gruppen fördern durch den Diskurs die individuelle Wissenskonstruktion, die gemeinsame Problemlösung und die Fähigkeit zur Zusammenarbeit. Lernende sind gefordert, ihr Wissen in Gruppen verständlich und richtig einzubringen, mit Unterschieden umzugehen, die individuellen Beiträge aufeinander abzustimmen und zusammen mit anderen Gruppenmitgliedern zu Neuem zusammenzufügen. (→ Kapitel 1.2)

Aktive und reflektierte Lernsituationen

In handlungsorientierten Lernsituationen bringen die Studierenden ihr Wissen aktiv ein und beteiligen sich an der Lösung einer Aufgabe. Durch angeleitete Reflexion erkennen sie, wie Problemlösungen zustande kommen. Das Verbalisieren und Systematisieren der Erfahrungen durch die Studierenden selbst scheint für die Anwendung von Erkenntnissen in neuen Problemsituationen zentral zu sein. (→ Kapitel 1.2)

Eigenverantwortliche Lernsituationen

Im Kontext von offenen und anspruchsvollen Aufgaben können die Studierenden sich als Persönlichkeiten erfahren und zunehmend mehr Verantwortung für ihren Lernprozess übernehmen. Sie üben, zielbezogen zu planen, zu arbeiten und den Prozess zu überwachen. Sie erkennen, dass ihr Wille und ihre Entschiedenheit gefordert sind, und anerkennen, dass ihre Motivation zu einem großen Teil mit ihrem eigenen Interesse und ihrer Gestaltung der Lernsituation zu tun hat. (→ Kapitel 9)

Begleitete Lernsituationen

In offenen Lernsituationen übernehmen die Dozierenden mehrheitlich Begleit- und Beratungsaufgaben. Die Art und Intensität ist abhängig von der Studienphase und vom Schwierigkeitsgrad der Aufgabenstellung. Begleitung ist besonders wichtig in der Startphase, bei der Zielüberprüfung und der Metakognition. Während der Bearbeitungsphase sind Dozierende beratende Gesprächspartner. (→ Kapitel 17)

15.6 Szenarien für handlungsorientiertes Lernen

Handlungsorientierte Lehre kann mit echten oder simulierten Problemstellungen arbeiten. Wenn die Problembearbeitung auf eine Phase der Wissensvermittlung folgt, eignen sich eine *Fallstudie* oder ein *Projektauftrag*. Wenn bereits der Wissensaufbau problemorientiert erfolgen soll, steht am Anfang einer Lernphase eine Problemaufgabe, die beispielsweise mit *Problem-based Learning, kooperativem Entwickeln von Problemlösungen* oder in einem *Projekt* weiterbearbeitet werden kann.

Die folgende Übersicht zeigt, dass die Lernszenarien der handlungsorientierten Didaktik sich vor allem für die Arbeit an höheren Zielstufen eignen. (→ Kapitel 8.5.1, 8.5.2)

Problemorientierte Lernszenarien	**Fallstudie**	**Projekt**	**Studentische Einzelarbeit**		**Problem-based Learning**
Eignung			**schriftlich**	**Gestaltung, Produktion**	
Neues Wissen entwickeln	x	x x	x x x	x x	x x x
Vorhandenes Wissen/vorhandene Kompetenzen anwenden	x x	x x x	xx	x x x	x x
Neue Kompetenzen entwickeln	x	x x x	xx	x x x	x x x

x x x gut geeignet
x x möglich
x eher geeignet zum Einüben oder Entwickeln von spezifischen Kompetenzen, beispielsweise in Bereichen des systematischen Arbeitens, der Lernkompetenzen und der sozialen Kompetenzen

15.6.1 Lernszenarien für Präsenz- und begleitetes Selbststudium

A Fallstudien

Beschreibung	
	Dozierende legen den Studierenden ein realistisches Problemereignis vor. Der Auftrag kann darin bestehen, – verborgene Probleme zu finden und zu analysieren *(Case-Study Method),* – ein genanntes Problem zu analysieren, Lösungsvarianten zu entwerfen, sich für eine Lösung zu entscheiden und Umsetzungsschritte zu skizzieren *(Case-Problem Method),* – die Lösung eines Falles zu beurteilen, Alternativlösungen zu finden *(Stated-Problem Method),* – bei einem lückenhaften Fall die fehlenden Informationen zu beschaffen und das Problem danach zu lösen *(Case-Incident Method).* In der Regel gehört zu einer Falldarstellung eine umfassende Dokumentation, die alle Informationen beinhaltet, welche für die Lösungsfindung vorausgesetzt sind: – Beschreibung der Situation und des Umfeldes, – Daten und Zahlen zu wichtigen Lösungsfaktoren, – Stellungnahmen, Gutachten, rechtliche Grundlagen.
Vorgehen	Meist folgt die Fallbearbeitung auf eine Phase des Wissenserwerbs. Die Fallbearbeitung erfolgt in sieben Schritten: 1. Komplexen Fall präsentieren, 2. Problem klären, analysieren, selbstständig oder angeleitet mittels Fragen, 3. Dokumentation studieren oder fehlende Informationen erschließen, 4. wissensbezogene Lösungen entwickeln, bewerten, definitive Lösung begründen, 5. Lösung präsentieren und diskutieren, 6. Lösungen mit der in der Wirklichkeit getroffenen Entscheidung vergleichen, 7. Metakognition: Vorgehen reflektieren; transferbezogene Erkenntnisse formulieren.
sinnvoller Einsatz	Für die problembezogene Anwendung von Wissen, zur Förderung konditionalen Wissens und von Erfindungswissen, zum Üben sozialer Kompetenzen

Beschreibung	
Lernaktivitäten	analysieren, klären, Ideen entwickeln, planen, nachdenken, gewichten, verbalisieren, zuhören, präsentieren, argumentieren, verteidigen
Vorteile	– fördert die Verknüpfung von Wissen mit konkreten Situationen – fördert soziale und methodische Fähigkeiten – wirkt motivierend – trägt bei zur Überwindung der Theorie-Praxis-Kluft – der Fall kann, mit aktuellen Ergänzungen, mehrmals genutzt werden
Nachteile	– hoher Zeitaufwand, hohe Vorbereitungszeit
Erfolgsfaktoren	– praxisnahe Aufgabenstellung aus dem Kontext der Studierenden – vollständige und aktuelle Dokumentation – sach- und kriterienbezogenes Feedback

Hinweise

Der Einsatz von konstruierten Fällen ist in Diplomausbildungen eine gute Möglichkeit, die Lehre praxisbezogen zu gestalten. In der Weiterbildung empfiehlt es sich, mit echten Fällen der Teilnehmenden zu arbeiten. Dabei ist im Vorfeld abzuklären, wer einen Fall einbringt. Für das Gelingen der Fallarbeit ist es zentral, dass die Teilnehmenden die relevanten Informationen mitbringen oder diese den Dozierenden vorab zustellen. Dozierende sollten die «Falllieferanten» dabei beraten.

Es empfiehlt sich, Qualitätskriterien für die Falllösung vorzugeben und die Besprechung der Lösung kriterienbezogen vorzunehmen (zum Beispiel: Einbezug von Wissen, Präsentation, Kreativität, Praktikabilität). Es ist ideal, wenn die Lösung mit einer Entscheidung in der Wirklichkeit verglichen werden kann.

Literatur

Ellet, W. (2008): Das Fallstudien-Handbuch der HARVARD BUSINESS SCHOOL Press. Bern: Haupt.

Wiechmann, J. (2002): Zwölf Unterrichtsmethoden. Weinheim: Beltz.

B Projektmethode

Gründe für den Einsatz der Projektmethode an Hochschulen

Die Projektmethode unterstützt den Aufbau berufsfeldbezogener Kompetenzen. Die Studierenden erhalten damit eine exzellente Vorbereitung auf die Bearbeitung von Problemstellungen in der Praxis. Durch die Arbeit an Projekten erfahren die Studierenden, dass viele Aufgaben nicht routinemäßig lösbar sind, sondern neue Überlegungen und Ideen erfordern.

Lerngewinn

Die Projektmethode unterstützt:

- Wissen, Techniken und Methoden anzuwenden sowie neue Erkenntnisse zu gewinnen, den Aufbau komplexer Kompetenzen,
- aktives, selbstständiges, kooperatives und interaktives Lernen sowie Lernen im interkulturellen und interdisziplinären Kontext,
- die intrinsische Motivation,
- den zieldienlichen Einsatz moderner Technologien,
- die Entwicklung der Abstraktionsfähigkeit.

Merkmale der Projektmethode

- Ausgangspunkt ist eine konkrete Fragestellung aus der (Lebens-)Praxis.
- Die Bearbeitung der Fragestellung erfolgt in der Regel durch eine Gruppe.
- Die Arbeit mündet in ein konkretes Ergebnis.
- Das Ergebnis wird vor einer ausgewählten Öffentlichkeit präsentiert.
- Die Arbeit durch die Studierenden erfolgt planmäßig und in hoher Selbstverantwortung.
- Beim Lernen an Projekten sind Produkt und Prozess wichtig.
- Metakognitive Prozesse tragen zur Festigung der Erkenntnisse bei.
- Dozierende begleiten und beraten.

Projektarten in Bildungsinstitutionen

Pädagogische Projekte: Die Projekte gehen von einer konkreten, konstruierten Fragestellung aus (fachspezifisch oder fachübergreifend). Sie werden meist in Gruppen von drei bis fünf Personen bearbeitet. Die Studierenden können mit den Dozierenden einen Lernvertrag abschließen. Die Präsentation der Ergebnisse erfolgt vor der Lerngruppe oder einem erweiterten Kreis der Hochschule.

Projekte von Auftraggebern: Die Projekte gehen von einem konkreten, echten Auftrag eines hochschulinternen oder externen Auftraggebers aus. Die Lösung der Probleme erfordert in der Regel fachübergreifende Kompetenzen. Die Hochschulen erbringen damit eine Dienstleistung für Dritte (erweiterter Leistungsauftrag). Die Projektarbeit erfolgt auf der Grundlage eines Vertrages zwischen dem Auftraggeber und der Bildungsinstitution. Die Bildungsinstitution erhält oft ein Honorar. Solche Arbeiten werden meist in kleinen Gruppen bearbeitet. Die begleitenden Dozierenden steuern phasenweise den Arbeitsverlauf wesentlich mit, denn als Auftragnehmer stehen sie unter erheblichem Erfolgsdruck. Die Präsentation erfolgt vor dem Auftraggeber.

Auch in Auftragsprojekten sollen die Studierenden die Gelegenheit erhalten, zu experimentieren und zu reflektieren. Dass ein gutes Ergebnis für den Auftraggeber erreicht wird, hat zweifellos für alle Beteiligten Priorität. Für die Studierenden sind aber der Lernaspekt und das Erreichen der Studienziele ebenso bedeutsam. (→ Kapitel 17.5)

Aufgaben der Dozierenden und Studierenden bei der Projektarbeit

Aufgaben der Dozierenden	**Aufgaben der Studierenden**
Über Rahmenbedingungen informieren	Entscheiden für Aufgabe
Planung anleiten	Planen und organisieren
Standortbestimmungen und Metakognition moderieren	Zielorientiert arbeiten
Beraten bei Problemen	In Gruppen kooperativ und/oder arbeitsteilig zusammenarbeiten
Informationssuche und -gewichtung sowie Problemlösung unterstützen	Mit Dozierenden und/oder Auftraggebern zusammenarbeiten
Teilweise (mit-)steuern	Präsentieren
Formative Feedbacks geben	Über Prozess und Ergebnis nachdenken Erkenntnisse formulieren
Beurteilen	

Phasen von Lernprojekten

Die folgende Darstellung zeigt die Phasen eines (Lern-)Projektes. Kopf (Wissen) Herz (Intuition, Kommunikation) und Hand (Methoden) verweisen auf wichtige Inspirationsquellen. Im Außenkreis sind wichtige Funktionen der Begleitung angedeutet (kursiv).

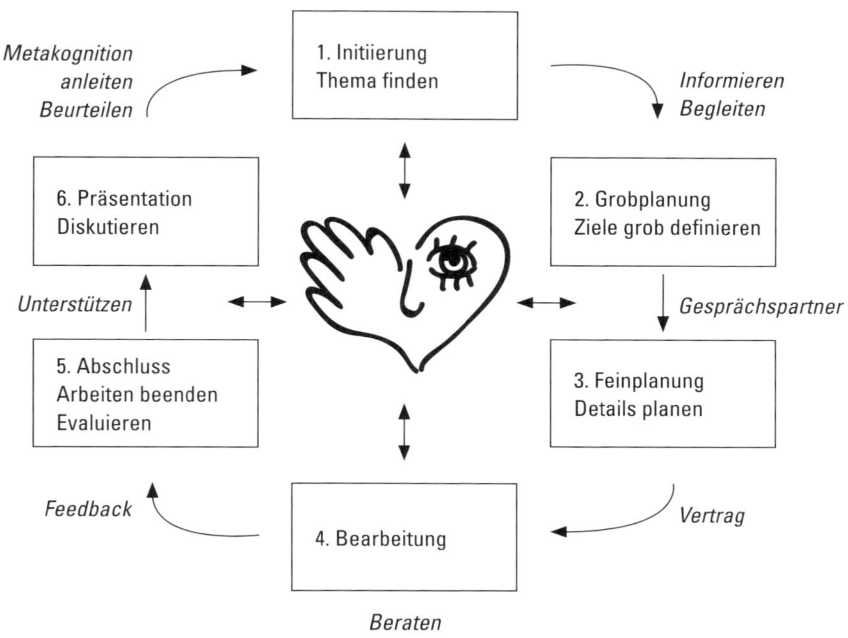

Abbildung 23: Phasen eines Lernprojekts

Durchführung von Projekten

Phase 1 – Themenfindung: Das Thema klären

Kernprozesse

Sich verständliche und umfassende Information über Inhalte und Rahmenbedingungen beschaffen
Thema finden

Ein geeignetes Thema

- ist praxisbezogen und aktuell,
- ist entweder vorgegeben (Dozierende, Auftraggeber) oder wird durch Lerngruppe erarbeitet,
- ermöglicht neue Erkenntnisse und das Erproben von Handlungsmöglichkeiten,
- ermöglicht fächerübergreifendes Arbeiten,
- knüpft an den Fähigkeiten und Interessen der Studierenden an,
- kann bewältigt werden, ist reduziert, dem Zeitrahmen und der Infrastruktur angemessen.

Rolle der Dozierenden	Rolle der Studierenden
– inhaltliche Voraussetzungen und die Einbettung in das Curriculum sicherstellen – grobe Zielsetzungen, Rahmenbedingungen, Arbeitsinstrumente und Qualitätsanforderungen vorgeben – Rollen klären – Studierende bei der Themenfindung stützen (Brainstorming, Mind-Map) – Recherchen unterstützen – Gruppenbildung unterstützen	– sich mit dem Thema auseinandersetzen – recherchieren – sich für ein Teilthema entscheiden – sich für eine Gruppe entscheiden – sicherstellen, dass wichtige Kompetenzen und Interessen in den Gruppen vorhanden sind

Hilfsmittel

Ablaufmodell eines Projektes
Kriterien für die Themenwahl (vgl. oben unter «Kernaufgaben»)

Abschluss/Ergebnis

Themenorientierte Projektgruppen sind gebildet.
Die Termine für die Weiterarbeit sind festgelegt.

Phase 2 – Grobplanung: Die Ziele definieren und die Zielerreichung grob planen

Kernprozesse

Ausgangslage analysieren
Machbarkeit abklären
Grobe Ziele und Ergebnis formulieren

Ein arbeitsförderliches Ziel
- bezeichnet das Ergebnis oder Produkt des Projektes (was?),
- ist möglichst konkret und eindeutig,
- enthält Aussagen über die Qualität des Ergebnisses (wie gut?).

Mögliche Formulierungen:
Wir zeigen auf ...
Wir schlagen Lösungsansätze vor ...
Wir legen Entscheidungsgrundlagen vor ...
Wir erstellen einen Leitfaden, eine Verpackung, ein Video usw. ...
Wir dokumentieren ...

Rolle der Dozierenden	Rolle der Studierenden
– Recherche unterstützen – Impulse für das Vorgehen und das Produkt geben – Richtlinien für die Projektskizze vorgeben – Ziele überprüfen (Reduktion, Machbarkeit)	– das Thema eingrenzen – Informationen sammeln – Grobziele formulieren – eventuell Budget erstellen – Arbeitsaufteilungen besprechen

Hilfsmittel

Ablaufmodell eines Projektes
Hilfen für die Zielformulierung

Abschluss/Ergebnis

Eine vollständige Projektbeschreibung ist vorhanden.
Der Vertrag zwischen Auftraggeber und Hochschule beziehungsweise der Lernvertrag zwischen der Dozentin oder dem Dozenten und der Studierendengruppe ist unterschrieben.

Phase 3 – Feinplanung: Detailliert planen und mit konkreten Aufgaben beginnen. Die Phasen 2 und 3 überschneiden sich

Kernprozesse

Thema/Aufgabe analysieren
Ziele (Produkt und Prozess) und Verlauf präzisieren
Qualitative und quantitative Qualitätskriterien formulieren
Tätigkeiten planen (Wer macht was? Bis wann? Mit welchem Ergebnis?)

Rolle der Dozierenden	Rolle der Studierenden
– bei allen Tätigkeiten unterstützen, falls nötig mitsteuern – Abmachungen sicherstellen	– Tätigkeiten verbindlich planen und Daten und Meilensteine fixieren – organisieren – zielorientierte Arbeit aufnehmen

Hilfsmittel

Arbeits- und Lernjournal
Kriterien für die Themenwahl

Abschluss/Ergebnis

Der Arbeitsplan mit Meilensteinen ist ausformuliert.
Die Vereinbarungen mit den Dozierenden oder Auftraggebern sind schriftlich festgehalten (Protokolle).

Phase 4 – Bearbeitung

Kernprozesse

Zielorientiert, einzeln und in Gruppen, kooperativ und/oder arbeitsteilig arbeiten
Tätigkeiten protokollieren
Mit Teilgruppen austauschen, bei Arbeitsteilung Zwischenpräsentationen durchführen
Formative Feedbacks aus Standortbestimmungen in der Weiterarbeit berücksichtigen
An Lernkonferenzen teilnehmen

Rolle der Dozierenden	Rolle der Studierenden
– begleiten die Projektarbeit im Rahmen von Gruppengesprächen oder Lernkonferenzen in Bezug auf die Ziele und den Arbeitsprozess und beteiligen sich an der Steuerung virtuell oder vor Ort – Feedback auf Zwischenpräsentationen	– Thematik/Aufgabenstellung bearbeiten (recherchieren, lesen, untersuchen, forschen, herstellen usw.) – Besprechungen mit begleitenden Dozierenden und Auftraggebern vorbereiten und durchführen – eventuell Zwischenpräsentationen durchführen

Hilfsmittel

Protokollvorlagen
Checklisten für Beratungsgespräche

Abschluss/Ergebnis

Eine Grobfassung des Endproduktes ist vorhanden.

Phase 5 – Abschluss: Angestrebte Ergebnisse fertigstellen und evaluieren

Kernprozesse

Produkt fertigstellen
Präsentation planen
Qualität des Produkts, Prozesses und der gewonnenen Erkenntnisse reflektieren (Metakognition)

Rolle der Dozierenden	Rolle der Studierenden
– in allen Fragen des Abschlusses unterstützen – Abklärungen vornehmen bezüglich Infrastruktur (Räume, Kopien, Hilfsmittel) – Evtl. die Präsentation mit Studierenden üben	– Arbeit abschließen (Schlussredaktion) – eventuell Teilarbeiten koordinieren – Präsentation vorbereiten und üben

Hilfsmittel

Checkliste für Präsentation

Abschluss/Ergebnis

Die endgültige Fassung des Ergebnisses ist abgegeben.

Phase 6 – Präsentation vor Auftraggeberin bzw. dem Auftraggeber oder einer spezifischen Öffentlichkeit und Beurteilung	
Kernprozesse *Vor der Lerngruppe und/oder dem Auftraggeber präsentieren* *Qualität des Ergebnisses und des Prozesses kriterienbezogen (mit)beurteilen* *Erkenntnisse festhalten (Metakognition)*	
Rolle der Dozierenden – Fragen – das Ergebnis beurteilen, bewerten und würdigen, eventuell mit weiteren Experten aus der Praxis	Rolle der Studierenden – Ergebnisse präsentieren – Fragen beantworten – Beurteilung entgegennehmen – Hochschule repräsentieren
Hilfsmittel Beurteilungsraster für schriftliche Dokumentation, Produkt Beurteilungsraster für Präsentation	
Abschluss/Ergebnis Die Schlussfassung ist vorhanden, präsentiert und beurteilt. Das Abschlussgespräch hat stattgefunden. Lessons learned sind formuliert.	

Beurteilen von Projektarbeiten

Die Beurteilung von Projektarbeiten bezieht sich auf das Ergebnis (Dokumentation und Präsentation) *und* auf die Qualität des Prozesses zur Zielerreichung. Unabdingbar sind formative Beurteilungen, sogenannte Standortbestimmung während der Arbeit.

Die Schlussbeurteilung kann summativ oder formativ erfolgen. Voraussetzung für die Beurteilung von Prozessen und Produkten sind klare Zielsetzungen sowie Kriterien und Indikatoren für das Erreichen des Zieles. (→ Kapitel 18)

Chancen und Stolpersteine

Die großen *Chancen* eines Projekts bestehen darin, dass die Studierenden

- berufsfeldbezogene Handlungskompetenzen üben und aufbauen,
- Theorien in der Praxis erproben, umsetzen und erweitern können,
- Einsatz von E-Learning beispielsweise für den Austausch und die Weiterentwicklung von Dokumenten, bei der Beratung, bei der Präsentation der Ergebnisse.

Stolpersteine sind:

- mangelhafte Begleitung und Beurteilung durch die Dozierenden,
- fehlende Voraussetzungen für eigenverantwortliche Lernprozesse bei den Studierenden,
- mangelhafte inhaltliche Voraussetzungen bei den Studierenden,
- geringe Beachtung der Funktion der Metakognition.

Instrumente

Die folgenden Hilfsmittel müssen an die jeweilige Hochschulkultur angepasst werden. Die Zusammenstellung umfasst:

- ein Formular für die Projektplanung, Vereinbarung zwischen Dozierenden und Studierenden
- eine Checkliste für Besprechungen für Studierende und Dozierende,
- eine Checkliste für Auftragsprojekte,
- ein Vorschlag für ein Arbeits- und Lernjournal.

Beispiel für eine Vereinbarung zwischen Dozierenden und Studierenden in Bezug auf ein Projekt.

Formular Projektplanung

1. Grober Titel (Arbeitstitel)

2. Name der Gruppe

3. Namen, Kompetenzen und Funktionen der Gruppenmitglieder

4. Adressaten des Ergebnisses

5. Theorie und Literatur (vollständige Angaben)
– mindestens zwei Werke, keine Ratgeberliteratur
– mindestens eine Forschungsstudie zur Thematik, bezogen auf die Primarstufe

6. Erste Gedanken zur Thematik und Illustration der Geschichte

7. Planung

Aufgabe, Schritte	*wer*	*wann*	*Ergebnis*

8. Abmachungen, eigene Arbeitsregeln

9. Datum und Ort

10. Unterschrift aller Gruppenmitglieder *Unterschrift Dozentin*

Checkliste für Besprechungen
Vorbereitung der Studierenden
Fixe Themen bezüglich Inhalt und Vorgehen – *Stand der Arbeiten* – *Vorgehensweise* – *Probleme (Vorgehen, Zusammenarbeit in der Gruppe oder mit dem Auftraggeber)* – *Pendenzen* – *Nächste Schritte*
Metakognition – *Sind wir auf der Zielgeraden?* – *Haben wir den vereinbarten Rahmen berücksichtigt?* – *War das Zeitbudget realistisch?* – *Wie arbeiten wir zusammen?* – *Wie arbeiten wir mit den Dozierenden zusammen?* – *Eventuell: Wie arbeiten wir dem Auftraggeber zusammen?*

Checkliste für Besprechungen

Für Dozierende

Inhaltliche und methodische Ebene

- *Zielformulierung*
  Produkt
  Ist das Ziel realistisch?
  Was wollen, sollen die Studierenden erreichen?
- *Vorgehensweise, geplante Arbeitsschritte*
  Wie gehen die Studierenden vor?
  Welche Arbeitsstrategien und Methoden könnten/sollten sie einüben?
  Welches sind die nächsten Schritte?
  Ist die Zeiteinteilung realistisch?
- *Arbeitsteilung*
  Wer macht was, wo ist Koordination nötig?
- *Quellen*
- *Unterstützungsbedarf*
  Welche Erwartungen bestehen an die Begleitung?
  Welche Aufgaben können selbstständig gelöst werden?
  Welcher Unterstützungsbedarf besteht?
- *Nächste Schritte*
- *Abmachungen*

Beziehungsebene (eher bei Problemen, beim Start oder wenn die sozialen Kompetenzen ausdrücklich als Lernziel definiert sind)

- *Klima innerhalb der Gruppe, Wertschätzung*
  Wie gehen die Studierenden miteinander um?
- *Zusammenarbeit Studierende*
  Wie ist die Zusammenarbeit?
- *Zusammenarbeit Studierende und Dozierende*
  Welche gegenseitigen Erwartungen bestehen?
- *Abmachungen*
  Was soll konkret optimiert werden, wie, woran soll der Erfolg sichtbar werden?

Checkliste für Auftragsprojekte

- *Rollenklarheit*
  Was liegt im Verantwortungsbereich der Hochschule (Schule, Institut)?
  Was liegt im Verantwortungsbereich des betreuenden Dozenten, der betreuenden Dozentin?
  Was liegt im Verantwortungsbereich der Studierenden?
  Was liegt im Verantwortungsbereich des Auftraggebers?

- *Vertrag mit Auftraggeber (Ausgangslage, Ziele, Vorgehensweise, Termine, Meilensteine, Zusammenarbeit mit Auftraggeber, Budget, Eigentum, Versicherung)*

- *Zusammenarbeit mit betreuenden Dozierenden (Holprinzip, Vorbereitung der Sitzungen, Protokolle, Dokumentation)*

- *Zusammenarbeit mit Sekretariat der Schule*

- *Beizug weiterer Experten (z. B. Mathematiker, Kommunikationsspezialisten)*

- *Aspekt Vertraulichkeit*

- *Auftreten gegen außen, Studierende und Dozierende als Imageträger der Hochschule*

- *Transparenz über Qualitätsansprüche*
  Anspruchsniveau

- *Spannungsfeld Lernsituation–Dienstleistungssituation (Umgang mit Fehlern und Schwächen, unbefriedigenden Ergebnissen, Reflexion des Lernprozesses)*

- *Spesenregelung*

Arbeits- und Lernjournal

Ziel: Reflexion der Planung, des individuellen Vorgehens, der Zusammenarbeit

Mögliche Inhalte

- *Planung, aktueller Stand*
- *Arbeitsschritte*
- *Pendenzen*
- *Persönliche Eindrücke und Erkenntnisse (zum Beispiel bezüglich Vorgehen, Zusammenarbeit, persönliches Verhalten)*

Beispiele von Leitfragen:

- *Konnten Sie die Planung und den Zeitplan einhalten?*
- *Wo und warum mussten Sie von der Planung abweichen?*
- *Haben Sie neue (Teil-)Ziele gesetzt?*
- *Welche Fragen sind aufgetaucht?*
- *Wie sind Sie mit Fragen oder Problemen umgegangen?*
- *Welches sind die nächsten Schritte?*
- *Wie haben Sie die Beratung in Anspruch genommen?*
- *Wie gestalten Sie die Zusammenarbeit in der Gruppe?*

Mögliche Darstellungsform eines Lernjournals (über ein individuelles Selbststudium):

Thema		
Absicht (zum Beispiel in Bezug auf Inhalt, Lernstrategie)		
Tätigkeiten	*Erkenntnisse*	*Datum /Zeitaufwand*
Schlussfolgerungen		
Nächste Schritte		

Beispiel einer Projektplanung: auch z. H. der Studierenden (Pädagogische Hochschule, 2. Semester)

Projektplanung
«Lernstories – oder – mit Kindern über Lernen sprechen» Ziele
In diesem Seminar geht es darum, ausgewählte Lernkonzepte à fonds zu begreifen, um diese auch Kindern oder Eltern verständlich und adressatengerecht erklären zu können. Die Studierenden

- *üben sich darin, Lernkonzepte adressatengerecht zu erklären,*
- *entwickeln und illustrieren dazu eine Lerngeschichte sowie*
- *konkrete stufengerechte didaktische Handlungsanleitungen,*
- *stellen die Ergebnisse in der Form eines E-Books dar,*
- *präsentieren die Ergebnisse mündlich.*

Methode
Projekt

Auftrag

- *Die Studierenden wählen eine Thematik aus dem Bereich Lernen aus.*
- *Sie studieren ausgewählte theoretische Literatur dazu.*
- *Sie verschriftlichen die Theorie/Konzepte in adressatengerechter Sprache (für Kinder oder Eltern).*
- *Sie entwickeln und illustrieren dazu eine Geschichte.*
- *Sie entwickeln konkrete stufengerechte Handlungsanleitungen.*
- *Sie stellen die Ergebnisse in der Form eines E-Books dar.*
- *Sie organisieren die Arbeit in der Gruppe.*
- *Sie nehmen als gesamte Gruppe die Begleitung der Dozierenden wahr.*

Ergebnis
E-Book, bestehend aus allen Gruppenbeiträgen.

Anforderungen an Ergebnis
Qualitativ

- *Die Theorie ist verständlich, sachlich richtig und adressatengerecht dargestellt.*
- *Die Lerngeschichte passt zur Theorie.*
- *Die Geschichte ist illustriert.*
- *Die didaktischen Handlungen sind erkennbar von der Theorie abgeleitet.*

- *Die mündliche Präsentation ist verständlich und visualisiert.*
- *Die Studierenden werden während der mündlichen Präsentation einbezogen.*

Quantitativ
Der Beitrag zum E-Book umfasst vier Teile:
1. *Beschreibung der Theorie (2–3 Seiten)*
2. *Illustrierte Darstellung der Lerngeschichte (6 Doppelseiten)*
3. *Handlungsanleitungen für Lehrer und Lehrerinnen auf der Primarstufe (1 Seite)*
4. *Seite über die Autoren (Foto und persönliche Angaben, Art des Beitrags)*

Vorgaben
- *Die Studierenden organisieren sich selbstständig.*
- *Sie nehmen die Begleitangebote als Gruppe wahr.*
- *Sie nehmen als gesamte Gruppe am Erfahrungsaustausch und an Präsentationen im Plenum teil.*
- *Die folgenden Termine sind verbindlich: Abgabe des Theorieteils, z. H. Dozentin: Datum.*

Begleitung
Gestaltung und Technik: Fachspezialist; Termine nach Absprache
Inhalt, Organisation: Modulverantwortliche

Hinweise zur Gruppenzusammensetzung
Gruppengröße: 4 Personen
In den Gruppen sollten verschiedene Kompetenzen abgedeckt sein:
- *verständlich schreiben, hohe Sicherheit in der Rechtschreibung,*
- *mit neuen Medien umgehen, daran Freude haben,*
- *Zeichnen,*
- *Geschichten erfinden,*
- *Zusammenarbeit organisieren.*

Plan

Zeit	**Aufgabe Doz.**	**Aufgabe Stud.**	**Sozialform/Ort**	**Ergebnis**
20. März	*Einführen in Projekt:* *Technik und Gestaltung: XX* *Ziel und Inhalt* *Planung* *Vorgaben* *Gruppenbildung: XX*	*Persönliche Interessen an Inhalt ausloten* *Verantwortung für Wahl der Inhalte* *Gruppenbildung*	*Plenum/Ort*	*Ziel/Produkt geklärt* *Gruppen gebildet* *Planungsarbeit gestartet*
27. März	*Begleiten* *Besprechen der Projektskizzen*	*Entscheiden* *Erarbeiten Planung* *Abgabe Planung*	*Plenum* *Gruppen/Brugg*	*Schriftlicher Projektplan, gemäß Vorgaben*
3. April	*Feedback auf Projektplan*	*Ab hier: Selbstständige Arbeit in Gruppen*	*Brugg*	*Abgabe Theorietext, z. H. Modulverantwortliche* *Geschichte entwickelt* *Ergebnisse gemäß Vorgaben dargestellt* *Präsentation vorbereitet*
10. April	*Begleitung in Brugg auf Anfrage*		*Gruppen/ Plenum Brugg*	
17. April, 8.15–11.45 Uhr	*Feedback auf Theorietexte/Moderation Zwischenpräsentationen*	*Zwischenpräsentationen*	*Plenum/Brugg*	
28. April bis 7. Mai	*Online-Feedback innerhalb 24 Stunden garantiert*	*Selbstständiges Arbeiten in Gruppen*	*Gruppen/frei*	
8. Mai	*Feedback geben Dozierende*	*Präsentieren* *Feedback geben*	*Plenum/Brugg*	*Produkt: dargestellt, bewertet*
15. Mai	*Feedback geben Dozierende*	*Präsentieren* *Feedback geben*	*Plenum/Brugg*	
22. Mai	*Reflexion anleiten* *Input: Lernen im Projekt*	*Reflektieren Vorgehen*	*Plenum/Brugg*	*Didaktische Erkenntnisse*

Literatur

Pflicht

Buchner, Ch. (2008): Der Räuber Thalamus und andere Geschichten. Kirchzarten: VAK Verlags GmbH. ISBN 978-3-932098-32-1; 4. Auflage.

Anregungen

Bodenmann, G.; Perrez, M. & Schär, M. (2011): Klassische Lerntheorien. Bern: Verlag Hans Huber. ISBN: 978-3-456-84967-6; (auch als E book erhältlich); 2. Auflage.

Kiesel, A. (2011): Lernen: Grundlagen der Lernpsychologie. Wiesbaden: VS Verlag für Sozialwissenschaften. ISBN: 978-3-531-17607-9.

Datum/Name

Literatur

Zur engeren Didaktik der Projektmethode:

Frey, K. (2002): Die Projektmethode. Weinheim: Beltz.

Gudjons, H. (1992): Handlungsorientiert lehren und lernen. Bad Heilbronn: Klinkhardt.

Krapf, B. (1995): Aufbruch zu einer neuen Lernkultur. Bern: Haupt.

Reich, K. (Hrsg.) (2014): Methodenpool. In: url: http://methodenpool.uni-koeln.de

Rummler. M. (Hrsg.) (2012): Innovative Lehrformen. Projektarbeit in der Hochschule. Projektbasiertes und problemorientiertes Lernen. Weinheim und Basel: Beltz Verlag.

C Problem-based Learning, PBL (auch Problemorientiertes Lernen)

Beschreibung	
	– Ausgangspunkt des Lernprozesses ist eine komplexe, realitätsnahe und subjektiv bedeutsame Problemstellung aus der berufsfeldbezogenen Praxis. – Die Problembearbeitung erfolgt multiperspektivisch, also aus der Sicht verschiedener Disziplinen. – Der Lernprozess erfolgt in sieben bis acht immer gleichen Schritten. – Die Studierenden lernen aktiv, kooperativ und in gewissen Phasen selbstständig in Gruppen. – Der Lernprozess wird durch einen Tutor oder eine Tutorin gelenkt. – Problemorientiertes Lernen ist forschendes Lernen.
Vorgehen	1. Fall oder Problemaufgabe vorstellen, Verständnisfragen klären. 2. Problem (oder Teilprobleme) definieren. 3. Hypothesen und Ideen sammeln. – Brainstorming, alle Ideen zum Beispiel auf einer Tafel festhalten. 4. Ideen strukturieren. – Alle Ideen diskutieren, einander gegenseitig erklären, Ideen ordnen und gewichten, eventuell auch verwerfen. 5. Lernziele in der Form von Leitfragen definieren. – Wissenslücken oder unklare Punkte zu Lernzielen umformulieren. Alle beteiligen sich. 6. Lerninhalte zu den Leitfragen erarbeiten. – Durch selbstständiges Erschließen von Quellen (Literatur, Experten, Besichtigungen, Internet). 7. Ergebnisse zusammenfügen und präsentieren. – Erarbeitetes Wissen darstellen, diskutieren und prüfen. 8. Evaluieren des Lösungsweges. – Durch Metakognition Erkenntnisse ableiten. Die Schritte 1 bis 5 und 8 werden durch einen Tutor moderiert, der Schritt 6 erfolgt einzeln, paarweise oder in Gruppen.
sinnvoller Einsatz	für den Aufbau komplexer Kompetenzen und von problembezogenem Wissen
Lernaktivitäten	analysieren, klären, Ideen entwickeln, Fehlendes erkennen, planen, nachdenken, recherchieren, verbalisieren, durcharbeiten, verstehen, verknüpfen, präsentieren

Beschreibung	
Vorteile	– fördert den Erwerb von Wissen, und den Aufbau von Kompetenzen, insbesondere der sozialen Fähigkeiten – fördert die Lern- und Problemlösefähigkeit – bei genügend Tutorinnen mit einer beliebigen Zahl von Teilnehmenden möglich – verringert der Kluft zwischen Theorie und Praxis
Nachteile	– Gefahr der Überforderung am Anfang, vor allem wenn die Studierenden im selbstständigen Lernen noch wenig geübt sind – hoher Zeit- und Kostenaufwand – durch hohe Subjektivität besteht die Gefahr, dass wichtiges Wissen unberücksichtigt bleibt
Erfolgsfaktoren	– praxis- oder lebensnahe, für die Lernenden relevante Aufgabe – klare Einhaltung der Struktur – Reflexion der eigenen Vorgehensweise (Metakognition) – Unterstützung der Studierenden beim Entwickeln ihrer Strategien zur Informationsbeschaffung und -bewertung – Umdenken der Dozierenden

Hinweise

Studierende können die Aufgabe der Diskussionsleitung übernehmen. Mithilfe von Leitfäden können die Diskussionen strukturiert werden.

Literatur

Weber, A. (2004): Problem-based Learning. Bern: h.e.p. verlag.

15.6.2 Lernszenarien für begleitete Selbststudien

Studentische Arbeiten
Schriftliche und gestalterische Arbeiten wie beispielsweise Seminar- und Diplomarbeiten sind wichtige Lernanlässe. Anhand von Aufgabenstellungen erarbeiten die Studierenden allein, zu zweit oder in Gruppen schriftliche Arbeiten, Lösungen, Maßnahmenpläne, sie entwickeln Produkte, kreieren Werke und erstellen Berichte über ihr Vorgehen. Damit bietet sich ihnen ein großer Fundus an Lernchancen in allen Kompetenzbereichen. Die Arbeit geschieht zu einem wesentlichen Teil selbstständig.

Dozierende und Assistierende unterstützen den Lernprozess mit einer interessierten Haltung, unterstützenden Gesprächen und Feedbacks. Wichtig sind klare, umfassende und eindeutige Informationen über Freiräume, Anforderungen und Vorgaben. Studierende, die in offenen Situationen rasch verunsichert sind oder am Anfang des Studiums stehen, sind besonders darauf angewiesen. Wenn die studentische Arbeit hochgradig selbstständig wahrgenommen wird und wenn nur marginale Vorgaben seitens der Institution existieren, empfiehlt sich das Abschließen einer Lernvereinbarung. Darin sollten wichtige Voraussetzungen zur Anerkennung des Selbststudiums festgehalten sein, beispielsweise Zielsetzung, qualitative und quantitative Anforderungen an das Ergebnis, Termine, Abgabemodus.

Literaturhinweis zur Beratung von schriftlichen Arbeiten:
Bürki, G./Marti, M./Ulmi, M./Verhein, A. (2014): Textdiagnose und Schreibberatung. Fach- und Qualifizierungsarbeiten begleiten. Budrich: Opladen.

Visualisierung

Absicht

Dieses Kapitel zeigt Funktionen des Visualisierens für das Lernen und wichtige Grundsätze für Gestaltung und Einsatz von audiovisuellen Medien.

Leitfragen

- Inwieweit kann Visualisieren den Lernprozess fördern?
- Worauf ist beim Visualisieren zu achten?

16

In Kürze

Visualisierungen fördern das Behalten und Verstehen neuer Inhalte. Visualisieren heißt, Informationen dem Auge zugänglich zu machen, beispielsweise mit Bildern, Modellen, Filmen, Darstellungen an Wandtafeln, Pinnwänden, am Flipchart, mit einem Hellraumprojektor, Visualizer oder Beamer.
Visualisierungen unterstützten auch den Erfahrungsbezug. Sie unterstützen somit Prozesse der Wissenskonstruktion *und* Kompetenzentwicklung.
Wirksame Visualisierungen stellen Informationen und Problemlösungen klar, eindeutig, korrekt und einfach dar, sie sprechen für sich und sind ohne weitere Erklärung verständlich. Bild und Text sollten nachvollziehbar aufeinander abgestimmt sein. Bilder sollten adressatengerecht eingesetzt werden und die Hauptaussagen der Lerninhalte illustrieren.
Der Einsatz von digitalen Projektionen oder auch Hellraumprojektoren verleitet gerne dazu, die Studierenden mit Information zu überfluten. Übervolle, chaotisch gestaltete Folien, zu kleine Buchstaben, zu viele Animationen, zu viele Folien ermüden die Studierenden und vermögen Lernen nicht zu begünstigen.

16.1 Funktionen des Visualisierens

Der Einsatz lernfördernder Bildmaterialien in der Lehre gewinnt an Bedeutung, denn viele Studierende lassen sich durch Bilder und Erfahrungen ansprechen und leiten. (→ Kapitel 2.2) Visualisieren zielt darauf, Informationen mithilfe von Begriffen, Symbolen, Skizzen, Zeichnungen, Gegenständen oder von bewegten und unbewegten Bildern dem Auge zugänglich zu machen. Die abstrakte Information wird dabei durch eine mehr oder weniger konkrete, realitätsnahe Darstellung ergänzt. Als visuelle Medien stehen zur Verfügung:

- Vortechnische Medien, z. B. Lehrbuch, Skript, Flipchart, Wandtafel, Gegenstände, Pinnwand
- Technische Medien (audiovisuell), z. B. Power Point, Fernsehen, Video, Filme
- Neue Medien (audiovisuell), z. B. Einbinden von Film, Bild, Simulationen auf einer Lernplattform, in einem Blog

Visualisierte Informationen unterstützen wichtige Lehrprozesse:

- Informieren, z. B. veranschaulichen von Wissen, abstrahieren und reduzieren der Realität, aufzeigen von Prozessen
- Denken und Problemlösung anregen, z. B. ansprechen verschiedener Lerntypen, bilden mentaler Modelle, organisieren von Inhalten, ermöglichen indirekter Erfahrungen, probieren, simulieren, planen
- Interaktion fördern, z. B. anregen, steuern der Interaktion, dokumentieren von Ergebnissen aus der Interaktion
- Praxisbezug ermöglichen, z. B. konstruieren von Praxissituation, illustrieren von Beispielen
- Lernfortschritte aufzeigen, z. B. Ergebnisse darstellen lassen

(Vgl. dazu: Dummann/Jung/Lexa/Niekrenz 2007, S. 124–140)

Bilder werden holistisch wahrgenommen, wecken Emotionen und sind leicht erinnerbar. Damit Bilder die Erinnerungsleistung unterstützen, müssen sie nachvollziehbar mit dem entsprechenden Text verknüpft sein. Lernende sollten Bild und Text gleichzeitg wahrnehmen können (Oestermeier/Eitel 2014, S. 20).

Die Annahme, eine multimediale Darstellung von Wissen führe zu einer höheren Lernleistung ist im Prinzip der «Doppelcodierung» und im sog. «Modalitätsprinzip» begründet. (http://www.e-teaching.org/didaktik/gestaltung/visualisierung/, 5.8.14):

«Das Prinzip der Doppelcodierung (Paivio, 1979) besagt, dass die Lernleistung verbessert wird, etwa wenn Bilder durch schriftliche Texte erläutert werden und

damit sowohl visuell als auch verbal verarbeitet werden. Allerdings kann ein Nebeneinander von schriftlichem Text und Bild auch zu kognitiver Überlastung durch Blickbewegungen und Aufmerksakeitsspaltung (split attention) führen (Sweller & Chandler, 1994).

Das Modalitätsprinzip (oder Multimodalitätsprinzip) besagt, dass es lernförderlich sei, die unterschiedlichen Sinnesmodalitäten Auge und Ohr gemeinsam anzusprechen, da dann das visuelle und das akustische Arbeitsgedächtnis gemeinsam genutzt werden (während die Kombination von Bild und schriftlicher Erläuterung nur das visuelle Arbeitsgedächtnis anspricht). Zugleich entstehe durch die multimodale Darstellung eines Lerninhalts eine geringere kognitive Belastung, als wenn nur ein Sinneskanal, z. B. Sehen (Bild und schriftlicher Text) genutzt werde. Der Modalitätseffekt wurde in zahlreichen empirischen Studien bestätigt, allerdings konnte er in einer Untersuchung von Gerjets et al. (2009) für hypermediale Lernumgebungen nicht nachgewiesen werden.»

Die folgende Darstellung zeigt beispielhaft verschiedene Lernfunktionen von ausgewählten Medien.

Lernphase	**Lernfunktion/ Gehirnaktivität**	**Beispiele für visuelle Medien**
Aufbau der Lernbereitschaft (Phase I)	Neugier wecken Lernfähigkeit herstellen Aufmerksamkeit wecken	Bilder, Film, Fotos, Comic, Zeitungsbericht, Gegenstand
Problemstellung erkennen Vorwissen reaktivieren	– Denken anregen – Wissen reaktivieren	Stilisierte Zeichnung, Diagramme, Charts aus früheren Lerneinheiten
Wissen nachvollziehen	– Begriffe klären – Modelle, Konzepte, Theorien verstehen – Strukturen bilden	Power-Point-Präsentationen; Film, Gegenstand, Skizzen, Schreibblock, Graphen
Wissen verarbeiten, wiederholen, anwenden, festigen	– Wahrnehmung von Praxissituationen erweitern – Wissen speichern – Neuronale Verknüpfungen verfestigen	Simulationsprogramm, Aufgabenskizzen, Gegenstände, Falldokumentation mit Text, Diagrammen, Film usw.

Wissen einordnen, vernetzen, auf Neues übertragen, evtl. präsentieren	– Lernerfolg feststellen – Wissen sichern – Transferbezug reflektieren	Ergebnisse auf Flipchart, Folien; als Wiki oder Blog darstellen
Über Lernprozess und Ergebnis nachdenken; Metakognition	– Wissen sichern – Lernkompetenzen aufbauen	Lerntagebuch
Abschluss (Phase III)	abschließen	Plan für Folgeveranstaltungen, Film

16.2 Zum Einsatz von audiovisuellen Medien

Grundsätze

«Information und Medium sind untrennbar miteinander verbunden, verändert sich das Medium, verändert sich auch die Information» (Kjär 2010, S. 45).

Zu beachten gilt:

- Unterrichtsmedien sollen Mittel zum Zweck und nie Selbstzweck sein.
- Der Dozent oder die Dozentin soll das betreffende Medium beherrschen.
- Medien und Bilder sind maßvoll einzusetzen. Die Persönlichkeit der Lehrperson, deren Fachkompetenz und der Kontakt zu den Studierenden bleiben die zentralen Aspekte einer Wissensvermittlung.
- Die Visualisierung muss klar, informativ, und verständlich sein. Sie sollte beim Betrachter keine unnötigen, lernhemmenden Irritationen auslösen.
- Bild und Text sollten so angeordnet sein, dass der Zusammenhang sofort erkennbar ist. Somit können Bild und Text gemeinsam abgespeichert werden.
- Die Studierenden sollten die Passung zwischen dem eingesetzten Medium, der gewählten Visualisierung und dem Inhalt mühelos erkennen können.
- Die Visualisierung muss die Hauptaussage eines Textes illustrieren. Die Wertigkeit des Inhalts und dessen Darstellung sollten übereinstimmen.

Für die Gestaltung von digitalen Medien gelten weitere und andere Gesichtspunkte. Mehr dazu beispielsweise auf: http://www.e-teaching.org/didaktik/gestaltung/ (10.8.14).

Hinweise für die Gestaltung von Power-Point-Präsentationen

- Einfaches Gestaltungskonzept; Schriftgrößen, Farben, Formen sparsam variieren.
- Lesbare, serifenlose Schrift; Groß- und Kleinbuchstaben fördern müheloses Lesen.
- Keine Textkopien aus Büchern.
- Wichtiges optisch hervorheben.
- Adressatengerechte Bild- und Textwahl.
- Text und Bild/Animation sorgfältig kombinieren; Gleichzeitigkeit fördert das Erinnerungsvermögen.
- Weniger ist mehr. Wenige, aber aussagekräftige Folien einsetzen. Pro Folie wenig Text verwenden (sechs Wörter pro Zeile; sechs Zeilen pro Folie).
- Aussagekräftige Begriffe verwenden (Stichworte, Schlüsselbegriffe).
- Der Einsatz eines Übermaßes von Funktionen (zum Beispiel Animation, Einbinden von Videoclips) vermag zwar die Präsentation abwechslungsreicher und unterhaltsamer zu gestalten, lenkt aber von den zu lernenden Inhalten ab und schmälert dadurch den Lernerfolg. Eine zu hohe Informationsdichte und zu monotone Präsentationen ermüden die Studierenden.
- Struktur von (Teil)inhalten visualisieren, fördert die Bildung mentaler Konzepte.
- Erste Folie: Titel, Datum, Name und Kontaktangaben Lehrperson.
- Zweite Folie: Überblick über den Aufbau der Vorlesung.
- Anschließend die Titel durchnummerieren; aussagekräftige Titel (oder Leitfrage) pro Folie setzen.
- Zwischenzusammenfassungen einbauen.

Schriftgröße		
Abstand von der Leinwand	Schriftgröße mindestens	Beispiel
bis zu 10 Meter	5 mm	Schrift
11 bis15 Meter	10 mm	Schrift
16 bis 20 Meter	15 mm	Schrift

Hinweise für den Einsatz von Power-Point-Präsentationen während Vorlesungen

- Den Studierenden genügend Zeit lassen für das Lesen, Betrachten, Denken.
- Stichwörter mündlich erläutern und die Studierenden einbeziehen.
- Mit den Studierenden kommunizieren, nicht mit dem Gerät.
- Seitlich neben der Bildschirmfläche stehen.
- Den Projektor so oft als möglich ausschalten.
- Handzettel zur Unterstützung der Vorlesung einsetzen.
- Batterien oder Akkus von Fernbedienungen kontrollieren; Zugang zum Internet prüfen.
- Weitere Softewareanwendungen während der Vorlesung schließen.
- Technik ausprobieren. Eine technische Betreuung in Reichweite wirkt entlastend.

Eine digitale Projektion ist dann lernunterstützend, wenn sie sich durch eine ruhige (Bild)Gestaltung und besonders auch durch den sicheren Umgang mit der Technik auszeichnet (Lehrberger 2004). Technische Unsicherheiten übertragen sich schnell auf die Zuhörenden.

Literatur

Bergedick, A./Rohr, D./Wegener, A. (2011): Bilden mit Bildern: Visualisierung in der Weiterbildung. Bielefeld: Bertelsmann.

16.3 Exkurs: Kompetenzentwicklung erfordert konkrete Erfahrung

Wissen, welches anhand von konkreten Erfahrungen erworben wurde, gilt als gut erinner- und verfügbar. Für das Einüben von Handlungskompetenzen sind konkrete Erfahrungen unabdingbar.

Dale 1946, zit. nach Hasebrook 1995, beschreibt drei Arten von lernwirksamen Erfahrungen:

- Symbolische Erfahrung: Sprachliche und visuelle Symbole unterstützen insbesondere das Lernen durch Denken, Abstrahieren, Versinnbildlichen.
- Ikonische Erfahrung: Fotos, Filme, Besuch von Ausstellungen unterstützen insbesondere das Lernen durch Beobachtung (Sehen und Hören).
- Konkrete Erfahrung: Übungen, echte Projekte, Rollenspiele, Praktika unterstützen insbesondere das Lernen durch zielbewusstes Handeln.

Eine konkrete und realitätsnahe Auseinandersetzung mit Lerninhalten ist für das Studium an einer praxisbezogenen Hochschule unabdingbar. Die nachfolgende Darstellung der verschiedenen Möglichkeiten, konkrete Erfahrungen zu erzeugen, lehnt sich an den Erfahrungskegel von Dale 1946, zitiert nach Hasebrook 1995, S. 48, an. Sie ist an dieser Stelle wie folgt zu interpretieren: Je konkreter die Erfahrung, desto umfassender der Lerngewinn in Bezug auf das Einüben von Handlungskompetenzen.

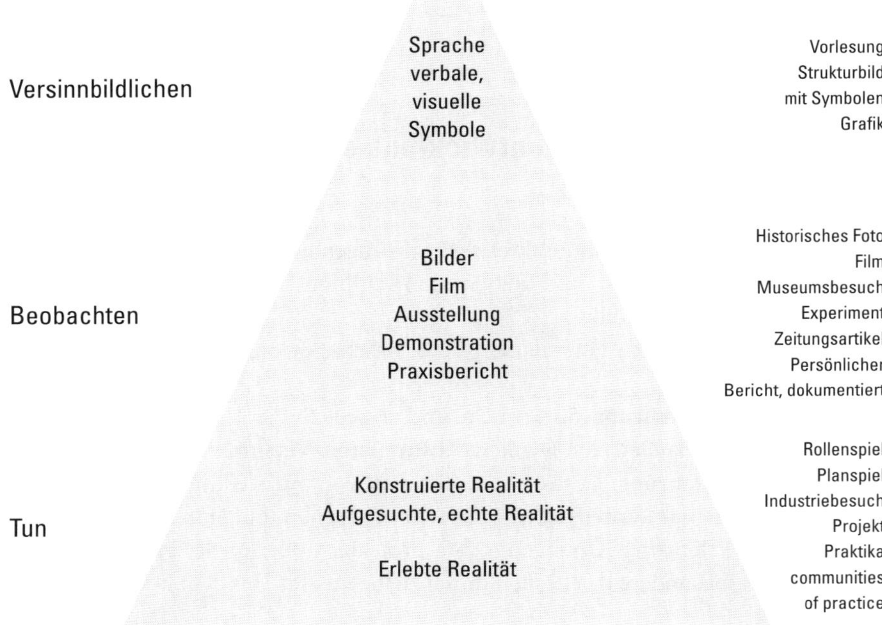

Abbildung 24: Lernen anhand von Erfahrungen fördert das Verstehen und den Praxisbezug

Auf den Punkt gebracht

Visualisierungen unterstützen den Zugang zu Inhalten und Aufgaben.
Sie begleiten die Lehrtätigkeit der Dozierenden, können diese aber nicht ersetzen.
Lernfördernde Visualisierungen sind in der Regel ruhig und verständlich gestaltet. Texte sind mühelos lesbar.
Von einer Flut von Zeichen, Bildern, Filmen und Worten wird abgeraten.
Bilder sollen entweder bewusst herausfordern oder dann in hoher Übereinstimmung mit den inhaltlichen Aussagen stehen.
Eine technisch sichere Handhabung der Geräte erleichtert die Konzentration.

Begleitung und Beratung

Absicht

Dieses Kapitel beleuchtet Themen, Absichten und Vorgehensweisen beim Begleiten und Beraten von Studierenden im Kontext von Selbstlernphasen/Selbststudien.

Leitfragen

- Was erfordert das Selbststudium von den Studierenden?
- Wie begleiten Dozierende Selbstlernphasen lernfördernd?
- Welche Bedeutung haben Lernkompetenzen?
- Was ist eine «gute» Aufgabe?
- Wie geben Dozierende lernförderndes Feedback?
- Wie und wozu können Dozierende in Selbstlernphasen beraten?

17

In Kürze

Selbstlernphasen bieten den Studierenden wertvolle Lernmöglichkeiten:

- Ziele möglichst selbstständig zu erreichen,
- daraus Erkenntnisse für folgende Problemlösungen zu generieren sowie
- Kompetenzen des Anforderungsprofils und insbesondere auch die persönlichen Lernfähigkeiten bewusst zu entwickeln.

Das Begleiten von Selbststudien stellt eine umfassende didaktische Aufgabe dar. Sie beinhaltet im Wesentlichen die Klärung der Voraussetzungen bei den Studierenden, die Formulierung von Zielen und Aufgabenstellungen, die Gestaltung einer Feedbackarchitektur mit Standortbestimmungen sowie formative und summative Feedbacks auf Lernfortschritte und -ergebnisse.

Die Aufgabe hat eine Schlüsselstellung für begleitete Selbstlernphasen. Eine gute Aufgabe ist anwendungsbezogen hinsichtlich des Ausgangsprofils der Studierenden formuliert und erlaubt divergente Lernprozesse. Sie informiert verständlich und umfassend über Ziel, Vorgehen, quantitative und qualitative Anforderungen an den Lernnachweis und Rahmenbedingungen.

Zum Begleiten von Selbstlernphasen gehört auch das Beraten in herausfordernden oder schwierigen Situationen.

Beraten heißt dann je nach Situation:

- das notwendige Wissen klären und sicherstellen,
- mögliche Überlegungen und Vorgehensweisen vordenken,
- fragend, dialogisch Lösungen entwickeln,
- zur Selbstreflexion anleiten.

Themen und Art der Beratung sind abhängig von der Phase eines Lern- und Arbeitsprozesses und von den vorhandenen Fähigkeiten, insbesondere auch von den Lernfähigkeiten der Studierenden.

Studierende arbeiten in Selbststudien in mehr oder weniger großen Freiräumen, jedoch immer im Rahmen von schulischen Vorgaben, und die Ergebnisse werden qualifiziert. Dies verlangt von Beratenden große Rollenklarheit und -flexibilität.

Insbesondere wenn die Rollen des Beratenden und des Beurteilenden von ein und derselben Person ausgefüllt werden, braucht es hohe Transparenz über das Vorgehen. Gefragt ist Sorgfalt im Umgang mit Nähe und Distanz.

17.1 Themen beim Begleiten und Beraten von Selbstlernphasen

Thomann 2011, S. 17 ff. unterscheidet beraten und begleiten wie folgt:

Beraten erfolgt kurzfristig, beispielsweise bei Schwierigkeiten, heiklen Phasen, ungenügenden Leistungen. In einer Beratungssequenz bearbeiten Dozierende und Studierende möglichst auf gleicher Augenhöhe gewisse Herausforderungen.

Begleiten erfolgt längerfristig und besteht einerseits in didaktischen Handlungen wie anleiten, Feedback geben, überprüfen, beispielsweise im Rahmen von Projekten, Praktika, schriftlichen Arbeiten, also in größeren Selbstlernphasen. Dozierende sind im Rahmen solcher Begleitphasen situativ auch beratend, im oben genannten Sinne tätig.

Dozierende haben in Selbstlernphasen eine komplexe Rolle. Sie nehmen begleitende, beratende und beurteilende Aufgaben wahr und sind dabei teilweise auch in einer Führungsfunktion. Dieses Kapitel befasst sich mit dem Begleiten von Selbstlernphasen und geht dabei von einem umfassenden Verständnis von Begleiten aus.

Begleitprozesse fokussieren auf:

Auftrag und Ziele

Wie können Studierende in der Erreichung der Ziele unterstützt werden?
In welchen Phasen benötigen Studierende ein Feedback?

Lernprozesse

Wie können die Studierenden dabei unterstützt werden, vorhandenes Wissen und verfügbare Kompetenzen zu aktivieren und weiterzuentwickeln?

Eigenverantwortung

Welches Maß an Selbststeuerung ist in welcher Phase sinnvoll? Welche Situationen erfordern eine intensivere Begleitung oder Beratung?

17.2 Chancen und Herausforderungen für Studierende

Selbststudien bieten einen exzellenten Rahmen, um selbstständig Wissen zu erwerben und wissensgeleitetes Handeln einzuüben. Sie fördern die Fähigkeit und Bereitschaft der Studierenden, in *beruflichen* Situationen wissensgeleitet, persönlich durchdacht und selbstständig zu lernen und zu handeln.

Durch die selbstständige Arbeit an konkreten Aufgaben erhalten die Studierenden die Möglichkeit, allein oder in Gruppen

- Wissen zu erweitern,
- Wissen anzuwenden und situationsbezogen zu prüfen,
- Handlungskompetenzen zu erwerben und/oder zu üben,
- Lernkompetenzen, allenfalls auch soziale und weitere fachübergreifende Kompetenzen zu entwickeln.

Die Herausforderungen für die Studierenden liegen nicht nur in der aufgabenbezogenen Steuerung der Lernprozesse, sie müssen sich auch organisieren und bei Gruppenarbeiten die Zusammenarbeit klären und pflegen. Ihre wichtigsten Aufgaben sind nachfolgend entlang der verschiedenen Phasen eines vollständigen Handlungsprozesses aufgelistet. (→ Kapitel 15.2) Die Zusammenstellung kann als Checkliste für die Begleitung und Beratung dienen.

1. **Starten: Problem erfassen, Auftrag klären und eingrenzen, Ziel festlegen**
   - Auftrag erfassen und analysieren
   - Anspruchsniveau des Ergebnisses klären
   - Realistische Ziele, evtl. Teilziele formulieren
   - Zusammenarbeit klären
   - Vorgehen und Arbeitsorganisation klären

2. **Planen: realistisch und systematisch**
   - Systematisch und realistisch planen, als arbeitsteilige oder kooperative Gruppen- oder Einzelarbeit
   - Wissen und umfassende Kompetenzen aktivieren und einbeziehen
   - Evtl. Vertrag mit Dozierenden abschließen – verbindlich werden

3. **Realisieren: gezielt und kreativ**
   - Wissen und Kompetenzen aktivieren und einbeziehen
   - Lernprozess steuern: inhaltlich, methodisch, persönlich, sozial
   - Lernstrategien anwenden
   - Wissen erarbeiten, Problemlösungen entwickeln, Teillösungen zusammenführen
   - Ideen einbringen, diskutieren, bewerten, darüber entscheiden
   - Konflikte wahrnehmen und bearbeiten
   - Kommunizieren mit Mitstudierenden, Dozierenden, Assistierenden, Auftraggebern

- Mit neuen Medien arbeiten
- Termine und Vorgaben einhalten

4. **Präsentieren: adressatenorientiert und verständlich**
   - Ergebnisse schriftlich und mündlich darstellen und präsentieren
   - Adressatengerecht berichten

5. **Evaluieren: ergebnis- und erkenntnisorientiert**
   - Beurteilung durch Dozierende nachvollziehen, evtl. Selbstbeurteilung vornehmen
   - Erkenntnisse generieren
   - Ergebnis und Arbeitsprozess reflektieren

17.3 Rolle der Lernkompetenzen

Aktives und eigenverantwortliches Lernen erfordert, in Abhängigkeit von Inhalten und Zielen, bestimmte Lernkompetenzen und Lernfertigkeiten (Techniken).

Der Zusammenhang zwischen Lernstrategien und Lernerfolg ist Gegenstand zahlreicher Forschung, wobei ein positiver Zusammenhang zu bestehen scheint (z. B. Boerner/Seeber/Keller/Beinborn 2005; Kless 2013). Unabhängig davon, dass die diesbezügliche Forschung noch am Anfang steht, werden die Lernkompetenzen europaweit als zentrale Schlüsselkompetenzen eingestuft, «die in einer Wissensgesellschaft für persönliche Entfaltung, aktive Bürgschaft, sozialen Zusammenhalt und Beschäftigungsfähigkeit nötig sind» (Europäisches Parlament & Rat 2006, S. 13). Die nachfolgend dargestellten Lernkompetenzen und -techniken scheinen den Lernerfolg zu begünstigen.

Erwerb von Wissen (kognitive Kompetenzen)	**Bearbeiten konkreter Aufgaben/Problemstellungen (methodische (MK)/komplexe Handlungskompetenzen)**	**Lernen im Team (soziale Kompetenzen)**
z. B. – Lesestrategien anwenden, – Wissen recherchieren – Inhalte nachvollziehen, wiedergeben, zusammenfassen – Wissen mit Praxis verknüpfen – Wissen kompilieren	z. B. – Lernaufgabe fachlich einschätzen (Art, Ziel, Ergebnis) – Lernsituationen analysieren (z. B. Aufgabe, Kontext, Anspruch) – Wissen aktualisieren, einbringen – Methoden auswählen, anwenden, anpassen – Lösungen prüfen	z. B. – Fähigkeiten aller Gruppenmitglieder nutzen – Zuhören – Sich einbringen – Arbeit organisieren – Rollen verteilen – Sich an Konfliktlösungen beteiligen

Überwachung Lern- und Arbeitsprozess – Metakognition (personale Kompetenzen, PK)
z. B. Lernprozess zielbezogen planen, evaluieren, Soll-Ist-Vergleich vornehmen, Strategien anpassen

Nutzen interner Ressourcen (PK)	**Nutzen externer Ressourcen (PK/teils MK)**
– Sich motivieren – Sich anstrengen, konzentrieren – Zeitmanagement – Sich überfachliche Kompetenzen aneignen wollen (z. B. Lernstrategien) – Lernstörung wahrnehmen – Mit Misserfolg, Angst umgehen	– Literatur, Hilfsmittel, neue Medien nutzen – Unterstützung holen bei Mitstudierenden, Dozierenden, Studienberatung

(vgl. dazu: Hoidn 2011; Wild, 2005)

Die Studierenden bringen meist eingeschränkte Lernkonzepte und -strategien mit ins Studium. Viele Hochschulen haben bereits Maßnahmen zur Förderung der Lernkompetenzen im Rahmen von Studiengängen ergriffen.

17.4 Exkurs: Generelle Förderung von Lernkompetenzen an Hochschulen

Sollen Lernkompetenzen an Hochschulen ein Thema sein, ist zu klären, was gefördert werden soll. WILD 2005 schlägt als ersten Schritt die Diagnose und Interpretation von Mängeln in Bezug auf das Lernverhalten vor:

- Welche erwünschten Strategien fehlen?
- Bringen Studierende ungünstige Lerngewohnheiten oder falsche Vorstellungen über das Studium mit?
- Fehlt es an der Motivation, da manche Studierende in erster Linie für das Bestehen von Prüfungen lernen, nicht aus Interesse?
- Sind den Studierenden die qualitativen Erwartungen an Lernleistungen nicht klar?

Folgende Maßnahmen fördern die Entwicklung von Lernkompetenzen (HOIDN 2011; WILD 2005):

- Sensibilisierung für den Zusammenhang zwischen Lernstrategien und Lernerfolg
- Implementation von Studienberatungen
- Information über gute Literatur und Programme für Studierende
- Angebot von expliziten Lernangeboten innerhalb oder außerhalb von Studiengängen (Training)
- Angebot von Lernbegleitung und -beratung im Rahmen von offenen, konstruktiven Lernszenarien. (→ Kapitel 17.5)

17.5 Selbststudien begleiten

Eine Hochschule kann sich grundsätzlich für oder gegen das Begleiten von Selbstlernphasen entscheiden. Bei einem positiven Entscheid fallen für Dozierende umfangreiche Aufgaben an (welche natürlich im Pensum angemessen zu berücksichtigen sind). Sie werden entlang von fünf teilweise ineinandergreifenden Sequenzen dargestellt.

Vor dem Selbststudium: Planen

Die Kenntnis der Voraussetzungen ermöglicht Anschlussfähigkeit.
Abklären, ob bei den Studierenden Wichtiges vorausgesetzt werden kann:
- Relevantes Vorwissen;
- Relevante methodische Kompetenzen;
- hilfreiche Lernstrategien;
- Umgang mit neuen Medien.

Ein gutes Lernklima in Gruppen fördert Motivation und Leistung.
- Lerngruppen entsprechend Voraussetzungen und Zielen zusammensetzen.
- Klären, ob Hinweise zur Zusammenarbeit in Gruppen sinnvoll sind;
- Wie interdisziplinäre (auch internationale) Zusammenarbeit unterstützt
- und wie das Engagement aller gefördert und gefordert werden kann.

Eine systematische didaktische Planung ermöglicht zielbezogenes Lernen und Lernerfolg.
- Präsenz- und Selbststudium aufeinander abstimmen.
- Inhalte, Ziele, Arbeitsweise und Aufgaben für das Selbststudium definieren.
- Eventuelle weitere Verarbeitung der Ergebnisse aus dem Selbststudium im Präsenzstudium erwägen.
- Inhalt und Form von formativen und summativen Lernnachweisen definieren und terminieren.
- Allenfalls die Reflexion des persönlichen Lernprozesses als Teil eines Lernnachweises verlangen.
- Freiraum in Bezug auf Inhalte, Ziele, Arbeitsweise definieren.
- Persönliche Begleitung/Beratung und Feedback einplanen.
- Einsatz von E-Learning prüfen.
- Zeitaufwand für Studierende abschätzen.
- Umfassende Einführung planen.

Beim Start des Selbststudiums: Initiieren

- Sicherheit schaffen durch umfassende Information (Ziel, Inhalt, Aufgabe, qualitative und quantitative Anforderungen, Termine, Lernnachweis, Beratungsmodus, Kontaktmöglichkeit mit Dozent/in).
- Aufgabe mündlich erläutern *und* schriftlich zur Verfügung stellen. (→ Kapitel 17.6)
- Analyse und Klärung der Aufgabe anregen.
- Inhaltliche Voraussetzungen schaffen (inhaltlich einführen, Vorwissen aktivieren, Sinn und Bedeutung aufzeigen).

- Lern- und Arbeitsvoraussetzungen schaffen (z. B. Hinweise auf Lernstrategien, Zusammenarbeit in Gruppen, Arbeitsplanung, Lerntagebuch, Handhabung der neuen Medien).

Im Verlauf des Selbststudiums: Feedback geben und Beraten
- Beratung wahrnehmen (einzeln, in Gruppen, vor Ort oder virtuell, freiwillig oder obligatorisch, als Lernkonferenz). (→ Kapitel 17.8)
- Formative Feedbacks geben, Standortbestimmungen durchführen. (→ Kapitel 17.7)
- Konfliktlösungen unterstützen.

Während und gegen Ende des Selbststudiums: Prüfen (summativ)
- Beurteilung mündlich oder schriftlich mitteilen, individuell, in Gruppen, im Plenum.
- Beurteilungssequenzen moderieren.

Zum Abschluss des Selbststudiums: Reflektieren – Evaluieren
- Metakognitive Prozesse anleiten (z. B. über Lernergebnis, Lernprozess, Begleitung, Zusammenarbeit in Gruppe).
- Lernen im Zusammenhang mit der Evaluation der Lernanlage reflektieren.

(Vgl. «Wie begleitete Selbststudien gelingen können» Leitfaden für Dozierende, Wissenschaftliche Mitarbeitende und Assistierende. Ergebnis des Forschungsprojektes: Dietrichs, J./Imhof, G./Metzger, M./Pfäffli, B. K. (2007): «Begleitete Selbststudien» an der Hochschule Luzern. www.didaktik.hslu.ch. (8.8.14).

17.6 Aufgabenkultur

Zur Aufgabenkultur gehören gute Aufgaben, die Vernetzung verschiedener Aufgaben untereinander und die Einbettung der Aufgabe in ein übergreifendes Modul- oder Kurskonzept (Kless 2013, S. 37). Selbst- und Präsenzstudium sollten auf eine konsistente Weise aufeinander abgestimmt sein (Beispiele in Herren 2014a, S. 40 ff.).

Aufgaben stellen eine ziel- und ergebnisorientierte Aufforderung zum aktiven Lernen dar. Sie erfordern von den Studierenden, dass sie ihr Wissen, ihre Kompetenzen und Erfahrung einbringen und ermöglichen, neues Wissen, neue Kompetenzen und Erfahrungen zu generieren (Kressel 2008, S. 11).

In Bezug auf Aufgaben für Selbststudien ist die Frage nach dem Grad der Offenheit und der Komplexität relevant. KLESS 2013, S. 30–32) unterscheidet diesbezüglich drei Formen:

Offene Aufgaben

Weder Dozierende noch Studierende kennen Ergebnis und Lösungsverlauf. Die Bearbeitung erfordert oft fächerübergreifendes Wissen sowie verschiedene Kompetenzen. Studierende haben viel Freiraum in Bezug auf Ziele und Lösungswege.

Beispiele: Komplexe Problemlösungen, Gestaltungsaufgaben, Analyse- und Bewertungsaufgaben.

Halb offene Aufgaben

Ergebnis und Lösungsverlauf sind den Dozierenden bekannt, nicht aber den Studierenden.

Beispiele: Komplexe Übungen, Aufgaben.

Geschlossene Aufgaben

Dozierende kennen die Lösung und geben den Studierenden den Lösungsweg und alle Lösungselemente vor. Sie zielen auf eine «richtige» oder «optimale» Lösung.

Beispiele: Einfache Übungen, Aufgaben.

Der Grad der Offenheit ist in Bezug auf die Wissens- und Kompetenzziele (→ Kapitel 8) und die Voraussetzungen der Studierenden zu bestimmen. An einer praxisbezogenen Hochschule passen Aufgaben, die folgende Qualitätskriterien erfüllen:

- problem- und anwendungsbezogen, lebensnah,
- lassen unterschiedliche, individuelle Lösungswege und Ergebnisse zu,
- erfordern fächerübergreifendes Denken,
- erfordern arbeitsteilige und kooperative Zusammenarbeit (auch Einzelarbeiten sind möglich),
- erfordern selbstständiges Denken und Handeln und eigene Stellungnahmen,
- erfordern Reflexion von Prozess und Ergebnis,
- erfordern die sinnvolle Nutzung der neuen Medien (für die Zusammenarbeit oder die Darstellung von Ergebnissen).

Umfassende Informationen unterstützen den Lernprozess. Aufgaben, Anleitungen und Arbeitshilfen sollten klar, verständlich und vollständig formuliert sein. Zu einer vollständigen Aufgabe gehören:

- Auftrag mit Ziel, Art des Ergebnisses, Vorgehensweise, evtl. Ausgangslage,

- Qualitative Anforderungen an Ergebnis/Produkt, evtl. auch an den Prozess,
- Lernnachweis(e) mit Beurteilungskriterien,
- Termine,
- Literatur/Quellen,
- Obligatorische und/oder freiwillige Elemente der Begleitung,
- Geschätzter Zeitaufwand, Workload,
- Evtl. Hinweise auf (erwünschte) Arbeitsweise oder Lernstrategien.

17.7 Feedbackkultur

Feedbacks während Selbstlernphasen geben Studierenden Sicherheit und Orientierung. «Gute» Feedbacks erfolgen rasch und unmittelbar, sind zielbezogen, konkret, dosiert, fortschritts- und zukunftsorientiert und sollten als Dialog gestaltet sein (Görts 2012, S. 94–101). Das Feedback gilt als eines der bedeutendsten Merkmale erfolgreichen Lehrens und Lernens (Hattie 2014, S. 131–156).

Gegenstand und Schritte von lernfördernden Feedbacks		**Beispiel**
Ziele/Aufgabe		
Wo steht man in Bezug auf die Ziele?	Lücke zwischen IST und SOLL in Bezug auf wertvolle anspruchsvolle Ziele benennen.	Das Ziel besteht darin, die Denkprozesse der Studierenden während des Referats zu aktivieren.
Wie gut wurde die Aufgabe gelöst?	Beobachtung von konkreten Vorgehensweisen, Handlungen mitteilen.	Einige offene Fragen wurden gestellt, die Teilnehmenden haben sich gemeldet und Antworten beigesteuert.
Welche Fortschritte wurden gemacht?	Fortschritte und Fehler benennen.	Einige geschlossene Fragen führten nicht zur erwünschten Aktivierung des Denkens.
	Ergebnisse sach- und zielbezogen wertschätzen.	Einige gute Ansätze sind da. Die Studierenden verhielten sich insgesamt zurückhaltend.

Prozesse Was wurde getan?	Verwendetes Wissen und eingesetzte Kompetenzen eruieren.	Funktion von verschiedenen Fragetypen in Bezug auf die Aktivierung des Denkens besprechen.
	Vorgehensweise zielbezogen bewerten.	Planung analysieren.
	Weitere Möglichkeiten diskutieren.	Weitere didaktische Aktivierungsmöglichkeiten besprechen.
Nächste Schritte Was ist weiter zu tun? Was braucht es dazu?	Wissen, Kompetenzen, Ressourcen, Lerngelegenheiten, Begleitung	Z. B. Wissen über Lehrgespräche aufbauen. Methodenrepertoire erweitern. Selbst- und Fremdbeobachtungen einplanen. Unterrichtsbesuch bei Kollegen erwägen.
	Persönliche Aspekte wie Gefühle, Werte, persönliche Situation	Persönliche Lehrkonzepte Belastung

Zu einer lernfördernden Feedbackkultur gehört der konstruktive Umgang mit Fehlern, also Fehler als Lernchance zu besprechen und die Ermutigung (vgl. Reitzer 2014, S. 43–62). Feedback auf komplexe Ziele zu geben, erfordert entsprechende Kriterien. Diese sollen den Studierenden beim Start einer Selbstlernphase bekannt sein. (→ Kapitel 18) Wertschätzung sollte an ziel- und aufgabenbezogene Leistungen geknüpft sein. Lob ohne Bezug zur konkreten Leistung kann sich negativ auf das Lernen auswirken. Es kann die Lerninformation verwässern, schwächere Lernende verwirren, zu einer Schmälerung des Engagements, zu einer Abhängigkeit von Lob und damit letztlich zu Verunsicherung führen (ebd. 137).

Peer Feedback

An Fachhochschulen ist das gegenseitige Feedback von Studierenden verbreitet. Peer-Feedback kann das Feedback von Dozierenden ergänzen, nicht ersetzen. Durch den Einbezug der Studierenden in den Feedbackprozess, beispielsweise im Rahmen von Standortbestimmungen, lernen Studierende, Ergebnisse wissensbezogen zu beurteilen.

Dem Einsatz von Peer-Feedback sollte eine Feedbackschulung vorangehen. Außerdem müssen die Studierenden die Feedbackkriterien inhaltlich verstehen. Auch diesbezüglich muss ein entsprechender Aufwand geleistet werden. Solche Maßnahmen können die Sicherheit der Feedbackgebenden unterstützen und die Akzeptanz der Feedbacks von Peers fördern (Hattie 2014, S. 149–152; Spelsberg 2013, S. 90–95).

17.8 Beraten in Selbststudien

Wenn Studierende die Ziele nicht selbstständig erreichen können bzw. wenn Störungen auftreten, ist eine situative Beratung angezeigt. Beratungsinterventionen bezwecken die Förderung umfassender Handlungskompetenzen, damit Studierende im Selbststudium zielbezogen weiterarbeiten können. Beratung fokussiert schwerpunktmäßig auf den inhaltlich-methodischen Prozess zur Bearbeitung der Aufgabe. Situationsspezifisch kann es zieldienlich sein, auch personale oder soziale Prozesse zu thematisieren.

Beratungsvarianten

Die vier Varianten der Beratung unterscheiden sich vor allem im Hinblick auf die Lenkung durch die Beratungsperson. Beratungsprozesse finden in der Regel «face to face» vor Ort oder virtuell (Skype) statt, sind aber auch telefonisch oder per Mail möglich.

Beraten als Expertise

Wenn Dozierende feststellen, dass (deklaratives, prozedurales, konditionales) Wissen generell fehlt oder falsch verstanden wurde, kann es, beispielsweise aus Zeitgründen, angezeigt sein, einen klärenden Input zu leisten. Die Vermittlung geschieht aber nicht auf Vorrat, sondern höchstens dann, wenn es vom Arbeitsverlauf her notwendig ist.

Das Expertenmodell der Beratung ist in unter dem Gesichtspunkt des Lernens oft wenig effizient, besonders wenn die Studierenden das Wissen der Dozierenden nicht aktiv in ihre eigene Denkstruktur integrieren. Dann sind sie später kaum in der Lage, dieses Wissen in neuen Problemsituationen zu aktivieren. Als Folge einer Expertenberatung verfügen die Studierenden zwar über eine rasche Lösung, was manchmal durchaus sinnvoll sein kann, aber sie haben einen eher oberflächlichen Lernprozess durchlaufen.

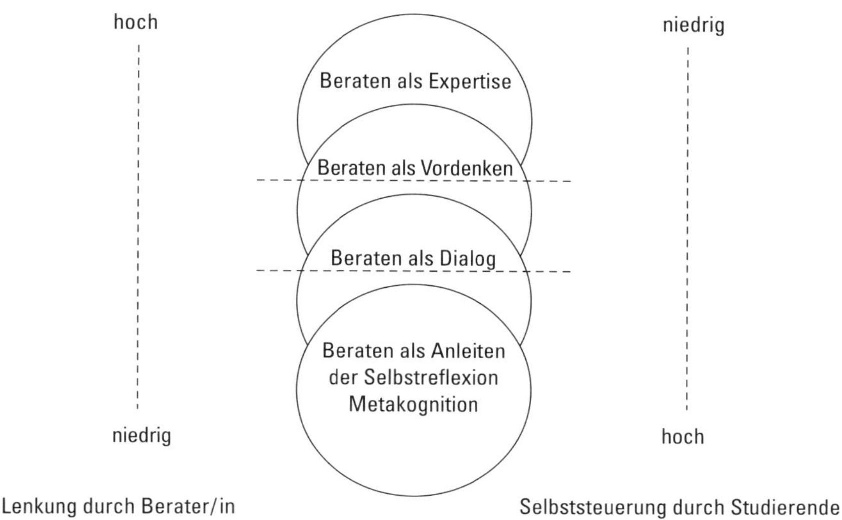

Abbildung 25: Vier Varianten des Beratens von Lernprozessen (in Anlehnung an Riesen 1995, S. 48)

Beispiele: Methode zur Bewertung der Lösung aufzeigen und die Bewertung ausführen; verschiedene Varianten mit ihren Vor- und Nachteilen detailliert aufzeigen. Beratungsergebnis, symbolisch: Das Feuer brennt, aber die Studierenden wissen nicht, wie sie das nächste Feuer entfachen können.

Beraten als Vordenken

Dozierende können in einer Beratung laut über eine Vorgehensweise oder einen Prozess nachdenken. Sie führen ein mögliches Vorgehen nicht konkret aus, sondern erläutern dieses durch lautes Vordenken. Dadurch erhalten die Studierenden eine Vorstellung davon, wie beispielsweise ein nächster Schritt anzupacken ist. Die Studierenden wählen von den zur Verfügung gestellten Informationen jene aus, die sie für die jeweilige Aufgabe als hilfreich beurteilen, und setzen ihre Arbeit aufgrund von eigenen Entscheiden fort.

Beispiele: Verschiedene Problemlösungsstrategien skizzieren; Kriterien für eine Standortbestimmung skizzieren usw.; verschiedene Arbeitsformen skizzieren; eigene positive oder negative Erfahrungen einbringen.

Beratungsergebnis, symbolisch: Das Feuer brennt noch nicht, aber die Studierenden erkennen, wie das Holz zu schichten ist, damit es entzündet werden kann.

Beraten als Dialog
Im dialogischen Beraten erarbeiten Beratungsperson und Studierende gemeinsam eine Problemlösung. Beratende geben inhaltliche Impulse, beispielsweise über gelerntes, aber offensichtlich nicht bewusst vorhandenes Wissen, sie überlassen die Verantwortung für die Problemlösung mit Absicht den Studierenden.

Beispiele: Ermutigen, Unsicherheiten oder Wahrnehmungen auszusprechen; Fragen stellen nach ähnlichen Aufgaben und deren Lösung in der Vergangenheit; anregen, Hypothesen zu formulieren; eine Standortbestimmung hinsichtlich der Zielsetzung vorzunehmen; gewisse Aspekte zu bedenken oder Inhalte in die Überlegungen mit einzubeziehen, Feedback geben, Ziele hinsichtlich ihrer Realisierbarkeit hinterfragen.

Beratungsergebnis, symbolisch: Das Feuer brennt noch nicht, aber die Studierenden erkennen verschiedene Faktoren, die das Entfachen eines Feuers begünstigen (zum Beispiel Holz, Beschaffenheit, Wind).

Beraten als Anleiten der Selbstreflexion/Metakognition
Durch das Lernen in Selbstlernphasen erzeugen die Studierenden neues Wissen, welches in neuen Problemlösesituationen bekanntlich nicht ohne Weiteres verfügbar ist. Metakognitive Prozesse tragen dazu bei, dass Studierende ihre Erkenntnisse in die Lösung künftiger Aufgaben einfließen lassen. Dies erfordert metakognitive Kompetenzen. Kaiser 2012, S. 355, hat im Rahmen von drei Forschungsprojekten bei erwachsenen Lernenden nachgewiesen, das metakognitive Kompetenzen bei knapp drei Vierteln aller Probanden kaum ausgeprägt sind.

Selbstreflexion muss also angeleitet werden, und das bedeutet, die Studierenden mit gezielten Fragen und Impulsen über konkrete Vorgehensweisen, Irrwege, Sackgassen nachdenken zu lassen. Studierende sollen dabei lernen, aus einer konkreten, situationsspezifischen Erfahrung eine allgemeine, situationsübergreifende Erkenntnis mit Aufforderungsgehalt für künftige Situationen abzuleiten. Kurz: Sie sollen allgemeine, erfahrungsfundierte Schlussfolgerungen in Bezug auf künftige Problemlösungen formulieren.

Beispiele: Anregen, die Vorgehensweise zu beschreiben; ein Arbeits- und Lerntagebuch zu führen; persönliche Schlussfolgerungen zu ziehen (best practice).

Ergebnis symbolisch: Das Feuer brennt, die Feuermacher beschreiben, was sie getan und welche Mittel sie dazu benutzt haben sowie was sie daraus für das Entfachen neuer Feuer in neuer Umgebung lernen.

Kaiser 2012 (S. 356–270) hat ein metakognitiv fundiertes Trainingskonzept entwickelt, welches die Studierenden, neben der paarweisen Problemlösung und dem Denken in Problemlösungsvarianten auch zur Selbstbefragung und zur Führung von Lerntagebüchern anleitet und die Wirkung der Metakognition untersucht: «In dem evidenzbasierten Forschungsprojekt KLASSIK konnte die leistungssteigernde Kraft metakognitiv fundierten Lernens nachgewiesen werden: Es bot den Teilnehmenden der Versuchsgruppe eine gut fünfmal größere Chance, sich elaborierte Kompetenzen zur Lösung problemhaltiger Situationen und Aufgaben anzueignen» (ebd., 342).

Spannungsfelder

Auftraggeber – Hochschule

Studentische Arbeiten sind oft Auftragsarbeiten für hochschulinterne oder externe Auftraggeber. Die *Studierenden* wollen damit einerseits eine Voraussetzung für ihre Diplomierung erfüllen und andererseits eine praktikable Problemlösung für den Auftraggeber entwickeln.

Auf der einen Seite formuliert die *Hochschule* ihre Auflagen und Qualitätskriterien für akzeptierte Arbeiten. Dozierende als Mitglied der Hochschule sind daran gebunden. Sie haben dafür zu sorgen, dass die Qualitätskriterien eingehalten werden, und sollen den Studierenden einen effektiven Lernprozess ermöglichen. Gegenüber dem Auftraggeber sind sie aber auch verpflichtet, eine brauchbare Arbeit abzuliefern.

Auf der anderen Seite haben *Auftraggeber* ein Interesse an einer praktikablen und zeitgerechten Lösung. Der Lernprozess der Studierenden und die Qualitätsansprüche der Hochschule interessieren sie meist wenig. Es ist Aufgabe der Dozierenden, dem Auftraggeber die verschiedenen Ansprüche zu erläutern, damit er die Besonderheiten der Situation erkennt und akzeptiert. In Konfliktsituationen rund um diese Aspekte ist es Pflicht der Dozierenden, eine Klärung herbeizuführen. Das kann bedeuten, gegenseitig Verständnis für die Situation zu wecken, sich notfalls schützend vor die Studierenden zu stellen oder von ihnen rechtzeitig eine akzeptable Leistung einzufordern.

Die folgende Darstellung drückt aus, dass die Beratung im Wesentlichen zwischen Studierenden und Dozierenden stattfindet. Sie befasst sich mit den zielorientierten Problemlöse- und Lernprozessen. Es wäre verfehlt, den Studierenden Teile der Aufgabe abzunehmen. Man würde sie damit der Möglichkeit eines wertvollen Such-, Lern- und Erkenntnisprozesses berauben.

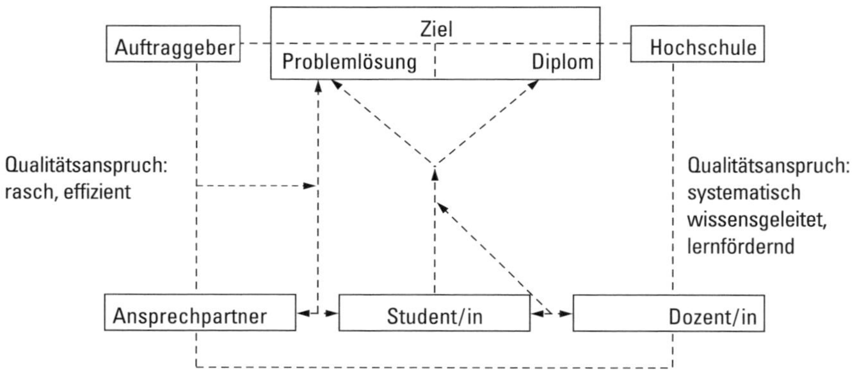

Abbildung 26: Beraten zwischen den Ansprüchen von Auftraggeber und Hochschule

Beraten – Beurteilen

Dozierende, stehen in einem Spannungsfeld verschiedener Erwartungen. Sie sollen

- die Studierenden hinsichtlich ihres Kompetenzerwerbes fördern,
- die Studierenden gerecht beurteilen,
- der Hochschule zu einem guten Absolventen verhelfen,
- Qualitätsmaßstäbe der Hochschule garantieren,
- dem Auftraggeber zu einer guten Lösung verhelfen,
- das Ansehen der Hochschule beim Auftraggeber fördern.

Vielleicht möchten Dozierende bei den Studierenden auch noch beliebt sein und im Kollegenkreis eine Arbeit von hoher Qualität und mit einer guten Note präsentieren.

Eine große Herausforderung liegt darin, die Studierenden gleichzeitig zu fördern und zu beurteilen. Fördern ist am ehesten mit einer Beratungshaltung möglich. Dies bedeutet, Fragen zu stellen, Varianten zu diskutieren, Fehler zu besprechen, Verständnis zu zeigen für Probleme und Unsicherheiten, zum Nachdenken und Ausprobieren aufzufordern, Zeit zu geben.

Beurteilen hingegen heißt, einen Standpunkt einzunehmen und über eine Leistung ein eindeutiges «Urteil» abzugeben.

Es ist für Dozierende *und* Studierende gleichermaßen anspruchsvoll, mit dieser Doppelrolle umzugehen. Wenn Dozierende zugleich beraten und beurteilen, kann dies die Beratungsbeziehung gefährden. Studierende können beispielsweise alles daran setzen, zu gefallen, oder wagen es nicht, ihre Fragen zu stellen. Sie fassen kein Vertrauen. Ein Dialog auf Augenhöhe wird erschwert.

Für Dozierende ist es schwierig, nach einem längeren Beratungsprozess ein abschließendes kriterienbezogenes, möglichst objektives Urteil über Ergebnis und Prozess zu formulieren. Der Umstand, dass man selbst zum Ergebnis beigetragen hat, erschwert es zusätzlich, eine neutrale Haltung zu finden. Beurteilen verlangt aber, Distanz einzunehmen und möglichst vorurteilslos das tatsächliche Ergebnis bezüglich Zielsetzung und Qualitätskriterien zu beurteilen. Nach einem gemeinsamen Prozess ist dies nur begrenzt möglich. Die Erfahrung mit den Studierenden wird die Einschätzung des Ergebnisses auf jeden Fall beeinflussen. Dieser Zwiespalt lässt sich nicht ausräumen. Mit Rollenklarheit, einer transparenten und zielbezogenen Gestaltung der Beurteilungsprozesse und mit Zwischenbeurteilungen lässt sich die Situation entschärfen. Hilfreich ist das Bewusstsein aller Beteiligten darüber, dass Beraten Nähe schafft und Beurteilen Distanz erfordert (Thommann 2011, S. 27–30).

Wenn eine faire Beurteilung des Endergebnisses gefährdet ist, beispielsweise aufgrund von Konflikten, empfiehlt es sich unbedingt, eine weitere Person beizuziehen.

Auf den Punkt gebracht

Selbststudien gelingen, wenn Dozierende diese angemessen begleiten und bei Lernschwierigkeiten angemessen beraten. Diese «neuen» Lehrfunktionen sollten im Pensum mitberücksichtigt sein. Wichtig ist, dass die Dozierenden Vertrauen in die Fähigkeiten der Studierenden setzen und die eigene Fachkompetenz zurückstellen können. Im Gegenzug müssen die Studierenden Eigenverantwortung übernehmen und ihre Lernkompetenzen entwickeln.

Aufgaben für Selbstlernphasen sind idealerweise auf die Lernprozesse und -angebote im Präsenzstudium abgestimmt.

Mit einer klaren, anspruchsvollen und von Studierenden als sinnvoll erlebten Aufgabe sowie durch formative Feedbacks unterstützen Dozierende die Selbstlernphasen wesentlich.

Transparente und verbindliche Anforderungen an das Ergebnis sind ein Muss, ebenso die Reflexion von Ergebnis und Prozess. Lernen ohne metakognitive Prozesse ist schlecht genutzte Zeit.

Selbststudien können in Bezug auf die Gestaltung der sozialen Prozesse und die Form der Ergebnisse gut mit E-Learning unterstützt werden. (→ Kapitel 19)

Lernnachweise

Absicht

Im folgenden Kapitel werden

- Funktionen von Lernnachweisen erläutert,
- didaktische Qualitätsanforderungen an Lernnachweise vorgestellt,
- zielkonsistente, schriftliche und mündliche Formen des Lernnachweises beschrieben,
- in Form von Checklisten konkrete Hinweise für die Vorbereitung, Durchführung und Bewertung von schriftlichen und mündlichen Lernnachweisen gegeben.

Leitfragen

- Welche Funktion haben Lernnachweise?
- Welches sind die Qualitätsmerkmale von Lernnachweisen?
- Welche Formen von Lernnachweisen eignen sich für Hochschulen?
- Wie können Dozierende die Lernnachweise professionell vorbereiten, durchführen, korrigieren und bewerten?
- Welche psychologischen Faktoren sollten beim Prüfen berücksichtigt werden?

18

In Kürze

Lernnachweise haben Prognose-, Selektions- und Statusverleihungsfunktion, sie stellen zusätzlich auch eine Gelegenheit zur Lernförderung dar. Die Ergebnisse beeinflussen die Motivation der Studierenden *und* Dozierenden.
Gute Lernnachweise zeichnen sich durch lernzielbezogene, verständliche und chancengerechte Aufgaben aus, und die Durchführung und Auswertung ist hoch standardisiert.

Die Vorbereitung beinhaltet:
- Entscheidung über Inhalte, Form und Auswertung,
- Konstruktion zielbezogener, vollständiger und verständlicher Aufgaben,
- Entscheidung über die Anzahl Beurteilungskriterien, Herstellung von Musterlösungen oder Bewertungsschlüsseln,
- umfassende Information und angemessene Unterstützung der Studierenden.

Wichtige Merkmale einer fairen Beurteilung sind:
- aufgabenbezogene Beurteilung mithilfe einer Musterlösung,
- Notizen für die spätere Nachvollziehbarkeit der Beurteilung,
- Reflexion der Wahrnehmung unter dem Gesichtspunkt sozialer Wahrnehmungsmuster.

Die Studierenden haben ein Recht auf Prüfungseinsicht.
Feedback und Fehleranalyse fördern das nachhaltige Lernen.

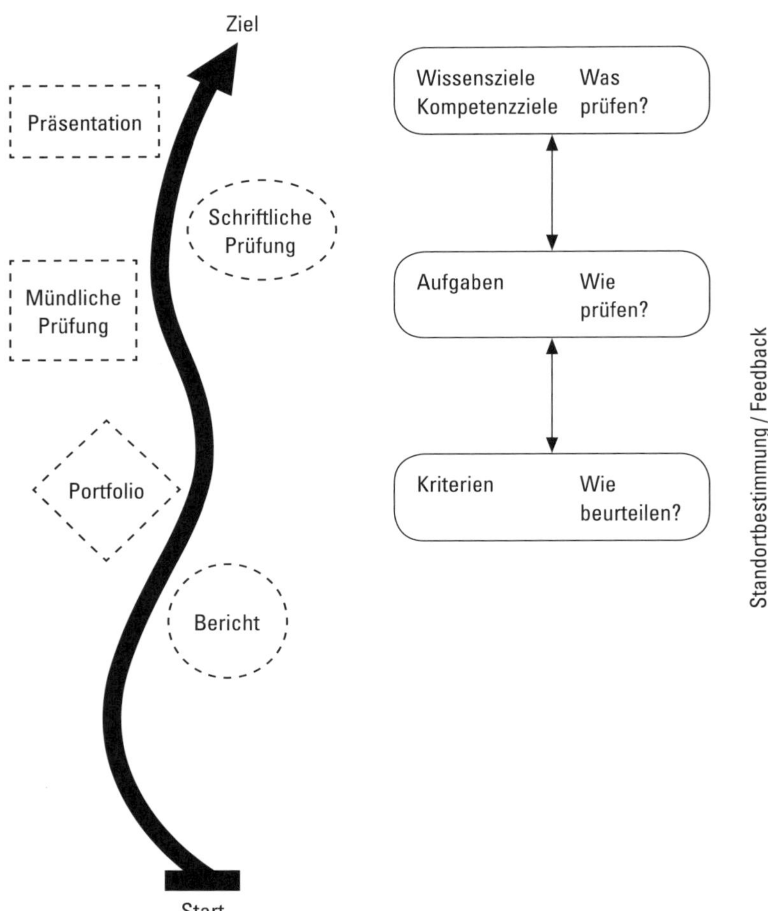

Abbildung 27: Formen und Elemente von Lernnachweisen

18.1 Funktionen von Lernnachweisen

In den Lernnachweisen zeigen die Studierenden, wo sie gemessen an den Studienzielen stehen. Nach Abschluss eines Moduls oder Kurses findet in der Regel eine *summative* Beurteilung statt, bei der die Studierenden zeigen müssen, ob sie die Ziele *genügend gut* erreicht haben. Eine Lernüberprüfung kann auch in einer Standortbestimmung bestehen, dann hat sie *formative* Funktion.

Lernnachweise liefern die Grundlage für eine Prognose des weiteren Lernverlaufs, für die Selektion und Statusverleihung.

Nicht zu unterschätzen ist die motivierende Funktion guter Ergebnisse für die Fortsetzung des Studiums. Letztlich ist es auch für Dozierende sehr motivierend, wenn die Studentinnen und Studenten anspruchsvolle Lernnachweise mit Erfolg erbringen.

Die summative Beurteilung

- erhebt gezielt einen Leistungsstand der Studierenden,
- will abschließend beurteilen, ob die Wissens- und Kompetenzziele genügend erreicht worden sind,
- basiert auf einem überprüfbaren Ziel und einer entsprechenden Aufgabe,
- orientiert sich aufgabenbezogen an einer Norm oder an Kriterien,
- hat oft selektive Funktion.

Die formative Beurteilung

- will mittels einer Standortbestimmung im Hinblick auf die Ziele feststellen, ob fördernde Lernanstöße notwendig sind – und allenfalls welche;
- zielt primär auf die Analyse, Kontrolle, Steuerung und Begleitung des Lernprozesses,
- orientiert sich an Normen und an Kriterien,
- ist besonders angezeigt, wenn Kriterien nicht eindeutig beurteilt werden können, beispielsweise Kreativität, Konfliktfähigkeit,
- basiert auf sichtbaren Lernleistungen der Studierenden (zum Beispiel schriftlichen und gestalterischen Arbeiten, Lerntagebüchern, Übungen, Dokumentationen),
- hat oft prognostische Funktion.

Eine **Prognose** (Aufnahmeprüfung, Vordiplomprüfungen) und **Selektion** (Vordiplomprüfungen, Diplomierung) kann auf beiden Beurteilungsarten basieren. Den Studierenden soll der Stellenwert eines Lernnachweises im Hinblick auf Selektion oder Statusverleihung bekannt sein.

18.2 Qualitätsmerkmale von Lernnachweisen

Faire summative und formative Prüfungen sind gültig, zuverlässig, chancengerecht (vgl. METZGER/NÜESCH 2004) und ökonomisch. Nach Möglichkeit sollten Prüfungen lernorientiert gestaltet sein.

Gültigkeit

Ein Lernnachweis ist gültig, wenn die verlangte Leistung den Zielen entspricht, was wiederum voraussetzt, dass Dozierende zuvor ein Ziel, eine entsprechende Aufgabe und Beurteilungskriterien festlegen. Eine gültige Prüfung erlaubt mit einer gewissen Sicherheit eine Prognose über den weiteren Verlauf des Studiums und die Praxiseignung der Studierenden. Dies bedeutet:

- Die Verteilung der Aufgaben über alle, im Präsenz- und Selbststudium bearbeiteten Themen erhöht die Gültigkeit.
- Das Anspruchsniveau der in den Aufgaben verlangten Denkprozesse und Kompetenzen sowie des verlangten Wissens ist konsistent mit den Zielen.
- Die Aufgaben sind zwar inhaltlich neu, die Studierenden konnten die erforderlichen Denk- und Problemlösungsprozesse vorab üben.
- Die Überprüfung von Kompetenzen soll anhand von Aufgaben erfolgen, welche es den Studierenden ermöglichen, die gewünschten Fähigkeiten tatsächlich zu zeigen.

Zuverlässigkeit

Zuverlässigkeit zeigt sich darin, dass möglichst viele Studierende die Aufgaben gleich verstehen.

- Präzise und verständliche Aufgabenstellungen erhöhen die Zuverlässigkeit der Prüfung.
- Ein präziser Maßstab erhöht die Zuverlässigkeit bei der Bewertung des Lernnachweises.

Objektivität

Objektivität ist dann gewährleistet, wenn die Studierenden ihr Ergebnis allein durch ihre persönliche Leistung bestimmen können. Die Objektivität von Lernnachweisen wird erhöht,

- wenn alle Studierenden im Vorfeld über die gleichen Informationen verfügen, beispielsweise in Bezug auf Ziele, Hilfsmittel oder Rahmenbedingungen,
- wenn die Abläufe in der Durchführung der Zielüberprüfung hoch standardisiert sind,

- wenn verschiedene Beurteilungspersonen zu einer vergleichbaren Beurteilung gelangen,
- wenn die gleiche Beurteilungsperson bei einer Beurteilung zu unterschiedlichen Zeitpunkten zu einer vergleichbaren Beurteilung gelangt.

Chancengerechtigkeit

Chancengerechtigkeit zeigt sich darin, dass alle Studierenden in der Lage sind, den Lernnachweis zu erfüllen, vorausgesetzt, dass sie auf der Basis der Eingangsbedingungen zielorientiert studiert haben. Dies bedeutet:

- Die Aufgabenstellung entspricht den in Präsenz- und Selbststudium erfahrenen Lernbedingungen, beispielsweise hinsichtlich der erlebten Prozesse oder der verarbeiteten Inhalte (Pflichtliteratur).
- Die Aufgabenstellung soll unabhängig von persönlichen, sozialen, kulturellen Hintergründen lösbar sein (zum Beispiel unabhängig von Geschlecht oder Kultur).

Ökonomie

Lernnachweise sollten im Hinblick auf Konstruktion, Durchführung und Beurteilung ökonomisch sein. Anspruchsvolle und komplexe Ziele verlangen eine komplexe Aufgabenstellung, die im Hinblick auf die Bewertung aufwendig ist und außerdem meist eine Zweitbeurteilung einschließt.

Es empfiehlt sich, nicht nur beim Zeitaufwand, sondern auch beim Inhalt «ökonomisch» zu überlegen und zu prüfen. Die Frage ist immer, was soll geprüft werden. Diesbezüglich ist die entsprechende Form und Aufgabe zu wählen.

Lernorientierung

Idealerweise stellt die Prüfung einen Lernanlass für die Studierenden dar (Schaper 2012, S. 295). Eine Prüfungsanlage ist dann lernorientiert, wenn die Bearbeitung der Aufgabe neue Erkenntnisse auslöst (inhaltlich oder in Bezug auf die Lernkompetenzen). Studierende sollen sich mit den Beurteilungskriterien auseinandersetzen und ihre Leistung diesbezüglich selbst beurteilen. Ein weiterer wichtiger Faktor einer lernfördernden Prüfung ist ein zeitnahes, zielbezogenes und konstruktives Feedback (vgl. Carless 2007, S. 4).

18.3 Phasen der Zielüberprüfung

Der Prüfungsprozess lässt sich in die vier Phasen Vorbereitung, Durchführung, Beurteilung und Rückmeldung einteilen. Die didaktische Gestaltung dieses Prozesses prägt das Prüfungsklima maßgeblich mit und trägt dazu bei, dass die Lernüberprüfung nicht bloß eine lästige Pflicht, sondern Teil eines umfassenden Lernprozesses ist.

Die Gestaltung der Zielüberprüfungen ist Ausdruck der Werte und Normen der jeweiligen Hochschulkultur. Die Prüfungssituation ist neben der didaktischen Planung und der Vorbereitung durch die Studierenden durch weitere Faktoren beeinflusst: Das Lernklima in den Lerngruppen, die Beziehung zwischen den Dozierenden und den einzelnen Studierenden, persönliche Aspekte der Studierenden, etwa frühere Erfahrungen mit Prüfungssituationen, Leistungs- und Durchhaltevermögen, individuelle Vorbereitung.

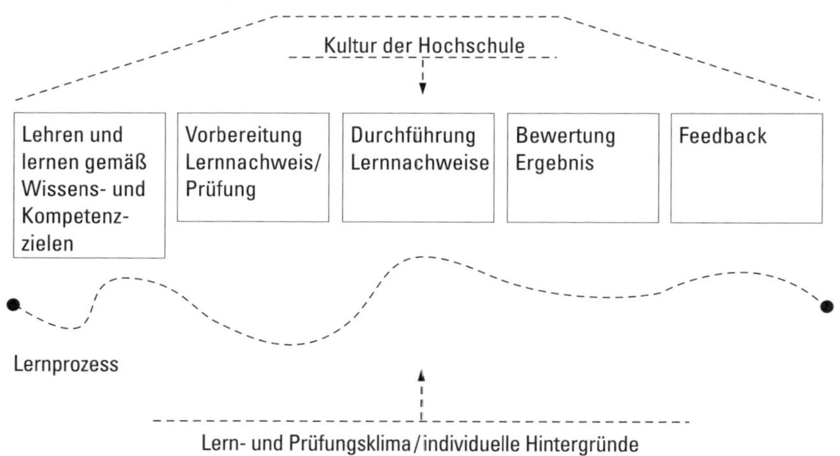

Abbildung 28: Prozess einer Zielüberprüfung

Die folgende Darstellung zeigt, wie Dozierende *und* Studierende zu einer erfolgreichen Prüfungssituation beitragen.

Phase	Aufgabe Dozierende	Aufgabe Studierende
Vorbereitung	Was prüfen? – über Prüfungsziele entscheiden: welches Wissen welche Kompetenzen welches Anspruchsniveau Wie prüfen? – über Prüfungsform entscheiden: einzeln oder in Gruppen mündlich, schriftlich – zielkonsistente Aufgaben konstruieren Wie auswerten? – Anzahl Beurteilungskriterien festlegen – Kriterien und Anforderungen definieren – eventuell Schlüssel oder Musterlösung entwickeln – über Rückmeldung entscheiden: Note oder verbale Rückmeldung Umfassend informieren (vgl. Checklisten, → Kapitel 18.4)	Sich Informieren Zielorientiert studieren Lernstrategien anwenden
Durchführung	– Nachvollziehbare, korrekte und ermutigende Durchführung sicherstellen, für alle gleich	Lernnachweis im verlangten Rahmen erbringen
Bewertung	– Ergebnis gemäß einem Beurteilungsschema korrigieren und beurteilen – Notizen machen zur Erhöhung der Nachvollziehbarkeit – Alle Studierenden gleich behandeln – Eventuell Zweitbeurteilung einholen – Soziale Wahrnehmungsmechanismen beachten	
Feedback	– Prüfungseinsicht anbieten – Feedback, einzeln oder in Lerngruppe – Fehleranalyse durchführen lassen	Feedback entgegennehmen Fehler analysieren und/oder Schwachstellen bearbeiten

18.4 Checkliste für das Gestalten von Lernnachweisen

Checkliste

Lernnachweise vorbereiten

- die Lehre auf anspruchsvolle und transparente Wissens- und Kompetenzziele ausrichten,
- über Inhalte und Ziele (Präsenz- und Selbststudium), Aufgabenformen, Kriterien, Hilfsmittel, Art und zeitlichen Umfang des Lernnachweises, Wahlmöglichkeiten, Verlauf, Stellenwert, Termine, verantwortliche Dozierende, Anzahl *Credits* und Unterstützungsangebote informieren,
- regelmäßig Standortbestimmungen mittels Selbst- und Fremdbeurteilung in die Lehre einbauen,
- Übungs- und Klärungsgelegenheiten anbieten,
- Lerngruppen anregen,
- auf Lernstrategien verweisen,
- eine positive Erwartungshaltung fördern,
- notwendige Absprachen mit Kollegen vornehmen,
- vorgegebene Termine einhalten.

Aufgaben konstruieren

- zielkonsistente Aufgaben und Aufträge konstruieren,
- verständliche, vollständige und chancengerechte Aufgabenstellungen formulieren,
- die Aufgabenformen variieren,
- die Auswertungsökonomie bedenken,
- die Aufgaben in eine sinnvolle Abfolge bringen,
- den einzelnen Aufgaben bezüglich Zeitaufwand, Komplexität Punktewerte zuordnen, diese so gewichten,
- überprüfen, ob die notwendigen Informationen zur Bearbeitung der Aufgabe vollständig sind,
- sicherstellen, dass die einzelnen Aufgaben unabhängig voneinander lösbar sind,
- die Bearbeitungszeit einschätzen,
- ein Beurteilungsschema erstellen,
- die Texte gegenlesen lassen,
- ein Deckblatt kreieren oder das vorgegebene Deckblatt adaptieren.

Lernnachweise durchführen

- klar, umfassend und ermutigend informieren,
- einen für alle Studierenden gleichen Verlauf gewährleisten.

Checkliste

Lernnachweise summativ beurteilen

- gemäß Musterlösung oder Schlüssel beurteilen,
- auf Basis der Gesamtpunktzahl die Note berechnen,
- bei knapp ungenügenden Leistungen eine Zweitmeinung einholen,
- bei Auffälligkeiten den Beurteilungsmodus reflektieren,
- sich gewisser Tendenzen beim Korrigieren bewusst sein und entsprechende Fehlerquellen minimieren, beispielsweise (a) zu milde oder zu streng beurteilen oder (b) extreme oder mittlere Urteile abgeben,
- wenn möglich, Maßnahmen zur individuellen Lernförderung überlegen,
- die Arbeiten mit einem Kommentar versehen (Feedback geben),
- eventuell eine Zusatzleistung verlangen,
- die Rückgabe beziehungsweise eine Besprechung der Arbeiten planen.

Feedback geben im Rahmen von summativen Beurteilungen

- Termine für die Prüfungseinsicht bekannt geben,
- Feedback geben (→ Kapitel 17.7), Fragen beantworten,
- Fehleranalyse anregen, Einsichten ermöglichen.

Kommunikation und Wahrnehmungstendenzen

- beachten, dass Beurteilen mit Angst und Stress verbunden ist,
- sich gewisser sozialpsychologischer Muster bewusst sein und darauf basierende Fehlerquellen in Betracht ziehen, beispielsweise:
  - Ersteindrücke werden besser behalten (*Primacy*-Effekt),
  - die Eindrücke am Schluss der Prüfung dominieren die Eindrücke aus früheren Leistungen (*Recency*-Effekt),
  - aufeinander folgende Leistungen werden verglichen, die Leistung, die auf eine schlechtere folgt, wird tendenziell besser bewertet und umgekehrt (Kontrast-Fehler).
  - Sympathie oder Antipathie, Vorurteile, aber auch der Gesamteindruck, den eine Person hinterlässt, beeinflussen die Beurteilung,
  - eine einzelne Eigenschaft, zum Beispiel gutes Auftreten, beeinflusst die Beurteilung anderer Verhaltensweisen, im Falle einer Prüfung die Einschätzung der Leistung (Halo-Effekt),
- die Prüfungsdauer beeinflusst die Notengebung. Gegen Schluss einer längeren Phase von mündlichen Prüfungen werden bessere Noten verteilt.

18.5 Zielkonsistente Formen von Lernnachweisen

Lernnachweise erfolgen meist im Rahmen von mündlichen und schriftlichen Prüfungen, von schriftlichen Arbeiten, von (audio)visuellen Produkten oder gestalterischen Arbeiten. Die neuen Medien lassen sich gut für den Nachweis und die Dokumentation von Lernergebnissen einsetzen (z. B. Multiple Choice, E-Book, Wiki, E-Portfolio, E-Assessment).

Prüfen von Wissen (→Kapitel 8.5.1)
Den vier Stufen des Wissensaufbaus werden in der folgenden Übersicht passende Formen für den Lernnachweis gegenübergestellt. Stufe 1 hat eher reproduzierenden Charakter, die Stufen 2 bis 4 setzen das Verständnis des Wissens voraus und haben eine praxisbezogene Ausrichtung.

Wissensstufe		**Lernnachweise**
Wissen verstehen	Wissensstufe 1 Begriffe, Fakten, Vorgehensweisen, Modelle, Konzepte, Theorien, Werke beschreiben, erklären, erläutern *Beispiel: Die Studierenden können einen möglichen Phasenverlauf für eine Projektdurchführung erklären.*	Einsetz- oder Ergänzungsaufgaben – mit einem oder mehreren Begriffen – mit Skizzen – in eine vorgegebene Skizze Definitionsaufgaben – Definitionsaufgaben mit offener Antwort Zuordnungsaufgaben – mit je einer Zuordnung – mit mehreren Zuordnungen Auswahlaufgaben – Auswahlaufgaben mit einfacher Entscheidung – Multiple-Choice-Aufgaben Offene Frage Zusammenfassung, Thesen, Vergleiche schriftlich darstellen Minivorträge

Wissensstufe		Lernnachweise
Wissen zuordnen	Wissensstufe 2 Wissen mit Ereignissen in Umwelt, berufsfeldbezogener Praxis, Werken verknüpfen *Beispiel: Die Studierenden können anhand eines Fallbeispiels die Phasen eines Projektes eindeutig erkennen und benennen.*	Fall, Beispiel, Werk, Text oder Theoriehinweis vorgeben, mit der Aufgabe, eine Analyse und/ oder Interpretation vorzunehmen, beispielsweise bezüglich der Erkennbarkeit – eines Modells, – bestimmter Kriterien, – bestimmter Techniken, – bestimmter Merkmale usw. Thesen zu einer Situation vorgeben, diese wissensgeleitet kommentieren lassen Eine Theorie oder eine Technik vorgeben eine Entsprechung in der Praxis finden lassen
Wissen beurteilen	Wissensstufe 3 Wissen bezüglich Ereignissen in Umwelt, berufsfeldbezogener Praxis oder Werken analysieren und beurteilen *Beispiel: Die Studierenden können anhand eines Fallbeispiels die Projektdurchführung hinsichtlich eines Phasenmodells diskutieren und in Bezug auf Projektverlauf und -ergebnis beurteilen.*	Fall, Beispiel oder Werk vorgeben, mit der Aufgabe, die darin umgesetzte Methode, Technik oder Theorie zu erkennen und die Umsetzung situationsbezogen zu beurteilen Theorie vorgeben, hinsichtlich der Bedeutung für eine Praxissituation analysieren lassen Aktuellen Bericht vorgeben, Leserbrief oder einen Text verfassen lassen, in dem ein Bericht oder ein Vorgehen wissensgeleitet kommentiert wird

Wissensstufe		Lernnachweise
Wissen erfinden	Wissensstufe 4 Wissen bezüglich Ereignissen in Umwelt, berufsfeldbezogener Praxis, Werken, neuen Theorien adaptieren und/oder weiterentwickeln *Beispiel: Die Studierenden können Ideen für eine spezifische Projektplanungen entwickeln und darstellen und dabei das Verhältnis von Projektart und Projektplanung einbeziehen.*	Fall oder Beispiel mit Lösung vorgeben, Erkenntnisse aus der Lösung ableiten lassen Problem ohne Lösung vorgeben, Fragestellungen formulieren und entsprechende Lösungen wissensgeleitet skizzieren lassen Eine Fragestellung vorgeben, zwei Theorien oder Vorgehensweisen im Hinblick auf eine Fragestellung vergleichen lassen Eine Theorie vorgeben, analysieren und weiterentwickeln lassen

Prüfen von Kompetenzen (→ Kapitel 8.5.2)
Bei den vier Kompetenzstufen hat Stufe 1 eher reproduktiven Charakter, die Stufen 2 bis 4 verlangen eine Anwendung in komplexeren Situationen. Alle Stufen zielen auf Problemlösung und Entwicklung eigener Ansätze. Die Prüfungsformate sollten das Bearbeiten sinnvoller, vollständiger und angemessen komplexer Handlungszusammenhänge ermöglichen. Dies erfordert ein situiertes oder inszeniertes Aufgabenformat (vgl. auch WALZIK 2012).

Kompetenzstufe		Lernnachweise
Anwenden I (einfache Situationen)	Kompetenzstufe 1 Wissen und Vorgehensweisen unter Anleitung und Begleitung in vertrauten und noch wenig komplexen Praxissituationen anwenden. *Beispiel: Die Studierenden verfassen einen kurzen Übungstext nach wissenschaftlichen Kriterien.*	Einfache, praktische Aufgabe, Übung oder Technik gemäß konkretem Auftrag ausführen; – anhand einer konstruierten Situation, – mittels eines Rollenspiels, – anhand eines Modells, – anhand eines konkreten Gegenstandes, – mittels Texten, Vorträgen neuen Medien
Anwenden II (komplexe Situationen)	Kompetenzstufe 2 Wissen und Vorgehensweisen selbstständig in vertrauten, komplexeren Praxissituationen kritisch reflektieren und anwenden. *Beispiel: Die Studierenden verfassen den Bericht über eine Studienwoche nach wissenschaftlichen Kriterien.*	Komplexere, praxisbezogene und bekannte Aufgabe mit Vorgabe von Fragestellung und Zielangabe ergebnisorientiert ausführen/lösen. Schriftlicher Bericht über den lösungsorientierten Arbeitsprozess und das Ergebnis Schriftlicher Lernbericht über eine konkrete Arbeitssituation (Praktikum, Labor) Mündliches Gespräch über Arbeitsprozesse, Ergebnis, Erkenntnisse

Kompetenzstufe		Lernnachweise
Problem lösen	Kompetenzstufe 3 Eine neue, überschaubare Problemstellung, in einem unvertrauten Kontext, begleitet bearbeiten. *Beispiel: Die Studierenden recherchieren zu einer eigenen praxisbezogenen Fragestellung adressatenspezifische Informationen und dokumentieren das Ergebnis nach vorgegebenen oder eigenen Kriterien als E-Book.*	Konkrete, teiloffene, eher einfache Aufgabe (Problemstellung) mit Angabe grober Rahmenbedingungen und Ziele ergebnisorientiert lösen. Schriftlicher Bericht, (audio) visuelle und verbale Präsentation, Dokumentation Portfolio Produkt Mündliches Gespräch über Prozess und Ergebnis Lernbericht über Praktika
Problem lösen, entwickeln, erfinden	Kompetenzstufe 4 Für eine neue und hochkomplexe Problemstellung, welche interdisziplinäre Zusammenarbeit erfordert, möglichst selbstständig, im Austausch mit Dozierenden, eine geeignete Lösung oder Gestaltungsmöglichkeit erfinden, entwickeln und umsetzen, Teamleitung wahrnehmen. *Beispiel: Die Studierenden planen als Team einen komplexen Projektauftrag (zum Beispiel Erarbeiten eines technischen oder grafischen Beitrages zu einem größeren E-Learning-Projekt) nach einer nachvollziehbaren Systematik.*	Lösung einer offenen, komplexen Aufgabe. Schriftlicher Bericht, (audio) visuelle und verbale Präsentation, Dokumentation Produkt Portfolio (Bräuer 2014) Mündliches Gespräch

Online-Prüfungen (→ Kapitel 19)

Die große Zahl von Studierenden und die Zunahme von Prüfungen aufgrund der modularisierten Studiengänge erfordern Lösungen, um den Arbeitsaufwand rund um das Prüfen in Grenzen zu halten. Online-Prüfungen können bezüglich der Feststellung vorhandenen Wissens diagnostische, summative und formative Funktionen wahrnehmen, in Bezug auf Qualitätssicherung auch evaluative Funktionen. Ihnen wird ein hohes Potenzial in Bezug auf eine Modernisierung der Lehre zugeschrieben. In didaktischer Hinsicht gelten die beschrieben Qualitätsanforderungen. Die Durchführung erfordert hingegen Klärungen der rechtlichen, organisatorischen, technischen und strategischen Rahmenbedingungen.

Literatur

Wannemacher, K. (2014): Anforderungen an E-Assessments an der Universität Basel. In: Škerlak, T. et al. (Hrsg.) (2014): Lernumgebungen an der Hochschule: auf dem Weg zum Campus von morgen. Münster: Waxmann, S. 263–276.

Schulz, A./Apostolopoulos, N. (2014): E-Examinations at a glance. Die Computerisierung des Prüfungswesens an der Freien Universität Berlin. In: Škerlak, T. et al. (Hrsg.) (2014): Lernumgebungen an der Hochschule: auf dem Weg zum Campus von morgen. Münster: Waxmann, S. 283–298.

Krueger, M./Schmees, M. (Hrsg.) (2013): E-Assessments in der Hochschullehre. Einführungen, Positionen & Einsatzbeispiele. Psychologie und Gesellschaft, Band 13. Frankfurt am Main/Bern: Internationaler Verlag der Wissenschaften.

18.6 Zielkonsistente Fragen für das Prüfen von Wissen

Ziele Die Studierenden können …	***Beispiele für Fragen- und Aufgabentypen***
einen Sachverhalt in eigenen Worten erklären. *… das vollständige Handlungsmodell erläutern.*	*Welches sind die Elemente des vollständigen Handlungsmodells? Beschreiben Sie die Elemente mittels zweier Stichwörter.*
einen Sachverhalt skizzieren. *… einer Drittperson das vollständige Handlungsmodell mittels einer Skizze erläutern.*	*Erklären Sie bitte das vollständige Handlungsmodell und verwenden Sie dazu eine einfache Skizze.*
Teilelemente eines Sachverhaltes nennen und zueinander in Beziehung setzen. *… den Zusammenhang zwischen den Elementen des vollständigen Handlungsmodells aufzeigen.*	*Welches sind die verschiedenen Elemente des vollständigen Handlungsmodells? Welchen Zusammenhang zwischen den Elementen stellen Sie her?*
zu einem Sachverhalt ein Beispiel geben. *… den Lernprozess mittels vollständigen Handlungsmodells erläutern.*	*Welche Phasen durchläuft ein umfassender Lernprozess, in Analogie zum vollständigen Handlungsmodell? Nennen Sie zu jedem Element zwei konkrete Lernhandlungen.*
einen Sachverhalt aufgrund eines Beispiels identifizieren. *… zielorientierte Zusammenarbeit in Teams mittels vollständigen Handlungsmodells darstellen.*	*Welche Verknüpfung stellen Sie her zwischen der erfolgreichen Erledigung eines Gruppenauftrages und dem vollständigen Handlungsmodell?*
zwei Sachverhalte vergleichen. *… Elemente des instruktiven und des konstruktiven Lehrparadigmas im Hinblick auf die Lehrtätigkeit an einer Hochschule miteinander vergleichen.*	*Welches sind aus Ihrer Sicht bedeutsame Elemente des konstruktiven und instruktiven Lehr-Lern-Paradigmas? Zeigen Sie anhand des vollständigen Handlungsmodells das Lehrverständnis innerhalb der beiden Paradigmen auf.*
eine Situation unter Einbezug von Wissen neu sehen. *… unter Bezugnahme auf das vollständige Handlungsmodell Begleitmaßnahmen für nachhaltige Selbststudien entwickeln.*	*Wie können Dozierende das Selbststudium lernfördernd begleiten? Stellen Sie einen Bezug zum vollständigen Handlungsmodell her.*
einen Sachverhalt neu sehen. *… das vollständige Handlungsmodell im Hinblick auf die Förderung kreativer Prozesse beurteilen.*	*Wie beurteilen Sie das vollständige Handlungsmodell als didaktisches Basismodell für die Förderung der Kreativität in Problemlösungen?*

18.7 Zur Benotung

Punkte zuteilen
Korrigieren beinhaltet, die gelösten Aufgaben auf ihre Richtigkeit zu prüfen und den Antworten gemäß vorab festgelegter Kriterien Punkte zuzuteilen. Dies kann pro Aufgabe in Bezug auf ein einziges Kriterium oder mehrere Kriterien erfolgen.

Zur Illustration
Ein Kriterium: Wissen
Mehrere Kriterien: Wissen, Schriftlicher Ausdruck, Darstellung, Visualisierung

Beim Korrigieren stellen Dozierende oft fest, dass Studierende (auch einfache) Aufgaben nicht lösen konnten. Dem ist nachzugehen. Es könnte sich zeigen, dass die Aufgabe missverständlich und/oder unvollständig formuliert war oder dass die verwendeten Begriffe mehrdeutig sind. In einem solchen Fall ist es richtig, diese Aufgabe nicht oder anders zu bewerten und die Punktevergabe anzupassen. Wenn sich eine Modifikation der Punktezuteilung aufdrängt, sind die bereits korrigierten Lernnachweise nachzukorrigieren.

Anspruchsvoll ist die Punktezuteilung bei Aufgaben, in denen schwer standardisierbare Leistungsanteile wie beispielsweise Kreativität oder Zusammenarbeit beurteilt werden sollen. Dies trifft insbesondere auf interdisziplinäre Problemlösungen, Teamarbeiten und gestalterische Aufgaben zu. Hier empfiehlt es sich, Beobachtungen, die auf eine Lernleistung in Bezug auf das entsprechende Kriterium schließen lassen, konsequent schriftlich festzuhalten.

Zur Illustration
Notizen zum Kriterium «Zusammenarbeit»

- *hört zu*
- *nimmt Ideen anderer auf*
- *bringt eigene Gedanken ein, hakt nach*
- *übernimmt Teilaufgaben und ist termintreu*

Notizen über die Gründe der Punktezuteilung stützen die definitive Beurteilung, das schriftliche oder mündliche Feedback an die Studierenden, den Austausch mit einer allfälligen Zweitbeurteilungsperson und, falls nötig, die Legitimation der Beurteilung gegenüber der Rekursinstanz.

Note berechnen

Auf der Basis der Punktezuteilung kann die Umrechnung in eine Note erfolgen. Der Umrechnung in Noten wird an vielen (Fach-)Hochschulen der Schweiz die Norm des Bundesamtes für Berufsbildung und Technologie zugrunde gelegt.[22]

$$\text{Note} = \frac{\text{Ist-Punktezahl}}{\text{Maximale Punktezahl}} \times 5 + 1$$

Lernzielorientierte Leistungsnorm

Die Norm für akzeptierte Leistungen kann in einem absoluten Standard bestehen, was bedeutet, dass eine gewisse Leistung erreicht werden muss, damit der Lernnachweis akzeptiert ist.

Es empfiehlt sich, konsequent die Lernziele als Norm zur Beurteilung des Lernnachweises heranzuziehen. Bei dieser ziel- und aufgabenbezogenen Praxis ist es möglich, dass sehr viele oder eben nur wenige den Lernnachweis erfolgreich erbringen.

Die konsequente Orientierung an transparenten Zielen fördert die Motivation und entspricht den Erwartungen der Praxis, wo es darum geht, Ziele zu erreichen, und nicht darum, Normen zu erfüllen.

18.8 Mündliche Prüfung

Mündliche Prüfungen eignen sich besonders gut zur Bewertung von sozialen Kompetenzen oder zur Ergänzung des Eindrucks bei der Bewertung einer anspruchsvollen Arbeit, die umfassende Handlungskompetenzen verlangte. Für mündliche Prüfungen gelten die gleichen Grundsätze wie für schriftliche Lernnachweise. Die folgende Übersicht zeigt, was bei mündlichen Prüfungen zu beachten ist.

22 Eine verordnete Norm ist eine Vorgabe, beispielsweise durch die Schulleitung. Sie basiert häufig auf Erfahrungswerten langjähriger Lehrgänge. Sie schränken den Handlungsspielraum der Lehrenden ein.

Form	Eignung	Zu beachten
Befragung mittels offener und geschlossener Fragen oder Kommentar zu Hypothesen oder Stellungnahmen	Reproduktion, Verständnis, Verknüpfung, Beurteilung von Wissen	– genügende Anzahl von Fragen vorbereiten – pro Frage eine Musterlösung vorbereiten und Punktezuteilung bestimmen – geschlossene Fragen vermeiden – ein vertiefendes Gespräch ermöglichen, kein Frage-und-Antwort-Spiel – Übergänge zu neuen Fragen markieren – Zeitbudget pro Thema festlegen und beachten
Kurzvortrag oder Präsentation mit Befragung	Reproduktion, Verständnis, Verknüpfung, Beurteilung von Wissen soziale und methodische Kompetenzen	– vollständige Aufgabe – Beurteilungskriterien bekannt geben
Wissensbezogene Reflexion einer aktuellen Situation (vor Ort oder Videoaufzeichnung)	Verständnis, Verknüpfung und Beurteilung von Wissen soziale und reflexive Kompetenz	– vollständige Aufgabe – Beurteilungskriterien bekannt geben
Simulation/Rollenspiel (zum Beispiel Lehrübung, Beratung)	Reproduktion, Verständnis, Beurteilung von Wissen Sozialkompetenz	– vollständige Aufgabe – Beurteilungskriterien bekannt geben – Vorbereitungszeit beachten – Abschluss sorgfältig gestalten
Fachgespräch	Wissenskompetenz auf hohem Niveau Reflexionskompetenz Sozialkompetenz	– Gesprächspunkte und Beurteilungskriterien bekannt geben – dialogisch gestalten
Gruppenprüfung	Wissenskompetenz Sozialkompetenz Handlungskompetenz	– vollständige Aufgabe – Beurteilungskriterien bekannt geben Die Benotung einzelner Studierender kann begründet von der Gruppennote abweichen.

Checkliste für mündliche Prüfungen

Vorbereitung
- zielbezogene Konstruktion der Aufgaben und Lösungen (formal und inhaltlich),
- Zeitplan mit Raum für Beurteilungen und Pause einplanen,
- angenehme Sitzordnung arrangieren,
- allfällige Hilfsmittel organisieren,
- Verfahren der Zuteilung oder Wahl von Fragen bzw. Aufgaben festlegen,
- Protokollführung vorbereiten, Formular und Musterlösung pro Aufgabe produzieren.

Durchführung
- beim Einstieg die Studierenden mit Namen begrüßen, alle Anwesenden namentlich und in Bezug auf ihre Rolle vorstellen, den Ablauf bekannt geben, sich zuversichtlich zeigen,
- den Einstieg und die Formulierung der Fragen oder des Auftrags für alle gleich gestalten,
- größtmögliche Standardisierung bei der Durchführung einhalten und Gestaltungsraum für ein Gespräch ausschöpfen,
- unklare oder bewertende Rückmeldungen vermeiden,
- den Studierenden vertraute Fachsprache verwenden,
- nachvollziehbare und vergleichbare Protokollführung sicherstellen, wichtige Stichwörter und Verhaltensweisen kriterienbezogen notieren,
- Studierende verabschieden,
- soziale Wahrnehmungsmechanismen beachten.

Beurteilung
- Beurteilung aufgabenbezogen, aufgrund der protokollierten Informationen vornehmen,
- Bewertung (Benotung) im Anschluss an die Prüfungssequenz vornehmen, nach einer gewissen Anzahl von Prüfungen eine Standortbestimmung vornehmen.

Feedback
- unterscheiden zwischen eventuellem kurzem Feedback am Schluss der Prüfung und dem definitiven Feedback im Zusammenhang mit der Bekanntgabe des Resultates.

Zwei Beispielformulare für eine mündliche Prüfung

Fach			
Name Student/in			
Name Dozierende			
Datum			
Frage	***Kriterien, Inhalte, Punkte***	***Gezeigtes Wissen, Antworten***	***Erreichte Punkte, Kommentar***
Bitte spezifizieren Sie den Begriff «Globalisierung».	*– Spezielle Variante der Internationalisierung (1P)* *– Zunehmende Angleichung von Strukturen und Aktivitäten (1P)* *2 P*		
Welche drei Kriterien eignen sich zur Überprüfung? Erläutern Sie diese.	*– Integration (1P)* *– Homogenisierung (1P)* *– Standardisierung (1P)* *3 P*		

Fach
Name Student/in
Name Dozierende
Datum

1. Frage:
1.1 Gestalten Sie ein Programm für den Tourismusort xxx. (4 P)
1.2 Konkretisieren Sie ein von Ihnen ausgewähltes Thema. (4 P)
1.3 Formulieren Sie ein Motto. (2 P)

Erwünschte Inhalte Punkte	***Erwünschter Theoriebezug***	***Genannte Inhalte/ Theoretische Bezüge Punkte/Kriterium***	***Anzahl Punkte Kommentar***
1.1 Programmgestaltung *– Anzahl Themen* *– Adressatenorientierung* *– Ausgeglichenheit* *– eigener Input*			
1.2 Vertieftes Thema *– Entwicklung* *– Chancen, Risiken* *– anderes*			
1.3 Motto/Leitsatz *– Kreativität* *Passung*			

18.9 Beurteilen von schriftlichen und gestalterischen Arbeiten

Schriftliche und gestalterische Arbeiten befassen sich meist mit einer problemorientierten Aufgabe, welche die Studierenden aus einer Reihe von vorgegebenen Themen wählen oder selbst bestimmen können.

Hier ist auf Folgendes besonders zu achten:

- Verständlich erklärte Aufgabenstellung,
- im Hinblick auf das Anspruchsniveau vergleichbare Aufgabenstellungen für alle Studierenden,
- dem Zeitpunkt im Studienverlauf angemessene Begleitung der Studierenden,
- Zwischenbeurteilungen vornehmen, entweder rein formativ oder als Teil der Gesamtbeurteilung,
- nachvollziehbare Beurteilung gemäß bekannten und von den Studierenden verstandenen Kriterien,
- ermöglichen eines Feedbackgesprächs.

Die Beurteilung von schriftlichen und gestalterischen Arbeiten kann rein qualitativ oder sowohl qualitativ und quantitativ erfolgen.

Formen

- *Lernbericht* mit vorgegebenen Kapiteln und Kriterien, beispielsweise
  - Lerninhalte,
  - Arbeitsprozess,
  - Lernprozess.
- *Literaturarbeit*
- *Portfolio, auch als E-Portfolio:* Zusammenstellungen von diversen Aufgaben, die im Laufe des Moduls bearbeitet werden, beispielsweise
  - Zusammenfassungen,
  - Lernerkenntnisse,
  - gelöste Aufgaben mit Fehleranalysen und Erkenntnissen,
  - Thesenkommentare,
  - Checklisten usw.,
  - Skizze, Entwurf,
  - künstlerische Arbeit, Bilder, Filme
  - Bericht über Experiment.

(Vgl. Häuptle-Barceló 2011, S. 205–215; Zoumpoulia 2011, S. 216–229)

- *Bericht über die Bearbeitung eines konkreten oder simulierten Auftrages.* Der Bericht kann die Präsentation des Ergebnisses und des Vorgehens beinhalten.
- *Bericht über Projekt.*

Beispiel eines Auftrages für eine schriftliche Arbeit in einem Nachdiplomkurs zur Förderung der Beratungskompetenz

1 Ziel und Inhalt

Ziel der Arbeit ist es, eine eigene Beratungssituation oder einen Ausschnitt aus einer Beratungssituation
- *nachvollziehbar zu beschreiben,*
- *aus systemischer Perspektive zu reflektieren,*
- *mit theoretischen Konzepten zu verbinden,*
- *Schlussfolgerungen für die weitere Beratungstätigkeit zu ziehen und*
- *Erkenntnisse in einer Gruppe zu präsentieren.*

2 Stellenwert

Die Arbeit ist integraler Bestandteil des Nachdiplomkurses und hat den Stellenwert eines Qualifikationsschrittes. Die Annahme der Arbeit und die Präsentation von Erkenntnissen am Schlusstag sind Voraussetzungen für die Erteilung des Zertifikates.

3 Umfang

Die ausgewählte Beratungssituation soll in der zur Verfügung stehenden Zeit bearbeitet werden können (dreißig Lektionen). Die schriftliche Arbeit soll fünf bis sechs A4-Seiten umfassen.

4 Beurteilung, Feedback

Die Teilnehmenden erhalten ein schriftliches Feedback von den Kursverantwortlichen. Die schriftliche Arbeit wird mit bestanden oder nicht bestanden beurteilt. Im Zweifelsfalle wird die Arbeit von einer zweiten Person begutachtet. Eine nicht akzeptierte Arbeit kann einmal überarbeitet werden.
Auf die mündliche Präsentation von Erkenntnissen am Schlusstag erhalten die Teilnehmenden ein mündliches Feedback. Dieses hat keinen Einfluss auf die Beurteilung der schriftlichen Arbeit.

5 *Beurteilungskriterien für die schriftliche Arbeit*

Verständlichkeit und Nachvollziehbarkeit
- *Wurde die Beratungsgeschichte verständlich, präzise und nachvollziehbar beschrieben?*
- *Wurden das eigene Beratungshandeln und das Handeln der Klienten differenziert dargestellt?*

Verbindung mit Modellen und/oder Konzepten
- *Wurden einzelne Vorgehensweisen oder Elemente theoretisch reflektiert oder begründet?*

Beurteilung des Prozesses
- *Wurden die sozialen Dynamiken aus systemischer Perspektive reflektiert?*
- *Wurde die eigene Rolle reflektiert?*
- *Wurden die Interventionen systemisch begründet und/oder reflektiert?*

Schlussfolgerungen
- *Wurden Schlussfolgerungen für die künftige Beratungspraxis formuliert?*

Formales
- *Hat die Arbeit einen logischen Aufbau?*
- *Wird auf Quellen korrekt verwiesen?*
- *Ist die Arbeit lesefreundlich gestaltet? Enthält das Titelblatt vollständige Angaben (Titel, Verfasser oder Verfasserin, Name des Kurses, Ort der Abgabe, Institution, Datum)?*

6 *Beurteilungskriterien für die mündliche Präsentation*

Inhalt
- *Wurden Fragen präsentiert, die im Laufe der Arbeit entstanden sind?*
- *Wurde die Situation aus systemischer Perspektive dargestellt?*

Gestaltung des Gespräches
- *Wie wurde das Gespräch angeregt?*
- *Wurden Anregungen aus der Gruppe aufgenommen?*

7 *Organisation und Ablauf*

Einführung in die Arbeit	*10.*	*September*	*200x*
Abgabe einer einseitigen Konzeptskizze	*19.*	*November*	*200x*
Feedback auf das Konzept	*13.*	*Dezember*	*200x*
Abgabe der Arbeit	*15.*	*März*	*200y*
Feedback auf die Arbeit	*25.*	*März*	*200y*
Abgabe einer allfälligen Überarbeitung	*30.*	*April*	*200y*
Präsentation	*15.*	*Mai*	*200y*

Die Begleitung wird von den Kursverantwortlichen wahrgenommen.
Die einseitige Konzeptskizze und die definitive Arbeit sind bei xxx elektronisch und in Papierformat abzugeben.

Beispiel eines Feedbackformulars für eine schriftliche Arbeit

Feedback auf die Projektarbeit
TITEL

von
NAME

Beurteilende Dozierende
NAME/N

A Würdigung

B Ergebnis
Bestanden: 12–20 Punkte
Nicht bestanden mit Empfehlung zur Überarbeitung: 8–11 Punkte
Nicht bestanden mit Empfehlung zu einer neuen Arbeit: 1–7 Punkte

C Kriterienbezogene Rückmeldung

Verständlichkeit und Nachvollziehbarkeit (3 Punkte)
- Wurde die Beratungsgeschichte verständlich, präzise und nachvollziehbar beschrieben?
- Wurden das eigene Beratungshandeln und das Handeln der Klienten differenziert dargestellt?

Verbindung mit Modellen/Konzepten/Theorien (4 Punkte)
- Wurden einzelne Vorgehensweisen oder Elemente theoretisch reflektiert oder begründet?

Beurteilung des Prozesses (6 Punkte)
- Wurden die sozialen Dynamiken aus systemischer Perspektive reflektiert?
- Wurde die eigene Rolle reflektiert?
- Wurden die Interventionen systemisch begründet und/oder reflektiert?

Schlussfolgerungen (3 Punkte)
- Wurden Schlussfolgerungen für die künftige Beratungspraxis formuliert?

Formales (3 Punkte)
- Hat die Arbeit einen logischen Aufbau?
- Wird auf Quellen korrekt verwiesen?
- Ist die Arbeit lesefreundlich gestaltet? Enthält das Titelblatt vollständige Angaben (Titel, Verfasser oder Verfasserin, Name des Kurses, Ort der Abgabe, Institution, Datum)?

---

1 Joker-Punkt für ein besonders gut gelungenes Kapitel.
Total: 20 Punkte

D Hinweise für eine allfällige Überarbeitung

E Datum und Unterschrift

18.10 Exkurs: Beurteilen von Kreativität

Jeder kreative Akt und dessen Evaluation sind eingebettet in eine bestimmte Gesellschaft und Kultur. Wie kreativ eine Idee ist, hängt in hohem Maße davon ab, wie sie von einer beurteilenden Person aufgenommen wird. Um eine Idee überhaupt angemessen bewerten zu können, muss sie von der Umwelt wahrgenommen und akzeptiert werden. Die Kreativitätsbeurteilung ist demnach von Idealen, Wertvorstellungen und ideologischen Einstellungen abhängig, welche bestimmen, was angemessen oder nützlich ist.

Dimensionen von Kreativität

A Neuheit (überraschend, originell)
B Nützlichkeit für das Problem (logisch, brauchbar, wertvoll, verständlich)
C Ausführung, Ausgestaltung (organisch, elegant, gut gemacht)
(Vgl. Urbschat 2007, S. 19–23)

Bewertungskriterien kreativer Ergebnisse/Produkte

Kriterium des Produkts	Maßstäbe	Ästhetische Reaktion des Beurteilers
1. Ungewöhnlichkeit	statistische Norm	Überraschung
2. Angemessenheit	Kontext	Befriedigung
3. Transformation	überwundene Zwänge	Stimulation
4. Verdichtung	Summierungspotenz	Genuss

(Vgl. Urbschat 2007, S. 21; nach Preiser 1976, S. 37)

Vorschlag für einen Beurteilungsraster für «Kreativität».

Kriterien und Indikatoren	In hohem Maße	ein wenig/teilweise	kaum
1. Neuheit			
1.1 Die Lösung überrascht.			
1.2 Die Lösung ist einmalig.			
2. Angemessenheit			
2.1 Die Lösung ist brauchbar.			
3. Ausgestaltung			
3.1 Die Ausführung ist organisch.			
3.2 Die Ausführung ist einmalig.			
3.3 Die Ausgestaltung ist anregend.			

Literatur

Walzik, S. (2012): Kompetenzorientiert prüfen: Leistungsbewertung an der Hochschule in Theorie und Praxis. Opladen: Verlag Barbara Budrich.

Metzger, Ch./Nüesch, Ch. (2004: Fair prüfen. Universität St.Gallen. Hochschuldidaktische Schriften. Band 6.

Stary, J. (2002): «Doch nicht durch Worte allein …». Die mündliche Prüfung. In: Berendt, B./Voss, P./Wildt, L. (Hrsg.): Neues Handbuch Hochschullehre. Lehren und Lernen effizient gestalten. (Loseblatt-Ausgabe Teil H2.1). Berlin: Raabe.

Auf den Punkt gebracht

Das Erbringen eines Lernnachweises ist Teil eines vollständigen Lernprozesses.
Mündliche und schriftlich Prüfungen planen heißt, die folgenden Fragen beantworten:

- Was prüfen?
- Wie prüfen?
- Wie auswerten?
- Sind Online-Prüfungen sinnvoll?

Aufgaben sollen klar und verständlich formuliert sein. Bei gültigen Lernnachweisen stehen sie in einem nachvollziehbaren Zusammenhang mit den Wissens- und/oder Kompetenzzielen. Studierende sollten Prüfungsaufgaben unabhängig von Geschlecht und kulturellem Hintergrund lösen können.
Die Bewertung soll ausschließlich aufgrund der gezeigten Leistung zustande kommen.
Fehler- oder Leistungsanalyse sind exzellente Lernanlässe in Bezug auf die Fortsetzung des Studiums und die Praxis.

E-Learning

Absicht

Lernen mit den «neuen Medien» ist an Hochschulen Mittel *und* Zweck. Dieses Kapitel gibt Hinweise auf Einsatzmöglichkeiten von E-Learning und beleuchtet die Rolle der Dozierenden.[22]

Leitfragen

- Was beinhaltet der Begriff «E-Learning» und was sind neue Medien?
- Welche Bedeutung haben Informations- und Medienkompetenzen für das Lernen?
- Welche didaktischen Überlegungen gehen dem Einsatz neuer Medien voraus?
- Welche Lehr- und welche Lernfunktion haben die neuen Medien?
- Welches sind die Aufgaben der Dozierenden beim Einsatz neuer Medien?
- Welche Bedeutung haben Informations- und Medienkompetenzen für das Lernen?
- Was bringt der Einsatz neuer Medien?

---

22 Anita Holdener, Spezialistin für E-Learning an Hochschulen und Universitäten, hat dieses Kapitel mit ihrem Fachwissen und ihren Erfahrungen mitgestaltet.

19

In Kürze

E-Learning meint den Einsatz von Informations- und Kommunikationstechnologien zur Unterstützung von Lernprozessen.
Als «neue Medien» werden aus heutiger Sicht vornehmlich digitale Artefakte (z. B. CD-ROM, E-Books) und medientechnische Systeme (z. B. Lernplattformen, Internetdienste, Autorenwerkzeuge) bezeichnet.
Sie können kognitive, interaktive, insbesondere auch eigenverantwortliche Lernprozesse unterstützen, entweder im Präsenzstudium oder in netzbasierten Veranstaltungen im Wechsel mit Präsenzstudium, wie auch substituierend zu Präsenzveranstaltungen. Studierende entwickeln so wichtige Informations- und Medienkompetenzen.
Der Einsatz von «neuen Medien» ist der Adressatenanalyse, der Wahl der Inhalte und Lernziele untergeordnet. Dozierende haben dabei spezifische Aufgaben:

Planung

- Mediengerechte Aufbereitung und Präsentation von Wissen
- Erschließen und Zusammenstellen von möglichen digitalen Quellen und Lernressourcen aus dem Internet
- Kreation von mediengestützten Lerninhalten, Aufgaben und Übungen unter Berücksichtigung der verschiedenen Kommunikationsdesigns:
  Student/in mit Dozent/in; Studierende untereinander; Studierende mit technischen Geräten (Tablet, Handy)
- Einrichten und bedienen medientechnischer Systeme

Durchführung

- Organisation und Einführung der Studierenden in die technologiegestützte Lernumgebung

In Kürze

Beraten von Einzelnen, Tandems, Gruppen im virtuellen Raum

- Moderieren von Kommunikationsprozessen im virtuellen Raum
- Auf Fragen und Arbeitsproben Feedback geben, z. B. in einem Forum oder Kommentarfeld

Lernfortschritte beurteilen

Die Informatik bietet für die Beurteilung und Begleitung hilfreiche Instrumente, um Daten über den Lernfortschritt und Lernergebnisse von Studierenden zu sammeln, zu analysieren und zusammenzustellen.

19.1 Begriffsklärung

«E-Learning kann begriffen werden als Lernen, das mit Informations- und Kommunikationstechnologien unterstützt bzw. ermöglicht wird» (http://www.net-lexikon.de/E-Learning.html). Neue Medien erhalten ihre didaktische Qualität erst *innerhalb* eines Lehrkonzeptes. Es ist deshalb wichtig, dass die Technologien als integriertes Element eines geplanten Lern- und Lehrprozesses eingesetzt werden. In diesem Prozess haben sie meist Lehr- *und* Lernfunktionen.

E-Learning ist

… *statisch oder interaktiv,* das heißt, es kann als individuelles Aufnehmen von Informationen (Lesen eines Online-Textes, Rezeption von Videoinhalten) oder als Interaktion (Zusammenarbeit in einem virtuellen Forum, Austausch in einem Chat) gestaltet werden.

… *individuell oder kollaborativ,* das heißt, Personen können einzeln oder in Gruppen lernen.

… *synchron oder asynchron*, das heißt, zeitgleiche Interaktionen können beispielsweise im Rahmen von Chats und Videokonferenzen, asynchrone Interaktionen können in Diskussionsforen stattfinden.

… *lokal oder verteilt,* das heißt, Lernprozesse können mittels lokal vorhandener (CD-ROM, Lernstick) oder entfernter Ressourcen (Einsatz eine Lernplattform) unterstützt werden.

… *unterstützend für den Lehr-* und *den Lernprozess,* das heißt, wenn Wissen digital aufbereitet und online abrufbar ist, unterstützt dies den Vermittlungsauftrag der Dozierenden, wenn Lernende jederzeit Zugriff auf Lernressourcen haben und Übungen auf einer Lernplattform lösen können, fördert dies den persönlichen Verarbeitungsprozess.

Neue Medien sind

aus heutiger Sicht und im Kontext der Lehre entweder digitale didaktische Artefakte, z. B. Selbstlerntutorials, E-Books) oder medientechnische Systeme (Lernplattformen, Blogs, Wikis).

Mediendidaktische Konzepte

Die neuen Medien können das Präsenzstudium unterstützen (Anreicherungskonzept, 1), als netzbasierte Veranstaltungen im Wechsel mit Präsenzstudium (Integrationskonzept, 2) oder substituierend zu Kontaktveranstaltungen den Lernprozess unterstützen (Virtualisierungskonzept, 3).

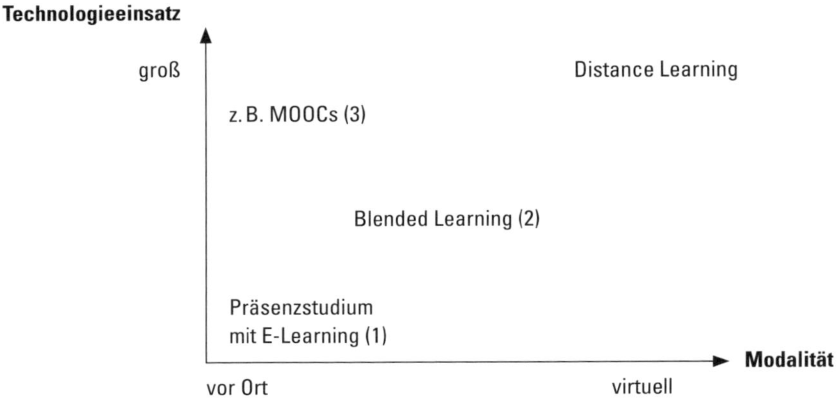

Abbildung 29: Mediendidaktische Konzepte (Darstellung von Anita Holdener)

Präsenzstudium mit E-Learning beinhaltet
beispielsweise die Nutzung des Internets, einer Software oder eines Lernprogrammes für die Recherche, für das Lösen von Aufgaben oder Vertiefen des Stoffes vor Ort.

Blended Learning ist
ein integriertes Lernkonzept, das die heute verfügbaren Lernformen im virtuellen Raum und die Lernformen vor Ort in einem Lernarrangement zielbezogen aufeinander abstimmt. Gewisse, dafür geeignete Lernprozesse, beispielsweise das Lösen von Übungen oder der Austausch von Wissen, finden losgelöst von Ort und Zeit im virtuellen Raum statt. Ergänzend dazu findet im Präsenzstudium beispielsweise ein Erfahrungsaustausch, eine Simulation oder eine Projektarbeitbesprechung statt (Sauter/Sauter/Bender 2003).

Distance Learning bezeichnet
eine Unterrichtsform, bei der das Wissen fast gänzlich medial vermittelt wird, da Lehrende und Lernenden gewollt räumlich voneinander getrennt sind. Wurden früher die Lerninhalte vor allem auf Papier und über die Post verbreitet, so werden die meisten Fernkurse heute online angeboten.

Das große Potenzial von Online-Kursen wurde durch die kostenlosen frei zugänglichen Online-Kurse für Studierende aus der ganzen Welt (MOOCs), vehement sichtbar.

«Flipped» oder «Inverted Classroom» meint
umgedrehtes Klassenzimmer. In der klassischen Lehre stellen Dozierende die theoretischen Inhalte im Präsenzstudium dar, Studierende bearbeiten die Übungen im Selbststudium. Im Konzept des «umgedrehten Unterrichts» bereiten sich die Studierenden mit Online-Materialien, z. B. Filmen, Vorlesungsaufzeichnungen, Podcasts oder Wikis, auf ein Thema vor. Dozierende unterstützen diese Lernphase mit Aufträgen oder moderieren Diskussionen in virtuellen Räumen. Die Präsenztermine werden für praktische Übungen oder die Diskussion und Klärung von inhaltlichen Fragen genutzt (Handke/Sperl 2012).

Mobile Learning
Im Mobile Learning oder M-Learning (auch: «wireless»,«nomadic» oder «pervasive learning») kommen mobile, drahtlos vernetzte Endgeräte wie Handys oder Tablets im Lernprozess zum Einsatz. Das M-Learning ist eine Ergänzung und Erweiterung des internet-basierten E-Learnings. Dank dem flexiblen und einfachen Einsatz sowie dem kommunikativen Potenzial solcher Geräte können Dozierende damit gut interaktive Lernprozesse begleiten, beispielsweise während einer Projektarbeit.

19.2 Mediendidaktische Fragestellungen

Die Mediendidaktik betrachtet Medien als Werkzeuge, die den Lernprozess unterstützen. Mediendidaktik befasst sich demnach damit, welche Medienprodukte beziehungsweise welche Mediensysteme sich für welche Lernprozesse eignen und wie diese die Lehrtätigkeit der Dozierenden unterstützen.

Dass sie die Dozierenden niemals zu ersetzen vermögen, ist eine Einsicht, die heute nicht mehr diskutiert werden muss: «Der Mensch ist und bleibt des Menschen Lehrer» (Lankau 2014, S. 61). Hingegen bietet das Zusammenspiel von Didaktik und Informatik neue Möglichkeiten für den Zugang zum Wissen, den Wissensaufbau und die Gestaltung der Interaktion.

Kerres 2001, S. 48 ff.) plädiert dafür, die Entwicklung und Gestaltung von medialen Lernumgebungen als neue und besondere Aufgabe der Didaktik zu betrachten. Dafür sind keine neuen didaktischen Konzepte notwendig, jedoch die sorgfältige Bearbeitung der zentralen didaktischen Leitfragen. Die neuen Medien sind als didaktische Elemente in der Planung, Durchführung und Evaluation von Lehrveranstaltungen auf ihre Besonderheit hin zu reflektieren.

Mediendidaktische Planungsfragen

Der Wahl und Ausgestaltung von passenden neuen Medien gehen immer eine Analyse der Adressaten und Entscheidungen über Inhalte und Ziele voraus. Die mediendidaktische Planung selbst lässt sich fach- und situationsspezifisch entlang den klassischen didaktischen Leitfragen vollziehen.

Wer sind meine Adressaten?

- Welche technischen Vorkenntnisse, welche Einstellungen gegenüber E-Learning bringen sie hinsichtlich des Umgangs mit neuen Medien mit (Erfahrungen, Lust oder Aversion)?
- Welcher Mehrwert der neuen Medien ist für die Adressaten interessant (zum Beispiel zeit- und ortsunabhängig lernen, üben können, neue Lernformen kennen lernen)?

Welche Inhalte vermittle ich?

- Kann der Inhalt auch in komprimierter Form richtig und verständlich dargestellt werden?
- Wie muss er dargestellt werden, damit Zusammenhänge nachvollziehbar sind?
- Gibt es eine zwingende inhaltliche Reihenfolge der Bearbeitung, oder ist ein individueller Weg denkbar? Hier stellt sich die Frage nach der Steuerung und der sinnvollen Verlinkung von Inhalten.
- Wie kann Realität erfahrbar gemacht werden (Bilder, Filme)?
- Welche modellhaften Darstellungen unterstützen das Verständnis?

Welche Lernziele sollen die Studierenden erreichen?

- Sollen die Studierenden objektives Wissen erlernen (zum Beispiel durch Selbstlerntutorial)?
- Sollen sie Fähigkeiten entwickeln, etwa im Team Problemlösungen zu entwickeln (zum Beispiel durch Fallbearbeitung mit Tutoring unter Einsatz einer Lernplattform)?
- Sollen die Studierenden spezifische Medienkompetenzen aufbauen?

Welches Lernszenario wähle ich?

- Was und wie sollen die Studierenden im Präsenzstudium lernen? Was muss ich im Präsenzstudium kommunizieren?
- Welche Lernaktivitäten (eventuell ergänzend zum Präsenzstudium) sollen im Selbststudium angeboten werden (zum Beispiel interaktive Übungen im Netz?
- Welche Lernschritte sollen durch die neuen Medien unterstützt werden?

Wie gestalte ich die Kommunikation?
- Wie soll die Kommunikation zwischen den Studierenden und den Dozierenden im Selbststudium gestaltet werden (zum Beispiel virtuelles Tutoring)?
- Wie und wann erhalten die Studierenden Feedback auf ihre Lernfortschritte?
- Welche Diskussionen müssen angeleitet und moderiert werden?

Welche technischen Werkzeuge setze ich ein?
- Welche technischen Werkzeuge fördern die erwünschten Lernprozesse?
- Wie können sie zur Förderung kommunikativer Kompetenzen eingesetzt werden?
- Welche Lernmaterialien sind bereitzustellen?

Mediendidaktische Durchführungsfragen
Beim Anleiten von mediengestützten Lernprozessen ist auf Folgendes zu achten:
- Wie lassen sich Online-Lernprozesse und Lernprozesse vor Ort integrieren?
- Welche technische Begleitung benötigen Studierende?
- Wie lassen sich die Beziehungen im virtuellen Raum lernfördernd gestalten?
- Die Gestaltung der Kommunikationsprozesse durch das schriftliche Wort erfordert Klarheit und Sorgfalt. Die Beteiligten müssen spezifische Signale der Online-Kommunikation richtig deuten können. Das Wegfallen der Kommunikationssignale aus der physischen Präsenz muss allenfalls anderweitig kompensiert werden.
- An das Medium ist die Erwartung rascher Reaktionen gekoppelt.
- Wie soll man mit Daten und Ergebnissen umgehen?
- Wie sollen die Studierenden ihre Lernprozesse dokumentieren?
  Wie und wie lange sollen Ergebnisse und Feedbacks gespeichert werden?

Prüfen mit neuen Medien
- Welche (Zwischen)Ergebnisse aus den Lernaktivitäten vor Ort bzw. im virtuellen Raum werden erwartet? Wie erfolgt die Rückmeldung?
- Können die neuen Medien zur Überprüfung der Lernziele eingesetzt werden?

Evaluation
- Welche Besonderheiten des Lernens mit neuen Medien sind zu evaluieren (z. B. Tools, Aufträge, Feedback)?

19.3 Lernfunktionen von neuen Medien

Informations- und Medienkompetenzen sind Ziel von und Voraussetzung für das Lernen mit neuen Medien.

Lernziel: Informations- und Medienkompetenzen

Wer heute ein Studium bewältigen will, muss rasch relevante Informationen finden und wiederauffinden sowie strukturiert darstellen und weitergeben können. Solche Informationskompetenzen stellen einen Schlüsselfaktor für das Studium, den Berufsalltag, das Forschen und lebenslange Lernen dar. Informationskompetenzen gehen heute einher mit Medienkompetenzen als Fähigkeiten, die (neuen) Medien aufgabenbezogen zu nutzen, Medieninhalte zu verstehen und kritisch zu bewerten sowie im virtuellen Kontext zu kommunizieren.

Voraussetzung für das Lernen

Die Informationssuche und -bewertung stellt oft den ersten Schritt eines zielbezogenen Lernprozesses dar: Lernende formulieren einen Wissensbedarf und eruieren entsprechende Quellen. Die Recherchemöglichkeiten der Studierenden scheinen dabei, neben dem Interesse am Inhalt, direkt auf das Lernergebnis einzuwirken (Limberg 1999 auf http://www.informationr.net/ir/5-1/paper68.html, 10.9.14). Die Diskussion von Inhalten im virtuellen Raum kann dazu beitragen, Wissen zu reflektieren und vertiefter zu begreifen. Arbeitsgruppen können virtuelle Räume dazu benutzen, Prozesse zu organisieren, Problemlösungen gemeinsam zu erarbeiten, diese zu diskutieren und zu dokumentieren. Die neuen Medien, insbesondere die Sozialen Medien, ermöglichen den Studierenden, sich auch international mit Wissen und Menschen breit zu vernetzen. Sie sind insbesondere auch für Dozierende geeignet, Arbeitsprozesse in großen Gruppen zu organisieren und zu unterstützen. Die folgende Übersicht zeigt eine Auswahl von didaktischen Aktivitäten zur Unterstützung des Lernens im virtuellen Raum, sowie Einsatzmöglichkeiten und Lernfunktionen.

Didaktische Aktivitäten zur Förderung des Lernens im virtuellen Raum	**Eignung in Abhängigkeit von der Gruppengröße**	**Unterstützung Lernfunktionen/ Lernprozesse**	**Kommunikation und Kooperation/Zeitaspekt** ☻ **Dozierende, Tutor, Mentor** ☺ **Studierende** 🖥 **Maschine** (☺☺☺☺☺) **große Lerngruppe**
Online-Ressourcen sammeln und zur Verfügung stellen	Individuell, Tandem	Zugang zu Wissen	
Vorlesungsmaterialien ins Internet stellen	Alle, besonders auch für Groß- und Maxigruppen	Erwerb und Verstehen von Wissen	☻ – (☺☺☺☺☺)
Vorlesungen und Seminare übertragen; interaktiv oder statisch, live oder aufgezeichnet			☻ – ☺ ☻ – (☺☺☺☺☺) synchron und asynchron
Dokumente austauschen und weiterentwickeln	Eher für kleine Gruppen	– Erwerb von Wissen – Diskussion und gemeinsame Entwicklung von Wissen	☻ – ☺ ☻ – ☺☺ ☻ – ☺☺☺☺ ☺ – ☺ ☺ – ☺ – ☺ – ☺ asynchron
Offene Aufgabe stellen, z. B. Inhalte, Produkte produzieren, z. B. E-Book, Wiki, Blog individuell oder kollaborativ	Für kleine Gruppen	– Selbstorganisiertes Lernen in Gruppen – Entwicklung und Konstruktion eigener Lösungen, Werke – Erkenntnisse	☻ – ☺ ☻ – ☺☺ ☻ – ☺☺☺☺ ☺ – ☺ ☺ – ☺ – ☺ – ☺ ☺ – 🖥 asynchron

Halb offene Aufgaben stellen, z. B. Selbstlerntutorial mit Aufgaben	Alle, besonders auch für Großgruppen	– Selbstständiges Erarbeiten von Wissen – Üben von Fertigkeiten und Fähigkeiten – Reflektieren und Anwenden von Wissen im Bereich methodischer und sozialer Kompetenzen	synchrone Elemente sind möglich
Geschlossene Aufgaben stellen, z. B. Übungen mit Selbstkorrektur oder Korrektur durch Dozierende	Alle, besonders auch für Groß- und Maxigruppen	– Vertiefen von Kenntnissen – Automatisieren von Fertigkeiten – Erkennen des persönlichen Lernerfolgs	asynchron
Aufgaben und Lernprozesse beraten	Alle; für Großgruppen möglich, wenn eine Aufteilung in Kleingruppen realistisch ist	– Zielorientiert arbeiten – Sicherheit gewinnen – Fehler erkennen und bearbeiten	synchron und asynchron
Diskussion im Forum anleiten und moderieren	Asynchron: alle Gruppengrößen	– Diskussion – Kennenlernen verschiedener Standpunkte – Bilden eigener Meinung – Üben sozialer Kompetenzen	asynchron

Online-Seminare (Webinare) gestalten	Kleine bis mittlere Gruppen	– Sich mit wichtigen Inhalten und Standpunkten befassen – Eigene Meinungen bilden – Üben sozialer Kompetenzen – Vernetzung	synchron
Lernkontrollen durchführen (→ Kapitel 18.5.) Multiple Choice, E-Book, Wiki, E-Portfolio , E-Assessment	Multiple Choice: alle Gruppengrößen übrige Formen: eher kleinere Gruppen	– Dokumentieren von Lernprozessen – Nachweisen von Lernergebnissen	synchron und asynchron

19.4 Rollen und Aufgaben der Dozierenden

Die didaktischen Aktivitäten zur Unterstützung des Lernens im virtuellen Raum verlangen mediendidaktisches Handeln. Dozierende und Studierende müssen mit den Technologien vertraut sein. Eine unverzichtbare Voraussetzung ist, dass die Studierenden ins Arbeiten mit den eingesetzten Technologien eingeführt werden.

Dozierende, die dazu nicht in der Lage sind, sollten bei hochschuldidaktischen Dienstleistungsstellen Unterstützung erhalten, um:

- Online-Lernräume bereitzustellen,
- einen reibungslosen technischen Verlauf sicherzustellen,
- im virtuellen Raum angemessen zu kommunizieren: klar, rasch und freundlich.

Die folgende Übersicht zeigt die Rollen und die zusätzlichen mediendidaktischen Aufgaben der Dozierenden beim Einsatz neuer Medien. Der eindeutige Auftrag, die klare Organisation und das Feedback sind auch hier wesentlich für einen zielführenden und kontinuierlichen Lernprozess.

Didaktische Aktivitäten zur Förderung des Lernens im virtuellen Raum	Rollen der Dozierenden	Spezifische mediendidaktische Aufgaben der Dozierenden
Vorlesungsmaterialien ins Internet stellen	Wissen vermitteln Denkprozesse anregen	Vorlesungsmaterialien in virtuellem Raum platzieren
Vorlesungen und Seminarien übertragen; interaktiv oder statisch, live oder aufgezeichnet	Wissen vermitteln Denkprozesse anregen Gespräche moderieren	Inhalte verständlich und visualisiert darstellen
Dokumente austauschen und weiterentwickeln Aufgaben stellen (offen, geschlossen)	Arbeitsprozesse initiieren, begleiten, beurteilen	Klare Aufgaben kreieren Klar organisieren Kommunizieren und Feedback geben im virtuellen Raum (rasch)
Online-Konferenzen, -Seminare gestalten	Meetings organisieren moderieren	Kommunikationsregeln bekannt geben, Ergebnissicherung klären
Diskussion im Forum anleiten und moderieren	Themen setzen (lassen) Prozesse organisieren moderieren	Kommunikationsregeln bekannt geben Impulse geben Gespräche animieren, moderieren Ergebnissicherung anregen
Lernkontrollen durchführen	Zielorientiert beurteilen	Prüfungsaufgaben schreiben Technische Möglichkeiten fehlerfrei nutzen beurteilen Feedback geben

Literatur

Handke, J./Sperl, A. (2012), (Hrsg): Das Inverted Classroom Model. Oldenbourg, München. pdf983.gczcbooks.com/das-inverted-classroom-model-PDF-2899346.pdf (9.9.14).

Kerres, M. (2001): Multimediale und telemediale Lernumgebungen. München: Oldenbourg.

Lankau, R. (2014): Ohne Dozenten geht es nicht. Die Zeit; Nr. 3.

Schulmeister, R. (2001): Virtuelle Universität Virtuelles Lernen. München: Oldenbourg.

Seufert, S./Back, A./Häusler, M. (2001): E-Learning-Weiterbildung im Internet. St. Gallen: Smart Books.

Sauter, A./Sauter, W./Bender, H. (2003): Blended Learning: Effiziente Integration von E-Learning und Präsenztraining. Neuwied: Luchterhand.

http://www.informationr.net/ir/5-1/paper68.html, (28.3.2014)

Auf den Punkt gebracht

Lehren und Lernen mit Technologien hat Gefahren und Chancen.
Der verminderten Face-to-face-Kontakt kann zu einer oberflächlichen Auseinandersetzung mit Wissen und Mitmenschen, zu erhöhter «Einsamkeit» der Studierenden und zu einer hohen Abbrecherquote führen. Wenn Dozierende die Lernprozesse im virtuellen Raum und im Präsenzstudium zielbezogen aufeinander abstimmen, die Prozesse aufmerksam moderieren und substanzielle Feedbacks geben, können Studierende jedoch motiviert studieren und valide Lernergebnisse erreichen. Bei einem **adäquaten Einsatz können** die neuen Medien ein großes Potenzial für das Lernen und die Lehre entfalten:

Vereinfachter Zugang zum Wissen – Aufbau von Informations- und Medienkompetenzen
Der Zugriff auf viele Wissensressourcen ist dank dem Internet einfach und günstig. Die Studierenden lernen, online zu recherchieren und das Wissen webbasiert darzustellen. Sie erfahren die vielfältigen Vernetzungsmöglichkeiten mit Wissen und Personen und üben sich darin, im virtuellen Netz zu kommunizieren.

Anschauliche Wissenspräsentation
Eine visualisierte Präsentation von Wissen, z. B. in Verbindung mit Filmen oder Simulationen, fördert das Verständnis der Inhalte und unterstützt die Konzentration.

Erhöhte Individualisierung des Lernens
Studierende können sich orts- und zeitunabhängig Wissen aneignen. Sie bestimmen das Lerntempo und den Zeitaufwand. Arbeitsgruppen können Aufgaben orts- und zeitunabhängig kooperativ lösen.

Optimierte Selbststudien
Dozierende können mit geeigneten Aufträgen vertiefende Lernprozesse animieren (z. B. Wissen verstehen, darstellen, darüber kommunizieren, Übungen lösen). Studierende können arbeitsteilige Gruppenaufträge im virtuellen Raum organisieren und bearbeiten, Dozierende die Prozesse im virtuellen Raum überwachen und begleiten/beraten.

Neue didaktische Möglichkeiten
Die neuen Medien ermöglichen vielfältige Arrangements von Lern- und Lehrprozessen und insbesondere eine didaktisch vertretbare Entlastung des Präsenzstudiums.

Unterstützung der Lehre in Großgruppen: Vermitteln und prüfen
Die neuen Medien können die Präsentation und die Überprüfung von Wissen in Großgruppen in vielfältiger Weise optimieren. Außerdem lassen sich Vorbereitungs- und Folgeaufträge als Ergänzung des Präsenzstudiums gut im virtuellen Raum organisieren.

Lehre in großen Gruppen

Absicht

Die folgenden Ausführungen zeigen Möglichkeiten, Lern- und Denkprozesse in großen Gruppen zu unterstützen. Sie beziehen sich auf Lernsituationen im Rahmen eines lernzielbezogenen Curriculums an Hochschulen.[23]

Leitfragen

- Wann spricht man von einer großen Gruppe?
- Welche Besonderheiten in der Dynamik von großen Gruppen beeinflussen den Lehr- und Lernprozess?
- Welche Lernprozesse sind in großen Gruppen möglich?
- Worauf müssen Dozierende achten, wenn sie mit großen Gruppen arbeiten?
- Wie visualisieren?
- Welche didaktischen Formen unterstützen Lernprozesse in großen Gruppen?

23 Großgruppenmethoden, wie sie im Rahmen von Tagungen oder von Veränderungsprozessen in Institutionen zur Anwendung kommen, werden nicht berücksichtigt. (vgl. dazu die Literaturliste)

20

In Kürze

Es ist sehr gut möglich, in Großgruppen deklaratives Wissen oder Informationen über bestimmte Methoden oder Techniken zu vermitteln und Verstehensprozesse anzuregen, vor Ort oder online. (Vgl. das «Modell Flipped» oder «Inverted Classroom» → Kapitel 19.1)
Das Einüben von Problemlösungskompetenzen ist im Rahmen klassischer Vorlesungen nicht möglich. Es gibt aber zahlreiche didaktische Formen, die mit einer klassischen Vorlesung kombiniert werden können, was den Studierenden ermöglicht, Wissen zu erarbeiten und Kompetenzen einzuüben. Dann bedeutet Großgruppendidaktik auch Kleingruppendidaktik.
Die Lehre in Großgruppen erfordert neben einer zielbezogenen Planung insbesondere eine sehr klare Führung bzw. Moderation der Prozesse im Präsenzstudium. Für das Anleiten von anschließenden Lernprozessen in anderen sozialen Settings gilt: Die Aufgabenstellung ist klar und umfassend, Feedback ist ein Muss. Nicht nur das Angebot von Wissen, auch Dialoge über Ergebnisse von Aufgaben, Probleme und Feedbacks sind gut online möglich.

20.1 Wann spricht man von einer großen Gruppe?

Eine Gruppe ist dadurch definiert, dass
- eine Anzahl Personen sich in einem zeitlich begrenzten Rahmen trifft;
- die Gruppenmitglieder ihre Aktivitäten und Interaktionen auf ein von allen verfolgtes Ziel ausrichten (z. B. das Bestehen einer Modulprüfung);
- diese Personen Rollen einnehmen und damit gemeinsam eine bestimmte Gruppenstruktur ausbilden.

In großen Gruppen sind z. B. Vermittelnde, Führende, Zuhörende, Fragende, Aktive, Passive erkennbar. Ab einer Studierendenzahl von 40, manchmal von 50 Studierenden spricht man häufig von einer Großgruppe. Viele Dozierende empfinden jedoch bereits eine aus 24 Studierenden bestehende Gruppe im Hinblick auf das Erreichen bestimmter Ziele als groß. Der folgende Vorschlag, Lerngruppen hinsichtlich ihrer Größe einzuteilen, basiert auf den Kriterien:
- Aktive Mitwirkungs- und Interaktionsmöglichkeit der Studierenden im Plenum
- Möglichkeit des/r Dozierenden, individuelle Lernbedürfnisse zu berücksichtigen
- Entwicklung eines Gruppengefühls und Ausbildung einer Gruppenstruktur mit verschiedenen Rollen

Anzahl Teilnehmende/ *Lerngruppentypus* Beispiele	**Aktive Mitwirkungs- und Interaktionsmöglichkeit der Studierenden**	**Berücksichtigung individueller Lernmöglichkeiten und -bedürfnisse durch Dozierende**	**Entwicklung eines Gruppengefühls und Ausbildung von Rollen**
3–5 Teilnehmende *Minigruppe* z. B. Projektgruppe	Alle können sich rasch und in kurzer Zeit gemeinsam verständigen. Die Hemmschwelle, sich einzubringen, ist gering. Die gemeinsame Ausrichtung auf ein konkretes Projektziel ist möglich.	Individuelle Lernstile und Lernbedürfnisse können in der Zusammenarbeit sichtbar und berücksichtigt werden.	Es kann rasch Vertrauen und ein Gruppengefühl entstehen. Eine Gruppenstruktur kann sich rasch bilden und zeigen.
6–8 Teilnehmende *Kleinstgruppe* z. B. Intervisionsgruppe oder Praxisgemeinschaft	Alle können sich im Rahmen einer gewissen Zeitspanne (etwa ab 60 Minuten) in der Regel gemeinsam verständigen. Die Hemmschwelle, sich einzubringen, ist relativ gering. Die gemeinsame Ausrichtung auf ein Lernziel ist möglich.	Individuelle Lernstile und Lernbedürfnisse können sicher teilweise berücksichtigt werden.	Es kann rasch Vertrauen und ein Gruppengefühl entstehen. Eine Gruppenstruktur kann sich rasch bilden und zeigen.

9–15 Teilnehmende *Kleingruppe* z. B. Übungsgruppe	Der Austausch im Plenum braucht mehr Zeit. Die Ausrichtung auf gemeinsame differenzierte Lernziele ist aufgrund der zunehmenden Heterogenität erschwert. Die Hemmschwelle für Beiträge nimmt zu.	Individuelle Lernstile und Lernbedürfnisse können teilweise berücksichtigt werden. Individualisierung ist ohne großen Aufwand möglich.	Für das Entstehen von Vertrauen braucht es mehr Zeit, ebenso für die Übernahme und Zuschreibung von Rollen.
16–24 Teilnehmende *Mittelgroße Gruppe* z. B. Seminargruppe, Kursgruppe	Die Möglichkeit der einzelnen Studierenden, sich aktiv im Plenum zu beteiligen, ist meist schon aus zeitlichen Gründen beschränkt. Die Teilnehmenden kennen sich dadurch weniger gut, für viele vergrößert sich die Hemmschwelle, sich einzubringen, zunehmend. Man fühlt sich weniger verantwortlich für die Prozesse im Plenum. Die Ausrichtung auf gemeinsame, differenzierte Lernziele ist aufgrund der zunehmenden Heterogenität der Gruppenzusammensetzung erschwert.	Individuelle Lernstile und Lernbedürfnisse können im Plenum nur in geringem Maße berücksichtigt werden. Individualisierung erfordert spezielle didaktische Maßnahmen.	Wenn überhaupt ein Gruppengefühl entsteht, ist es eher schwach, punktuell und wenig stabil. Die Gruppenstruktur wird zunehmend indifferenter.
25–40 Teilnehmende *Großgruppen* z. B. Planspielgruppe	Nicht alle können sich im Plenum einbringen. Die Studierenden kennen sich weniger gut, für viele ist die Hemmschwelle, sich einzubringen, sehr groß. Man fühlt sich kaum mehr verantwortlich für die Prozesse im Plenum. Die Ausrichtung auf ein allgemeines Lernziel ist noch möglich (z. B. auf ein vorgegebenes Modulziel).	Individuelle Lernstile und Lernbedürfnisse können in einem gewissen Maße, in Abhängigkeit vorhandener Ressourcen wie Zeit, Infrastruktur, Personal, berücksichtigt werden.	Gruppengefühle können durchaus, jedoch eher punktuell entstehen. Die Gruppenstruktur wird noch indifferenter.

ab 40 Teilnehmende *Maxigruppe* z. B. Vorlesungsgruppe oder «Open Space Gruppe»	Der Austausch, die Interaktion und Aktivität im Plenum ist stark eingeschränkt. Er erfordert spezifische Großgruppenmethoden. Die Hemmschwelle, sich im Plenum einzubringen, ist für viele Studierende sehr groß. Man fühlt sich kaum mehr verantwortlich für die Prozesse im Plenum. Die Ausrichtung ist aufgrund der zunehmenden Heterogenität nur noch auf ein *sehr allgemeines* Lernziel möglich.	Individuelle Lernstile und Lernbedürfnisse können nicht mehr berücksichtigt werden.	Gruppengefühle entstehen kaum. Einige klare Rollenträger können herausstechen (z. B. Fragende, Kritisier-ende).

20.2 Welche Besonderheiten in der Dynamik von großen Gruppen beeinflussen den Lehr- und Lernprozess?

Die folgenden Ausführungen beziehen sich auf die oben beschriebenen Groß- und Maxigruppen.

Größere Distanz führt zu mehr Anonymität

In Großgruppen vergrößert sich die Distanz zwischen Dozent/in und Studierenden mit Zunahme der Anzahl Teilnehmer und Teilnehmerinnen. Dozierende kennen verständlicherweise ihre Studierenden kaum mit Namen, auch die Studierenden kennen sich untereinander teilweise nicht. Die einzelnen Studierenden können die anderen Anwesenden nicht mehr im selben Moment als Individuen wahrnehmen. Nur schon der physische Blickwinkel verunmöglicht dies.

Diese in gewissem Sinne anonyme Situation führt dazu, dass Studierende sich für das Geschehen im Lernraum weniger verantwortlich fühlen und getroffene Abmachungen leicht umgehen. Regeln wie Pünktlichkeit, kein Essen im Hörsaal, keine Spiele auf dem Laptop können fast unbeachtet, jedenfalls unkommentiert umgangen werden. Die Verbindlichkeit gegenüber Zielen und Abmachungen nimmt ab.

Eingeschränkte Orientierungsmöglichkeiten führen zu erhöhter Verunsicherung

Die meisten Menschen haben das Bedürfnis, sich in Gruppen zu orientieren. Orientierung ist für viele eine Grundlage, auf der sie sich auf die Inhalte und den Lernprozesse einlassen können. In großen Gruppen ist die Orientierung an den anderen Studierenden erschwert. Man weiß nicht, wer überhaupt da ist, geschweige, wie die anderen Anwesenden denken und eine Situation einschätzen. Diese latent vorhandene Unsicherheit mag ein Grund dafür sein, dass viele Studierenden gehemmt sind, eigene mündliche Beiträge einzubringen. In dieser Situation erhalten klare Informationen von Dozierenden sowie Strukturen, wie beispielsweise ein Programm oder ein Überblick über die Vorlesung, eine wichtige Orientierungsfunktion.

Rasche und minimale Rollendifferenzierung begünstigt das Entstehen von trägen Gruppen

Auch in großen Gruppen bilden sich Rollen aus. Es gibt einerseits den Dozenten, die Dozentin und andererseits die Studierenden. Letztere schreiben noch häufig den Dozierenden die Verantwortung für das Gelingen der Veranstaltung zu (und auch ein wenig für ihren Lernerfolg).

Aufseiten der Studierenden zeigen sich meist wenige Sprecher und Sprecherinnen und viele schweigende Zuhörer und Zuhörerinnen. Es gibt unter den verbal Aktiven die Interessierten, die Kritischen und jene, die nach dem Prüfungsstoff fragen. Es gibt die notorisch zu spät Kommenden und jene, die immer den Zug erreichen wollen. Unter den Stillen gibt es die aktiv Zuhörenden und die Schweigenden. Es gibt durch halb laute Seitengespräche Störende oder Uninteressierte, die am Laptop spielen.

Aufgrund der hohen Hemmschwelle, die eine große Gruppe für individuelle Beiträge darstellt, aber auch weil die Redezeit für einzelne Beiträge sehr beschränkt ist, sind Rollen bereits sehr früh fixiert und verändern sich aufgrund der schwachen Dynamik kaum mehr. Wer einmal redet, redet immer wieder, wer schweigt, wird (fast) immer schweigen.

Große Heterogenität birgt hohes Potenzial im positiven wie im negativen Sinne

Jeder Student/jede Studentin hat aufgrund der persönlichen Lernbiografie und der individuellen Persönlichkeit unterschiedliche Voraussetzung in Bezug auf Motivation, Ziele, Lernverständnis und -strategien, Verantwortlichkeit. Mit zunehmender Gruppengröße steigert sich die Komplexität in Bezug auf vorhandene Lernkonzepte und Werthaltungen. In multikulturellen Gruppen ist die Komplexität noch größer.

In einer kleinen Gruppe können diese Unterschiede sichtbar und dadurch eher konstruktiv genutzt werden. Je größer die Gruppe wird, desto weniger ist es möglich, im Rahmen klassischer Lern-/Lehrveranstaltungen wie beispielsweise einer Vorlesung individuelle Lernbedürfnisse zu berücksichtigen. Einige Studierende könnten persönlich enttäuscht darüber sein, dass ihre individuellen Voraussetzungen, Interessen, Lernwege und ihre unterschiedlichen Fähigkeiten nicht gebührend berücksichtigt werden können. Dies birgt ein gewisses Frustrationspotenzial und kann sich in einem erhöhten Konzentrationsdefizit oder in Störungen ausdrücken und ist mitunter sicher auch ein Grund für kritische Evaluationen und für Abwesenheiten.

Große Gruppen bieten neben einem erhöhten Frustpotenzial grundsätzlich auch viele Input- und Austauschmöglichkeiten. Damit das hohe kreative Potenzial einer großen Gruppe genutzt werden kann, beispielsweise hinsichtlich einer neuen Lösung für ein altes Problem, sind spezielle Methoden notwendig, beispielsweise «Open Space» oder Zukunftswerkstatt. Im Rahmen einer klassischen Vorlesung kann sich die hohe Komplexität und das damit verbundene Potenzial, wenn überhaupt, nur in einem geringen Maße zeigen.

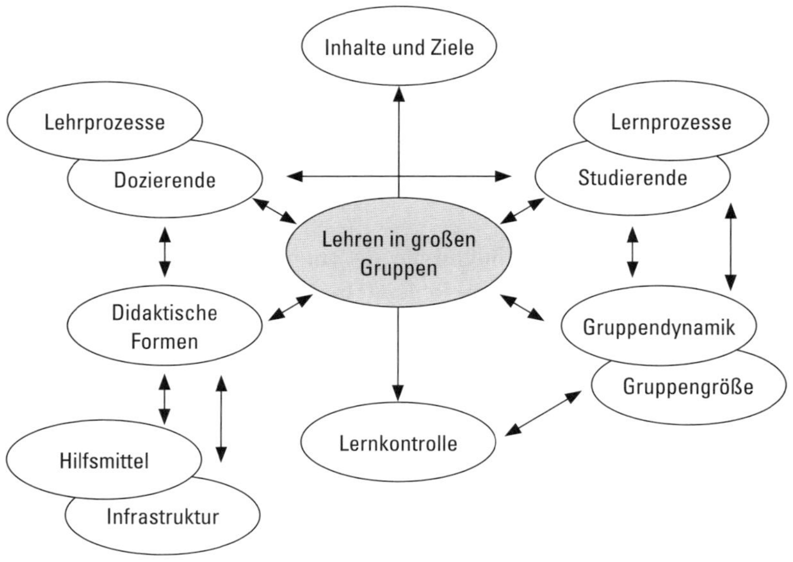

Abbildung 30: Faktoren mit Einfluss auf die Lehre in großen Gruppen

20.3 Welche Lernprozesse sind in großen Gruppen möglich?

In jeder Gruppengröße können Teilnehmende lernen, aber nicht in jeder Gruppengröße sind die gleichen Lernprozesse möglich. Aktive und interaktive Lernprozesse sind in Großgruppen durch den Einsatz geeigneter Methoden in einem eingeschränkten Maß möglich. Dies hängt nicht nur vom verfügbaren Methodenrepertoire von Dozierenden ab, sondern auch von den Ressourcen, wie beispielsweise verfügbaren Dozierenden oder Tutoren sowie der Infrastruktur und Zeit ab.

Lernprozesse an Hochschulen beziehen sich auf den Aufbau von Wissensstrukturen (Begriffe, Fakten, Modelle, Konzepte, Vorgehensweisen, Theorien, Werke) und auf den Aufbau und das Einüben von Fähigkeiten, Kompetenzen.

Erwerb von Wissen in großen Gruppen (→ Kapitel 8.5.1).
In Großgruppen ab 40 Personen ist es meines Erachtens möglich, Wissen auf den Taxonomiestufen 1–3 zu bearbeiten.

1. *Wissen verstehen*

Studierende können im Rahmen einer Vorlesung einen Gedankengang nachvollziehen und so das Wissen verstehen.

2. *Wissen zuordnen*

Wenn Dozierende Praxisbeispiele einfließen lassen, können die Studierenden nachvollziehen, wie ein Dozent den dargebotenen Inhalt mit der Praxis verknüpft oder wie eine Dozentin ein Thema oder ein Problem aus verschiedenen Perspektiven oder Disziplinen betrachtet und untersucht. Im Rahmen von kleinen Paargesprächen können die Studierenden selber gedankliche Vorstellungen entwickeln.

3. *Wissen beurteilen*

Oben Gesagtes gilt für das Beurteilen von Wissen: Dozierende können die Beurteilung eines theoretischen Konzeptes vordenken, oder die Studierenden durch Fragen aktiv einbeziehen.

4. *Wissen entwickeln*

Um neues Wissen zu entwickeln, sind in aller Regel Zeit, vertiefende Denkprozesse und Interaktion notwendig. Dies ist am ehesten möglich im Selbststudium, in Lernsituationen mit kleineren Gruppen oder wenn spezielle Großgruppenmethoden zum Einsatz kommen.

Erwerb von Kompetenzen in großen Gruppen (→ Kapitel 8.5.2)
Die Entwicklung von komplexen Kompetenzen erfordert eine Lerngelegenheit, in welcher Studierende Initiative entwickeln und zeigen, mehrdimensionale Herausforderungen meistern und Kreativität zeigen können. Dazu eignen sich komplexe Aufgaben, welche in kleinen Gruppen oder alleine bearbeitet werden.

In Großgruppen ist es kaum möglich, an Kompetenzzielen im Sinne von konkreten Handlungszielen zu arbeiten. Allenfalls kann ein Dozent im Rahmen einer Vorlesung eine einfache Anwendungsaufgabe einstreuen. Es ist auch möglich, Problemlösungen vorzudenken, beispielsweise indem ein Dozent einen überschaubaren Fall vorgibt und die Studierenden auffordert, die Lösung auszudenken. So können die Studierenden angeleitet werden, Problemlösungen zu antizipieren, jedoch noch nicht, diese handelnd zu konkretisieren.

20.4 Wie können Dozierende in großen Gruppen ein lernförderndes Klima unterstützen?

Wenn man im Hörsaal vor 60 oder mehr Studierenden steht, kann leicht der Eindruck entstehen, eher eine Masse denn Einzelpersonen vor sich zu haben. Dozierende können in großen Gruppen nicht alle Studierenden «ins Visier nehmen». Es ist vor allem am Anfang kaum möglich, unterschiedliche Reaktionen von vielen Studierenden wahrzunehmen, man kann höchstens mit Einzelnen einen gewissen Kontakt herstellen. Dozierende wissen oft nicht, ob und inwieweit die Studierenden mitdenken und zuhören. Sie können sich in dieser Situation einsam vorkommen. Studierende werden die Situation aufgrund ihrer unterschiedlichen Persönlichkeiten individuell erfahren. Einige werden die Anonymität bevorzugen, andere den großen Hörsaal und die große Distanz zu den Vortragenden als verunsichernd erleben und sich verloren vorkommen. Klar ist, dass Studierende in großen Gruppen mehr auf sich selbst gestellt sind. Wer gerne in Gruppen lernt und mit Dozierenden diskutiert, kommt zu kurz. Vermutlich fördert die größere Distanz auch eine allfällig vorhandene Autoritätsorientierung, denn Dozierende sind weniger greifbar, werden deshalb als weniger «menschlich» erfahren und können so rasch zur unerreichbaren Autorität emporstilisiert werden. Dies geht gerne gepaart mit Idealisierung oder Kritik. Studierende ermüden rascher; als Folge fehlender Aktivität und einseitiger intellektueller Belastung, fehlenden Sauerstoffs und des Gefühls, wenig Raum zu haben. Die größere Distanz hat auch Vorteile. Dozierende können sich mehr auf den Inhalt, die Darstellung und Vermittlung konzentrieren. Es ist erlaubt und erwünscht, begeistert und begeisternd über die Inhalte zu sprechen, ein richtiger, konservativer Lehrer zu sein. Auch die Studierenden können sich in klaren Vorlesungssituationen unter Umständen besser auf die Inhalte konzentrieren, als dies in Gruppen von mittlerer Größe möglich ist (weniger wahrgenommene Unruhe und Ablenkung). Dozierende können das Lernklima in großen Gruppen durch fachliche, didaktische, führende und persönliche Interventionen begünstigen.

Fachliche Interventionen
- Begeisterung am Inhalt zeigen.
- Inhalte verständlich darstellen.
- Erkenntnisse sichern (Zusammenfassungen, Fazit).

Didaktische Interventionen
- Ziele klar und konzis formulieren (→ Kapitel 8.4).
- Inhalte visualisieren; die Visualisierung an den Raum anpassen, z. B. Schriftgröße, gewähltes Medium (→ Kapitel 16).
- Regelmäßig Aktivitäten in Murmelgruppen anbieten (→ Kapitel 14.6.1 B), vor allem vor Plenumsdiskussionen (senkt die Hemmschwelle für Input im Plenum).
- Die notwendige Infrastruktur und Materialien vorbereiten bzw. organisieren.

Führende Interventionen
- Erwartungen an Verhaltensweisen sofort, klar und unmissverständlich kommunizieren.
- Anleitung klar und direktiv formulieren und diese zum besseren Verständnis visualisieren.
- Zeiten einhalten, auch die Pausenzeiten.
- Störende Verhaltensweisen sofort und eindeutig ansprechen und ablehnen.
- Regelmäßig für frische Luft sorgen.

Persönliche Interventionen
- Verständlich und genügend laut sprechen (evtl. mit Mikrofon) und sich melden lassen, wenn Sie zu leise oder auch zu schnell sprechen (Handzeichen abmachen).
- Sich persönlich vorstellen, durch persönlich gefärbte Beiträge Aufmerksamkeit wecken.
- Den Anspruch an sich selbst, es allen recht machen zu wollen, ablegen.
- Sich der unterschiedlichen und erwünschten Rollen bewusst sein.

Verschiedene Rollen wahrnehmen

- Als vermittelnde *Fachexpert/in* ist man verantwortlich für die sachlich richtige und verständliche Darstellung der Inhalte.
- Als *Großgruppenmanager/in* ist man verantwortlich für klare Informationen, eine einwandfreie Organisation von Übungen, das Bereitstellen der Infrastruktur, ein lernförderliches Klima.
- Als *Vertreter/in der Hochschule* steht man für die Grundwerte der Institution.
- Als *Abnehmer/in von Prüfungen* ist man verantwortlich für klare und umfassende Informationen und einen zielbezogenen Lehre.

20.5 Welche didaktischen Formen unterstützen Lernprozesse in großen Gruppen?

20.5.1 Die klassische Vorlesung: Durch Zuhören und Mitdenken zum Verstehen

Die folgenden didaktischen Vorschläge beziehen sich auf die Gestaltung von Vorlesungen mit sehr großen Gruppen (→ Kapitel 14.6.1 A/B).[25]

Phase	*Didaktische Möglichkeiten*	*Didaktische Begründung*
I Einstieg	Praxisbeispiel darstellen, die Bedeutung des Wissens daran aufzeigen.	Erkennen des Sinns und des Praxisbezugs wirkt motivierend.
	Aktualität einblenden, z. B. Erzählung, Bild, Film.	Wirkt motivierend, spricht mehrere Sinne und unterschiedliche Wahrnehmungstypen an.
	Die Studierenden nach einer Meinung fragen (mittels «Hand-Hoch»-Abfrage), kann beim Abschluss wiederholt werden.	Aktiviert, Dozierende zeigen damit Interesse an Studierenden.

25 Einige der dargestellten Impulse für Murmelgruppen entstammen einer Arbeitsunterlage von Bruno WOHLGEMUTH, 2003.

Phase	*Didaktische Möglichkeiten*	*Didaktische Begründung*
	Die Studierenden nach ihrem Vorwissen fragen. «Was wissen Sie bereits über das Thema?» Die Frage in Zweiergruppen (Murmelgruppen) besprechen lassen, anschließend einige Rückmeldungen abholen.	Aktiviert das Vorwissen. Dozierende erhalten Einsicht in das Vorwissen der Studierenden.
	Einige inhaltliche Fragen zum Thema auf dem Visualizer oder Hellraumprojektor auflegen, die Studierenden einladen, eine Frage nach Belieben zu beantworten. Alternative: Die Studierenden einladen, die Fragen zuerst paarweise zu diskutieren.	Aktiviert, Studierende steuern ihre Aufmerksamkeit zum Thema hin. Dozent erhält Einsicht in das vorhandene Vorwissen und kann gewisse inhaltliche Voraussetzungen abschätzen.
	Biografisches Paarinterview Die Studierenden tauschen ihre Erfahrung mit einem Thema aus. Dozierende geben einige Leitfragen vor: – *Was haben Sie bereits erlebt mit dem Thema X?* – *Was hat Ihnen gefallen, was missfallen?* – *Was haben Sie erkannt/gelernt?*	Aktiviert Vorwissen, Gefühle und Erfahrungen. In überschaubaren großen Gruppen können die Studierenden Ergebnisse rückmelden bzw. Erkenntnisse auf ein Blatt schreiben und dieses an eine Pinnwand heften.
	Ziel erläutern – Aufbau des Referats oder der Lektion aufzeigen.	Steuert die Aufmerksamkeit, motiviert, vermittelt Orientierung.
	Persönliche Erfahrung einbringen oder den persönlichen Bezug zum Thema darlegen.	Steuert Aufmerksamkeit und fördert Interesse an Dozierenden.
II Hauptteil	Referate inhaltlich logisch in Bezug auf drei bis vier Teilthemen strukturieren.	Fördert Verstehen und Konzentration.
	Teilthemen mit kurzen Zusammenfassungen abschließen.	Fördert Behalten.

Phase	*Didaktische Möglichkeiten*	*Didaktische Begründung*
	Teilthemen mit einigen Wissensfragen abschließen, im Sinne einer kurzen formativen Lernkontrolle (Standortbestimmung).	Fördert Behalten, gibt Orientierung, aktiviert.
	Offene Fragen einstreuen, diese zuerst paarweise in Murmelgruppen diskutieren lassen, dann einige Beiträge im Plenum erfragen.	Aktiviert, fördert das Mitdenken.
	Eine konkrete, in kurzer Zeit lösbare Übungsaufgabe geben, Lösung zeigen und Selbstbeurteilung anregen.	Aktiviert, fördert Verstehen und Aufbau von Kompetenzen.
	Argumente für und/oder gegen eine These sammeln und auf Hellraumprojektor festhalten, anschließend kommentieren Alternative: In Murmelgruppen die rechte Plenumsseite Pro-Argumente, die linke Plenumsseite Kontra-Argumente sammeln lassen. Anschließend während einer kurzen Phase die Argumente im Plenum einbringen lassen.	Aktiviert, regt die Meinungsbildung an.
	Lernfördernd visualisieren mit Text, Bild oder Objekten.	Fördert die Konzentration, das Verständnis und Behalten.
III Schluss	Zusammenfassen. – Lernkontrolle anbieten. – Hinweise auf Literatur und Übungen geben. – Vorausschau. – Dank, evtl. Feedback geben und einholen.	Ermöglicht Einordnen des Wissens und des persönlichen Verstehens, fördert Orientierung.

Hinweise

- Einstiegselemente kurz halten.
- Die Vorlesungsteile in Portionen von 20 bis max. 30 Minuten aufteilen (die wenigsten Menschen können sich überhaupt so lange konzentrieren).
- Die Austauschelemente in Zweier- oder Dreiergruppen (Murmelgruppen) kurz halten, 2–5 Minuten.

- Murmelgruppen eindeutig beenden (evtl. Hilfssignal verwenden, wie Klangschale oder Melodie aus Handy, je nach persönlichem Geschmack).
- Ergebnisse aus den Kurzgesprächen nur punktuell abfragen.

20.5.2 Classroom Response Systems («Clickers»): Interaktion mittels elektronischer Hilfsmittel

Beschreibung

Das «Classroom Response System» kann das Mitdenken von Studierenden mithilfe eines elektronischen Systems in großen Gruppen unterstützen. Die Studierenden werden aufgefordert, auf einem portablen Gerät (Clicker) per Knopfdruck anonym Fragen zum Inhalt zu beantworten. Dozierende können sich so rasch informieren, inwieweit Studierende wichtiges Wissen verstanden und durchdacht haben. So geht es:

- Dozierende stellen via Computer eine Frage, meistens im «Multiple choice»-Stil.
- Studierende geben mit Hilfe eines Clickergerätes eine Antwort, welche elektronisch in Sekundenschnelle auf den Computer übertragen wird.
- Ein Softwareprogramm wertet die Daten aus und transferiert die Ergebnisse in einer grafischen Form auf ein Chart.
- Dozierende arbeiten mit dem Ergebnis weiter, indem sie einen inhaltlichen Kommentar abgeben, eine weitere Frage stellen, eine Diskussion einleiten oder ihr Referat fortsetzen.
- Zur Grundausstattung eines «Classroom Response Systems» gehören eine spezifische Software auf dem Computer im Hörsaal, ein damit verbundener Empfänger sowie ein Sendegerät für alle Studierenden. Wichtig: Die Aufforderungen sollten in der Regel themen- und zielbezogen geschehen und auf die Unterstützung des Lernprozesses ausgerichtet sein.

Geeignete Fragen

- *Wiederholungsfragen*
  Diese zielen auf die Wiedergabe von Fakten. Die Antworten zeigen, ob die Studierenden das Kernwissen wiedergeben können.
  Beispiel: Welche Antwort ist richtig?

- *Konzeptionelle Verständnisfragen*
  Die Antworten auf solche Fragen zeigen, ob die Studierenden das Wesentliche begriffen haben.
  Beispiel: Welche Antwort beschreibt das Konzept «Motivation» am besten?

- *Anwendungsbezogene Fragen*
  Sie zielen auf die Verknüpfung von Wissen mit konkreten Situationen.
  Beispiel: Welche Vorgehensweise würde sich am besten eignen, die Aufgabe X zu lösen?

- *Fragen zur Förderung des kritischen Denkens*
  Sie zielen auf das Vergleichen von verschiedenen Konzepten oder auf das handlungsbezogene Beurteilen von Aufgaben und Situationen.
  Beispiel: Sie sind mit der Situation X konfrontiert. Welches ist die beste Antwort?

- *Meinungsfragen*
  Sie zielen darauf, dass Studierende über Meinungen nachdenken und ihre Meinung äußern.
  Beispiel: Welche Auffassung zur Gesetzgebung X teilen Sie?

- *Steuerungsfragen*
  Sie zielen darauf, die Lernsituation, -möglichkeit, -schwierigkeiten und das Lernverhalten von Studierenden kennenzulernen. Es ist auch möglich, gewisse Elemente des Kurses zu evaluieren.
  Dozierende können solche Informationen nutzen, um Lernhinweise zu geben oder die Lehre zu modifizieren.
  Beispiele:
  Wie viel Zeit benötigten Sie für die Aufgabe?
  Wie beurteilen Sie den Schwierigkeitsgrad der Inhalte?
  Inwieweit waren die Erklärungen verständlich?

- *Experimente*
  Es besteht die Möglichkeit, Daten der Studierenden zu erheben und diese in Beziehung zu Theorien, Konzepten oder Forschungsergebnissen zu setzen (z. B. Umgang mit neuen Medien).
  Beispiele:
  Wie teilen Sie Ihrer Freundin mit, dass Sie am Abend nicht ins Kino kommen?
  Wo und wie sehen Sie sich Filme an?

Lern- und Lehrfunktionen

Clickers können:

- Aufmerksamkeit fördern und erhalten
- Denkprozesse anregen und einleiten:
  Ergebnisse können beispielsweise Diskussionen einleiten oder als Basis für eine Paarinstruktion fungieren, indem Dozierende die Studierenden auffordern, falsche Antworten paarweise zu diskutieren.
- Lernergebnis summativ oder formativ prüfen
- dazu beitragen, die Lehre auf Lernbedürfnisse der Studierenden auszurichten: Dozierende können ihr Lehrtempo an die Lernmöglichkeiten der Studierenden anpassen.
- als Feedback über das Verständnis von Inhalten oder die Wirkung einer Methode informieren: Dozierende müssen in der Lage sein, rasch darauf zu reagieren.

Didaktische und technische Hinweise zum Einsatz, Beispiele, Videos:
http://www.vanderbilt.edu/cft/resources/teaching_resources/technology/crs.htm
http://www.hochschuldidaktik.uzh.ch/hochschuldidaktikaz/A_Z_Clicker-engl.pdf

20.5.3 Die Vorlesung kombiniert mit Kleingruppenarbeit: Vom Zuhören zum Vertiefen und Verstehen

(in Gruppen bis 200 Personen möglich)

Schritte	*Sozialform*	*Hinweise*
1. Kurzreferat zum Thema, max. 20 Minuten	Plenum	
2. Leseaufgabe mit Fragen	Einzelarbeit	Kurzen Text verwenden.

Schritte	*Sozialform*	*Hinweise*
3. Diskussion der Fragen	Kleingruppe	Gruppenbildung: Die erste Reihe der Studierenden dreht sich zur zweiten um, die dritte zur vierten, die fünfte zur sechsten usw. Je vier bis sechs Studierende bilden eine Gruppe. *Auftrag: «Diskutieren Sie die Frage und beantworten Sie die Aufgabe X auf dem Blatt. Schreiben Sie die Antwort auf eine Folie oder einen Flipchart.»* Die Dozierenden können die Fragen den Gruppen zuteilen, damit jede Frage einmal beantwortet wird. Geben Sie jeder Gruppe eine Overheadfolie und einen Stift (oder einen Flipchart).
4. Präsentation der Lösungen	Plenum	Alle Präsentatoren stellen sich gleichzeitig vorne auf und legen nacheinander ihre Frage und Antwort vor. Dozierende würdigen die Antwort und stellen sachliche Fehler richtig. In sehr großen Gruppen wird jede Frage nur einmal präsentiert.
5. Inhaltliche Integration, Abschluss oder Fortsetzung	Plenum	Dozierende fassen zusammen und halten die wichtigsten Inhalte fest (Pflöcke einschlagen). Eventuell folgt ein weiteres Kurzreferat.

20.5.4 Die Vorlesung kombiniert mit weiteren didaktischen Formen

Die Vorlesung ergänzt mit Aufgaben: Vom Wissen zur Verknüpfung mit der Praxis

Dozierende geben zu Semesterbeginn Aufgaben bzw. Aufträge ab, welche in kleinen Gruppen oder einzeln im Selbststudium vorbereitet werden. Zu Beginn jeder Vorlesung erfolgt ein Beitrag. Anschließend findet eine klassische Vorlesung statt.

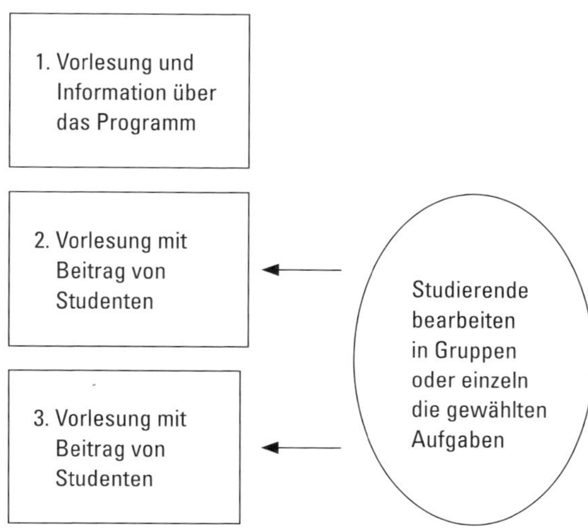

Abbildung 31: Kombination von Vorlesungen und Gruppenarbeiten

Die nachfolgend beschriebenen Vorschläge sind in Gruppen bis zu 40 Studierenden umsetzbar.

Wissen mit Aktualität verknüpfen/Taxonomiestufe: Wissen 2/3 (→ Kapitel 8.5.1)
Studierende haben den Auftrag, die Vorlesungsinhalte mit aktuellen Ereignissen zu illustrieren. Sie formieren sich zu Gruppen und wählen das Beispiel selbstständig. Sie stellen jeweils im Rahmen eines kleinen Vortrages ein aktuelles Ereignis vor, welches einen Bezug zum Vorlesungsthema hat (z. B. Rechtsfall, politisches, kulturelles oder wirtschaftliches Ereignis). Die Aufbereitung kann frei oder entlang vorgegebener Kriterien erfolgen. Mögliche Kriterien sind z. B.

- Situation verständlich darstellen. Fachsprache verwenden.
- Verknüpfungen zwischen Beispiel und Theorie nachvollziehbar aufzeigen.
- Erklärungspotenzial einer ausgewählten Theorie zur Erklärung des gewählten Beispiels beurteilen.

Teilaspekte des Wissens selbstständig erarbeiten/Taxonomiestufe: Wissen 1(→ Kapitel 8.5.1)
Studierende erarbeiten leicht verständliche Teilthemen selbstständig. Sie tragen die Inhalte zu Beginn einer Vorlesung vor. Es besteht die Möglichkeit, diese Teilbei-

träge in Gruppen zu erarbeiten. Dozierende geben die Themen und die Termine zu Semesterbeginn vor, die Studierenden wählen ein Themengebiet und bereiten dieses auf den entsprechenden Termin hin vor. Empfehlenswert ist, dass die Studierenden ihre Vorbereitungen bis zu einem abgemachten Zeitpunkt den Dozierenden vorlegen müssen. Denkbar ist auch, dass alle Studierenden alle Teilthemen erarbeiten und nach dem Losverfahren bestimmt wird, wer die Inhalte zu Beginn der Vorlesung vorträgt. Die letztere Variante erhöht die Verbindlichkeit gegenüber allen Inhalten. Es besteht jedoch die Gefahr, dass der Druck zu hoch ist und die Studierenden schwänzen. Eine weitere Gefahr kann darin bestehen, dass die Beiträge zu wenig gehaltvoll sind.

Eine weitere Variante besteht darin, dass die Studierenden selbstständig ein Thema wählen und ihre Wahl mit den Dozierenden absprechen.

Übungen lösen, Aufträge bearbeiten, Wissen anwenden/Taxonomiestufe: Kompetenzen 1/2 (→ Kapitel 8.5.2)

Vorlesung
Dozierende geben Übungen/Aufträge ab (z. B. auf einer E-Learning-Plattform). Sie erläutern diese im Rahmen der Vorlesung.

Selbststudium
Die Studierenden bearbeiten diese innerhalb eines vereinbarten Zeitrahmens und stellen das Ergebnis auf die Lernplattform. Für die Besprechung der Ergebnisse sind mehrere Varianten denkbar:

1a) Tutoren korrigieren die Übungen und besprechen die Ergebnisse in Kleingruppen.
1b) Studierende geben sich gegenseitig Feedback (Peerfeedback).
1c) Es findet eine moderierte Online-Diskussion statt. Studierende sind beauftragt, die Ergebnisse zusammenzufassen und den Dozierenden zuzustellen.
1d) Dozierende legen die Lösung zu einem bestimmten Zeitpunkt auf die Lernplattform. Studierende nehmen die Selbsteinschätzung in Eigenverantwortung wahr. Es besteht die Gelegenheit, Fragen per E-Mail an den Dozenten zu senden.

Folgevorlesung
Zu Beginn einer Folgeveranstaltung können die Fragen oder die Ergebnisse aus der Online-Diskussion aufgegriffen werden. (Vgl. dazu das Beispiel von ZIMMERMANN/RUF 2011, S. 250–264.)

Die Vorlesung kombiniert mit vertiefendem Studium in Gruppen: Vom Aufnehmen zum Verstehen von Wissen

Fragen in Tutoriatsgruppen klären und vertiefen
Die Studierenden erhalten die Gelegenheit, in begleiteten Gruppen ihre eigenen Fragen zu klären. Dazu stehen ihnen Tutoren zur Verfügung. Es empfiehlt sich, die interessierten Studierenden zu Beginn des Semesters zu verbindlichen Gruppen zusammenschließen zu lassen und für die Tutoratssitzungen fixe Termine vorzusehen. Es ist notwendig, die Tutoren sorgfältig zu rekrutieren und inhaltlich auf ihre Aufgabe vorzubereiten. Der Umgang mit Gruppen und einfache didaktische Möglichkeiten sollten ebenso thematisiert werden wie auch die Besonderheiten einer «Peer to peer»-Lernsituation.

Autonome Lerngruppen bilden
Dozierende können die Studierenden anregen, selbstständig funktionierende Lerngruppen zu bilden. Das Angebot, sich als Ansprechpartner/in für Fragen zur Verfügung zu stellen, dürfte als Motivationsfaktor wirken.

Die Vorlesung kombiniert mit Projektarbeiten: Von der wissensbasierten Problemlösung zu neuen Erkenntnissen

Die Lehre im Rahmen eines Moduls kann mehrgleisig stattfinden. Parallel zur Projektarbeit in kleinen Gruppen kann eine Vorlesungsreihe angeboten werden mit dem Ziel, inhaltliche Voraussetzungen und methodisches Wissen zur Projektarbeit zu vermitteln (z. B. Fachwissen, Projektmanagement, Kunstbetrachtungen). Im Rahmen von Coachingsitzungen kann diskutiert werden, ob und wie die Inhalte aus den Vorlesungen in die Projektarbeiten einfließen können und sollten. Mit Fragen können Dozierende im Weiteren metakognitive Prozesse in Bezug auf die Verknüpfung von Theorie und Praxis anleiten. (→ Kapitel 17)

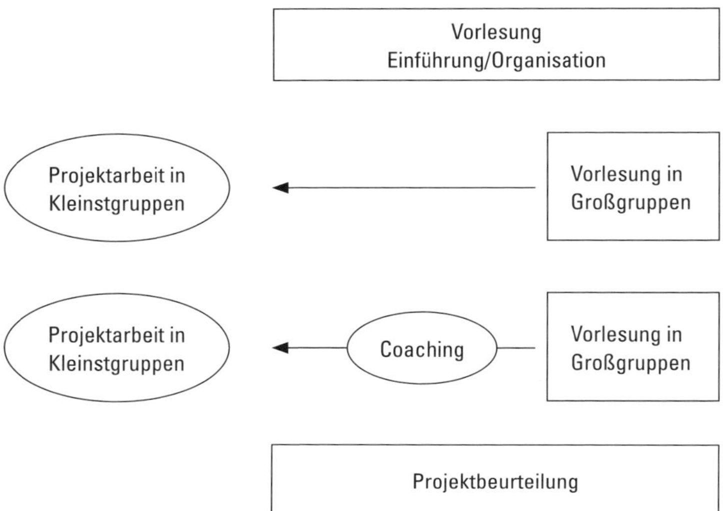

Abbildung 32: Kombination von Vorlesungen und Projektarbeiten

Das Experteninterview – Expertengespräche:
Von Experten Wissen aufnehmen – mit Experten Wissen diskutieren
Externe Experten aus Wirtschaft, Verwaltung, Forschung und Kunst können die Studierenden mit aktuellstem Wissen und mit ihren Erfahrungen vertraut machen. Die Studierenden erhalten die Gelegenheit, mit Vertretern aus der Praxis zu diskutieren. Die didaktischen Schritte zur Gestaltung von Experteninterviews sind in Kapitel 14.6.1 G zu finden.

20.5.5 Problembezogenes Lernen «light»: Vom Problem zum Wissen

Problembezogenes Lernen «light» lehnt sich an das Problem-based Learning PBL (z. B. Weber, 2004) an. Dieser methodische Vorschlag ist in großen Gruppen bis zu 40 Studierenden möglich, vorausgesetzt, dass genügend Räume und Zeit vorhanden sind. Das didaktische Szenario ermöglicht, Wissen anhand eines Fallbeispieles selbstständig zu erarbeiten und die Analysefähigkeit zu entwickeln.

Es geht also beim nachfolgend dargestellten didaktischen Vorschlag in einem ersten Schritt primär darum, Wissen zu erarbeiten. Darauf aufbauend können die Studierenden in einem zweiten Schritt eine Lösungsstrategie für das gestellte Problem entwickeln.

Schritte	*Lernfunktion*	*Didaktische Hinweise*
1. In Thema und Arbeitsweise einführen.	Orientierung erhalten.	– Bedeutung des Themas aufzeigen. – Überblick über den Verlauf geben.
2. Problemsituation vorgeben.	Praxisbezug erkennen, Betroffenheit und Interesse auslösen.	– Problem kurz halten. – Schriftlich für alle abgeben.
3. Begriffe klären.	Fallverständnis egalisieren.	– Begriffe so weit klären, dass alle die unklaren Begriffe im gleichen Sinne verstehen.
4. Mögliche Problemfelder benennen (in Dreiergruppen).	Problemfall mit eigenen Interessen, Sichtweisen und eigenem Vorwissen verknüpfen. Persönliche Prioritäten formulieren.	– Die Dreiergruppen verbleiben im Plenumsraum. – Die Minigruppen werden aufgefordert, sich auf das für sie zentralste Problemfeld zu beschränken. – Die Gruppe schreibt die ausgewählte Problemstellung lesbar auf ein Blatt im A3-Format und hängt ihren Beitrag an eine Pinnwand.
5. Problembereiche im Plenum ordnen und 3–4 Hauptfragestellungen ableiten.	Sich auf Wesentliches konzentrieren.	– Die Studierenden ordnen die Problemfelder, evtl. gemäß vorgegebenen Kriterien. – Sie leiten 3–4 Hauptfragestellungen ab. – Dozierende moderieren.
6. Fragestellungen in Interessengruppen (4er- bis 5er-Gruppen) bearbeiten.	Wissen und Erfahrungen einbringen, Erkenntnisse formulieren.	– In Minigruppen tragen die Studierenden Wissen und Erfahrungen zusammen. Es besteht die Möglichkeit, Literatur abzugeben oder Literaturhinweise zu geben.

Schritte	*Lernfunktion*	*Didaktische Hinweise*
7. Ergebnisse zusammentragen in den Gruppen, welche dieselbe Frage bearbeitet haben. Bei großen Gruppen ist dieser Schritt zu empfehlen, da sich dadurch die Anzahl Präsentationen im Plenum verringert.	Wissen austauschen, zusammenführen, konzentrieren.	– Die Minigruppen sind beauftragt, sich gegenseitig ihre Erkenntnisse mitzuteilen und sich auf die allerzentralsten Ergebnisse zu einigen. – Sie bereiten eine Kurzpräsentation vor.
8. Hauptergebnisse im Plenum vortragen.	Wissen weitergeben, lehren.	– Das in den einzelnen Gruppen erarbeitete Wissen wird allen zur Verfügung gestellt.
9. Inhalte ergänzen mittels Referaten oder individueller Literaturarbeit.	Wissen erweitern und vertiefen.	– Die Vertiefung kann im Selbststudium erfolgen.

Illustration zu «Problembezogenes Lernen light»
Beispiel: Auswendig Klavier spielen lernen

Das Beispiel bezieht sich auf eine Studienwoche an der Hochschule für Musik zum Thema «Üben lernen». Die Fragestellung stammt von Peter Baur, Hans Niklas Kuhn und Madeleine Renggli, Professoren der Hochschule Luzern Musik.

Zu Schritt 2: Problemsituation vorgeben

> ***Üben***
> *Eine Klavierstudentin übt Präludium und Fuge in C, BWV 846. In kürzester Zeit hat sie das Präludium auswendig gelernt. Bei der Fuge will ihr das trotz erheblichem Arbeitsaufwand nicht gelingen.*

Zu Schritt 3: Begriffe klären
Unklar könnte sein: «Präludium», «Fuge», «in kürzester Zeit», «Fuge», «erheblicher Arbeitsaufwand»

Zu Schritt 5: Mögliche Hauptfragestellungen

- *Welche Methoden gibt es zum Auswendiglernen von Musikstücken?*
- *Wie kann die Schülerin motiviert werden?*
- *Was läuft beim Auswendiglernen neurologisch ab?*

Zu Schritt 6: Fragestellungen in Interessengruppen bearbeiten.
Die Studierenden können Internet und Fachliteratur einbeziehen sowie Fachpersonen persönlich befragen.

20.5.6 Methoden des kooperativen Lernens in großen Gruppen: Wissen erarbeiten

POGIL – Prozessorientiertes, durch Fragen geführtes Lernen:[26]
POGIL zielt darauf, dass Studierende Wissen grundlegend verstehen *und* Lernkompetenzen aufbauen (also nicht auswendig lernen). Im Rahmen von POGIL arbeiten die Studierenden unter schriftlicher Anleitung selbstständig in Gruppen. POGIL ist eine Variante der Leittextmethode, bei welcher jedoch in Gruppen gearbeitet wird. Die Methode kann in Abhängigkeit der Raumgröße in großen Gruppen angewendet werden. Es ist darauf zu achten, dass das Coaching sichergestellt werden kann, wozu auch Tutoren und Assistentinnen infrage kommen. Die didaktischen Schritte zum Einsatz von POGIL sind in Kapitel 14.6.3 B zu finden.

Puzzle-Methode
Im Rahmen der Puzzle-Methode erwerben die Studierenden das Wissen arbeitsteilig. Dieser methodische Vorschlag ist in großen Gruppen bis zu 40 Studierenden möglich, vorausgesetzt, dass genügend Räume und Zeit vorhanden sind. Die Studierenden erarbeiten einen Teil des Stoffes und lehren danach ihre Mitstudierenden. Der Stoff ist in vier Bereiche eingeteilt, z. B. vier Theorien, vier Untersuchungen, vier Beispiele, vier Werke. Die vier thematischen Einheiten müssen unabhängig voneinander verstehbar sein. Die Studierenden arbeiten teils einzeln, teils in unterschiedlichen Vierergruppen. Die didaktischen Schritte zum Einsatz der Puzzle-Methode sind in Kapitel 14.6.2 A zu finden.

26 POGIL: Process Oriented Guided Inquiry Learning; www.pogil.org;

20.5.7 Die Podiumsdiskussion: Wissen aufnehmen und reflektieren

Phase	*Sozialform/ Methode*	*Anregung*
1. Inhalte vermitteln	Plenum Kurzreferat, Film 20 Minuten	
2. Diskussion vorbereiten	Murmelgruppe 10 Minuten	Variante 1: Argumente sammeln: Rechte Seite: Befürworter. Linke Seite: Gegner Variante 2: Argumente aus Sicht verschiedener Gruppen sammeln, z. B. Reihe 1 und 2: Arbeitgebersicht, Reihe 3 und 4: Arbeitnehmersicht, Reihe 5 und 6: Politiker usw.
3. Diskussion durchführen	Plenum 10–15 Minuten	5–6 Studierende diskutieren stellvertretend für alle anderen vor der Großgruppe. Der Dozent/die Dozentin moderiert das Gespräch.
4. Abschließen	Plenum 5–10 Minuten	Der Dozent/die Dozentin fasst zusammen, stellt die Diskussion in den Gesamtzusammenhang. Er/sie bedankt sich bei den Studierenden.

20.5.8 Die gegenseitige Beratung: Echte Probleme verstehen – gemeinsam Lösungen entwickeln

Das Vorgehen lehnt sich an die Intervisionsmethode (z. B. LIPPMANN 2009, S. 69 ff.) an. Dieser methodische Vorschlag ist in großen Gruppen bis zu 40 Studierenden möglich, die Studierenden verbleiben währen der gesamten Lernsequenz immer im Plenumsraum. Das didaktische Szenario ermöglicht, in kurzer Zeit für eine echte, von Studierenden (auch kurzfristig) eingebrachte Fragestellung Lösungen zu produzieren.

Einführen – Thema wählen

Der Dozent/die Dozentin

- führt in Ziel und Arbeitsweise ein,
- erläutert seine Rolle als Moderator/in,

- lädt die Anwesenden ein, ihre Beratungsbeispiele einzubringen,
- unterstützt die Auswahl des Beispiels durch Gewichtung der Studierenden, moderiert die gesamte Lernsequenz.

Fall bearbeiten

Die Zeitangaben zeigen, dass diese Methode im Rahmen von kurzen Zeiteinheiten anwendbar ist. Längere Zeiträume sind je nach Komplexität des eingebrachten Falles nötig. Sie ermöglichen eine eingehendere Auseinandersetzung mit der Thematik.

	Fallbringer/in	Übrige Studierende *Moderation*	Zeit
1.	Fallbringer/in stellt das Beispiel vor (Situation, Gefühle, Einschätzungen). Visualisieren ist hilfreich.	Alle hören zu, stellen noch keine Fragen.	5′
2.1	Fallbearbeitung	Alle Studierenden und die Moderation stellen Fragen zum Fall. Ziel: Fallsituation umfassend verstehen. *Empfehlung: Zuerst alle Fragen sammeln und an Wandtafel festhalten. Nachher gesamthaft durch Fallbringerin beantworten lassen.*	Ca. 10′
2.2		Fallbringer/in beantwortet Fragen. *Empfehlung: Diskussionen nicht zulassen.*	Ca. 5′
3.1		Die Studierenden diskutieren in Dreier- oder Vierergruppen den Fall, suchen Erklärungen und Lösungsvorschläge. Sie sind beauftragt, sich für die zwei wirkungsvollsten Lösungsansätze zu entscheiden. Sie halten jede Lösung auf einem Blatt stichwortartig fest.	15′

	Fallbringer/in	Übrige Studierende *Moderation*	Zeit
3.2	Fallbringer/in hört zu, macht Notizen.	Die Studierenden tragen ihre zwei Lösungen pro Gruppe vor. Die Mitglieder der übrigen Gruppen ergänzen, wenn neue Ideen hinzukommen und bestätigen bereits vorhandene Ideen. Die Blätter werden für alle gut sichtbar aufgehängt. Sie können anschließend von der/m Fallbringer/in mitgenommen werden.	10′
4.	Fallbringer/in äußert sich zu den Vorschlägen: – was spricht an? – was überlegt er/sie sich? – was möchte er/sie umsetzen?	Alle hören zu.	5′
5.	Falls genügend Zeit vorhanden ist, kann ein gewünschtes Thema noch vertieft werden (z. B. mittels Referat oder Beiträgen von Studierenden).		
6.	Transfer	Alle äußern sich dazu, welche Erkenntnisse die Fallarbeit ihnen für die eigene Berufspraxis gebracht hat. Dieser Austausch findet nochmals in den Dreier- oder Vierergruppen statt.	10′

Illustration

Beim nachfolgend beschriebenen Beispiel war vorab mit einer Kursteilnehmerin abgesprochen, dass sie einen Fall einbringen wird. Die Arbeit fand im Rahmen einer Weiterbildung für Hochschuldozierende statt.

1. Das Fallbeispiel
Die Fallbringerin berichtete über eine Vorlesung in einer großen Gruppe. Sie beklagte die fehlende Resonanz der Studierenden und dass sie sich darob in der Rolle als Vorleserin zunehmend unwohl fühle.

2.1 Die Fragen der Studierenden, festgehalten an der Wandtafel

- *Worin besteht das Ziel der Vorlesung?*
- *Ist der Stoff prüfungsrelevant?*

- *Handelt es sich um eine einzelne Vorlesung oder um eine -reihe?*
- *Wird der Inhalt wiederverwendet (Prüfung, Projekt)?*
- *Wie lange dauert die Vorlesung?*
- *Wie war die Dozentin gekleidet?*
- *Welche Medien werden eingesetzt?*

2.2 Die Antworten der Fallbringerin
- *Es handelt sich um eine Vorlesungsreihe.*
- *Dauer: zwei Mal 45 Minuten.*
- *Die Gestaltung des Einstiegs erhält besondere Beachtung, er soll motivierend wirken.*
- *Power-Point-Präsentation wird eingesetzt.*
- *Studierende werden mittels Thesen aktiviert.*
- *Der Inhalt ist prüfungsrelevant.*

3. Die Lösungsvorschläge
- *Stimmung zwischenzeitlich mittels Stimmungsbarometer erfragen.*
- *Fehler und kognitive Konflikte einbauen zwecks Aktivierung des Denkens.*
- *Persönliches erzählen zwecks Überbrückung der Distanz.*
- *Anekdoten erzählen.*
- *Fragen und Aufgaben einbauen, Studierende auch selber arbeiten lassen.*
- *Gezielt Studierende einbeziehen.*
- *Gelassenheit entwickeln, Angst überwinden.*
- *Nicht um die Anerkennung der Studierenden buhlen.*
- *Genießen, dass man es gut macht: «Ich bin gut».*
- *Zwischenevaluationen durchführen.*
- *Formative Lernkontrollen durchführen.*
- *Glücklich sein, dass man vorlesen darf.*
- *3 mal G: Gelassenheit, Glück, Genießen.*

4. Die Stellungnahme der Fallbringerin
- *Sie bedankt sich und ist ob so viel Ideen und Engagement gerührt.*
- *Alle Antworten helfen weiter und geben Anregungen.*
- *Die Situation kann neu verstanden und eingeschätzt werden, vor allem durch «3 mal G».*
- *Die Erkenntnis, einiges bereits gut zu machen, stützt und hilft weiter.*
- *Die Fallbringerin gab auf Nachfrage an, diese Arbeit positiv erlebt zu haben, empfand es aber als ungewohnt, so stark im Zentrum zu sein.*

5. *Auswertungen*
- *z. B. Rolle der Moderation, Methodik, Ergebnisse*
- *Erkenntnisse zur Moderation.*
- *Die Fragen und Beiträge der Studierenden sollen sinngemäß aufgenommen werden (Phase 2).*
- *Hilfreich ist es, wenn der/die Protokollant/in mit Begriffen aus dem mündlichen Beitrag arbeitet.*
- *Rückfragen sind angesagt. Jegliche (Um)Deutung durch Moderator/in oder Protokollant/in ist zu vermeiden.*
- *In einer großen Gruppe können zwei Protokollanten eingesetzt werden.*

6. *Transfer*
- *Wegen Zeitknappheit fand die Transferrunde im Plenum statt. Erwartungsgemäß wurden in der Großgruppe wenig Beiträge zur Verfügung gestellt.*

Literaturhinweise für Großgruppenmoderation

Dittrich-Brauner, K./Dittmann, E./List, V./Windisch, C. (2008): Großgruppenverfahren. Lebendig lernen – Veränderungen gestalten. Heidelberg: Springer Medizin Verlag.

Elsässer, K. (1999): Wertschätzende Erkundung. – Appreciative Inquiry. In: agogik Nr. 2.

Keil, M./Königswieser, R. Hrsg. (2000): Das Feuer großer Gruppen: Konzepte, Designs, Praxisbeispiele für Großgruppenveranstaltungen. Stuttgart: Klett.

Maleh, C. Hrsg. (2002): Open Space in der Praxis. Erfahrungsberichte: Highlights und Möglichkeiten. Weinheim und Basel: Beltz.

Weisbord, M. R. (1996a): «Zukunftskonferenzen» 1: Methode und Dynamik. In: OrganisationsEntwicklung Nr. 1.

Weisbord, M. R. (1996b): «Zukunftskonferenzen» 2: Ein wirkungsvolles Werkzeug für die Entwicklung gesunder Gemeinden. In: OrganisationsEntwicklung Nr. 1.
www.all-in-one-spirit.de (8.9.14).

http://www.transformation.at/article47.htm (9.9.14 mit umfassenden Literaturhinweisen).

Auf den Punkt gebracht

Lehren in großen Gruppen erfordert neben der didaktischen Planung eine klare Führung während der eigentlichen Lernveranstaltungen. Der Einsatz von E-Learning und die Kombination von Vorlesungen mit Aufgaben in Kleingruppen ermöglichen eine moderne, praxisbezogene Lehre.

Glossar

Absolventenprofil beschreibt die Ausprägungen der verschiedenen Kompetenzen, über die Studierende nach Abschluss des Studiums verfügen sollten; muss für jeden Studiengang separat formuliert werden.

Bachelor-Studiengang führt zu einem ersten berufsqualifizierenden Hochschulabschluss; die Studienzeit beträgt mindestens drei und höchstens vier Jahre (180 ECTS Credits).

Begleiten von Selbststudien erfolgt längerfristig und besteht im Anleiten von Lernprozessen, Feedbackgeben und Überprüfen von Ergebnissen in größeren Selbstlernphasen.

Beraten in Selbststudien erfolgt kurzfristig, beispielsweise bei Schwierigkeiten, heiklen Phasen, ungenügenden Leistungen. Dozierende und Studierenden bearbeiten auf gleicher Augenhöhe gewisse Herausforderungen.

Blended Learning ist ein integriertes Lernkonzept, in dem E-Learning-Formen und klassische Lernmethoden miteinander kombiniert werden.

Bologna → Erklärung von Bologna.

Credit, ECTS Credits quantitativer Ausdruck des geleisteten oder zu leistenden Studienaufwandes in Stunden.

Cross Border Education steht für die Hochschulbildung über nationale Grenzen hinweg und bezeichnet die Mobilität von Personen, Programmen, Wissen, Ideen, Projekten und Diensten.

Didaktik beinhaltet die Planung, Durchführung und Evaluation von Lern- und Lehrprozessen und die Überprüfung von Ergebnissen unter Einbezug individueller, organisatorischer und gesellschaftlich-kultureller Bedingungen der Lernenden und Lehrenden.

Disziplin oder Fachwissenschaft bezeichnet ein mehr oder weniger eindeutig abgegrenztes Teilgebiet wissenschaftlicher Forschung. Wissenschaftler/innen erforschen auf Basis eines fachspezifischen Erkenntnisinteresses definierte Wirklichkeitsbereiche, um entsprechende Theorien zu bilden. Sie entwickeln dazu fachspezifische Methoden.

Dual Degree Programm meint, dass die Studierenden an einer Hochschule in einem Studiengang eingeschrieben sind und im letzten Teil ihres Studiums einen mindestens zweisemestrigen Auslandsaufenthalt an einer ausländischen Partnerhochschule absolvieren. Beide beteiligten Hochschulen erkennen die Studienleistungen gegenseitig an, ohne dass die beiden Studiengänge jeweils vollständig absolviert werden müssen.

ECTS Abkürzung für «European Credit Transfer System», ein System zur Akkumulation von Credits.

Eigenverantwortliches Lernen → Selbstständiges Lernen

E-Learning steht für Lernarrangements und Lernprozesse, die mit Informations- und Kommunikationstechnologien unterstützt werden.

E-Learning-Blog ist eine Art öffentliches Tagebuch in Form einer Website, die mit Textbeiträgen, Fotos, Videos gefüllt werden kann.

E-Learning-Podcast stellt eine Audiodatei dar, die sich aus verschiedenen Beiträgen über einen zielbezogenen Inhalt zusammensetzt.

E-Learning-Wiki ist eine offene Webseite, in welche Studierende und auch Dozierende Texte einspeisen und online ändern. Bilder, Videos und auch andere Web-2.0-Anwendungen können ebenfalls eingefügt werden.

Erklärung von Bologna Gemeinsame Erklärung der Europäischen Bildungsminister vom 19. Juni 1999 in Bologna zur Schaffung eines europäischen Hochschulraumes.

Fachsystematische Lehre meint, dass die Lehre sich an einer anerkannten wissenschaftlichen Disziplin orientiert.

Fähigkeiten sind verfügbare, verinnerlichte Handlungsweisen, verbunden mit Wissen, Fertigkeiten, Werthaltungen und Verständnis.

Fertigkeiten sind verfügbare Verfahrensweisen und Techniken.

Formativ beurteilen bedeutet, dass Dozierende und Studierende gemeinsam eine zielbezogene Standortbestimmung vornehmen, auch den Lernprozess analysieren und, wenn nötig, aufgabenbezogene und persönliche Schlussfolgerungen für den weiteren Lernverlauf ableiten.

Gedächtnis bezeichnet die Fähigkeit des Organismus, bestimmte Informationen, wie beispielsweise Wissen, Emotionen, Empfindungen, Erlebnisse, zu speichern und zu verarbeiten.

Hochschulpraxisgemeinschaft setzt sich zusammen aus Studierenden sowie Experten aus der Berufs- und Wissenschaftspraxis. Sie entwickelt und diskutiert Problemlösungen. Alle Mitglieder verfügen über fachliche Kenntnisse und Fähigkeiten sowie eine Fachsprache im Hinblick auf eine bestimmte Berufspraxis.

Interdisziplinarität ist eine Praxis der Lehre, Projektarbeit und Forschung, an der mehr als eine herkömmliche Disziplin beteiligt ist. Die Grenzen der Disziplinen werden zwar überschritten, aber nicht aufgehoben.

Interkulturelle Kompetenz ist die Fähigkeit, sich in kulturellen Überschneidungssituationen angemessen orientieren und verhalten zu können.

Interkulturelles Lernen ist die Bereitschaft und Fähigkeit, Menschen aus verschiedenen Kulturen zu verstehen und die eigenen Deutungs- und Handlungsmuster zu hinterfragen und zu erweitern.

Internationalisierung von Hochschulen umfasst alle Aktivitäten zur Integration globaler und interkultureller Dimensionen in die Strategie, die Aufgaben und die Ziele sowie die entsprechenden Prozesse. Sie bezieht sich auf alle Interessenten der Hochschule.

Intradisziplinarität bezeichnet die Zusammenarbeit von Mitgliedern verschiedener Disziplinen innerhalb einer wissenschaftlichen Klassifikation, wie beispielsweise Naturwissenschaften, technische Wissenschaften, Geisteswissenschaften, soziale Wissenschaften.

Joint Degree ist ein Master- oder Doktoratsstudium, das von zwei oder mehreren internationalen Universitäten gemeinsam entwickelt wurde.

Kognition beinhaltet die Gesamtheit psychischer Fähigkeiten, Funktionen und Prozesse, um Kenntnis über sich und seine Umwelt zu erlangen und zu behalten, zum Beispiel durch Wahrnehmen, Sich-etwas-Vorstellen, Denken, Sprechen.

Kompetenz bezeichnet eine Gesamtheit von Wissen, Fertigkeiten und Fähigkeiten.

- **Berufliche Handlungskompetenz** Fähigkeit und Bereitschaft, in beruflichen Situationen sach- und fachgerecht, persönlich durchdacht und sozial verantwortungsvoll zu handeln.
- **Handlungskompetenzen** beinhalten meist Fach-, Methoden-, Sozial- und Selbstkompetenzen.
- **Fachkompetenz** Fähigkeit, allgemeinbildendes und fachspezifisches Wissen in (beruflichen) Situationen richtig zur Lösung von Aufgaben einzubringen.
- **Methodenkompetenz** Fähigkeit, Fachwissen und fachspezifische Methoden zielgerichtet und planmäßig bei der Lösung von beruflichen Aufgaben einzusetzen.
- **Selbstkompetenz** Fähigkeit, die eigene Person als wichtiges Werkzeug in die berufliche Tätigkeit einzubringen.
- **Sozialkompetenz** Fähigkeiten, soziale Beziehungen und Interessenlagen zu verstehen und bewusst zu gestalten.
- **Schlüsselkompetenzen** allgemeine, funktions- und berufsübergreifende Kompetenzen, die über einen längeren Zeitraum hinweg bedeutsam sind.

Kompetenzprofil beschreibt die Ausprägung der verschiedenen Kompetenzen, kann für den Studieneingang und den Studienausgang formuliert werden.

Kompartmentalisierung von Wissen meint, dass gelerntes Wissen weder mit Praxisbeispielen noch mit anderen Themen vernetzt ist.

Kompilierung von Wissen meint Wissen auf Kernelemente verdichten.

Konnektivistisches Lernverständnis geht davon aus, dass Wissen in Netzwerken von Menschen, Institutionen, Communities und medialen Inhalten entsteht. Individuelles Lernens besteht darin, dieses verteilte Wissen mit dem eigenen Wissen neu zu vernetzen.

Konstruktivistisches Lernverständnis geht davon aus, dass jeder Mensch sich seine Wirklichkeit aufgrund von Erfahrungen [mental] konstruiert. Lernprozesse bestehen dann darin, aktiv eigenes Wissen aufzubauen.

Konzepte beantworten wichtige Fragen in Bezug auf eine Aufgabe (z. B. wer, was, wann, wie, wo, warum, wozu). Diesbezügliche Aussagen wirken handlungsleitend. Der Detaillierungsgrad der Aussagen kann sehr unterschiedlich sein. Unter den Begriff Konzept fallen Leitfäden, Pläne oder die Beschreibung von Ideen. Konzepte bilden manchmal die Vorstufe für eine Theorie.

Lehren ist eine mehr oder weniger geplante zielorientierte Aktivität von Dozierenden, um Studierenden den Zugang zu Wissen und den Aufbau von Kompetenzen zu ermöglichen.

Lernen ist ein individueller, interaktiver und selbst verantworteter Prozess, durch den Studierende Wissen und Kompetenzen aufbauen und weiterentwickeln.

Lernkompetenzen sind Fähigkeiten, das eigene Lernen zu planen und entsprechend zu handeln, das Lernergebnis zu beurteilen und über das Lernen nachzudenken.

Lernkonzept ist eine persönliche oder theoretische Vorstellung darüber, wie der Lernprozess verläuft. Das Lernkonzept beinhaltet eine Vorstellung über die Ziele, das Vorgehen und die Evaluation der Qualität der Zielerreichung.

Lernstrategien sind Lernformen in Bezug auf das Verstehen von Wissen, Lösen von Problemen, Überwachen des Lernprozesses, die Zusammenarbeit in Gruppen und das Nutzen von internen (persönlichen) und externen Ressourcen.

Lerntechnik ist eine konkrete Vorgehensweise für den Erwerb von Wissen und die Entwicklung von Kompetenzen, beispielsweise eine Lesetechnik.

Lernumgebung meint das Arrangement von Medien, Materialien, Methoden, Arbeitsanweisungen, Lernbegleitung, um zielorientierte Lernprozesse zu ermöglichen.

Lernszenarien bezeichnet die gesamte didaktisch-methodische Gestaltung von zielbezogenen Lernprozessen.

Massive Open Online Courses sind kostenlose, frei zugängliche Online-Kurse mit sehr vielen Teilnehmenden, oft aus der ganzen Welt. Anbieter stellen online verfügbare Ressourcen wie Texte oder Videos zu einem Oberthema sowie einen Zeitplan ins Netz. Die Teilnehmenden entscheiden selbst, ob sie weitere Materialien, etwa in Form von Blogbeiträgen oder Videos beitragen. Alle Teilnehmenden können in der Regel alle Materialien kommentieren, allenfalls erweitern oder sich an Diskussionen beteiligen.

Master-Studiengang kann auf einen erfolgreich abgeschlossenen Bachelor-Studiengang folgen, führt zu einem weiteren berufsqualifizierenden Abschluss. Das Studium besteht in einer Vertiefung der gewählten Studienrichtung oder in einer interdisziplinären **Weiterqualifikation** (90–120 ECTS Credits, konsekutiv oder exekutiv).

Metakognition bezeichnet ein Bewusstsein über sich selbst, beispielsweise über das eigene Denken, Handeln, Lernen, Fühlen.

Mobile Learning oder **M-Learning** (auch: «wireless»,«nomadic» oder «pervasive learning») meint den Einsatz von mobilen, drahtlos vernetzten Endgeräten wie Handys oder Tablets im Lernprozess.

Modul ist ein inhaltlich und zeitlich begrenzter Verbund von fachspezifischen oder fachübergreifenden Lehr- und Lerneinheiten. In aller Regel wird die Teilnahme an einem Modul mit einem Lernnachweis abgeschlossen.

Modularisierung baukastenartiger Aufbau eines Studiums.

Motivation ist ein individueller Prozess, in dem persönliche Motive das Handeln aktivieren und ausdauernd steuern.

Mutual learning (wechselseitiges Lernen) bedeutet, dass Hochschulen und Praxis in konkreten Projekten voneinander lernen können.

Multidisziplinarität bedeutet, dass mehrere wissenschaftliche Disziplinen sich nebeneinander mit einem Gegenstand befassen und diesen aufgrund eigener Ziele und Methoden untersuchen. Ergebnisse werden additiv zusammengefügt. Aus dem Wunsch nach engerer Zusammenarbeit zwischen den Disziplinen sind die Inter- und die Transdisziplinarität entstanden.

Objektivistisches Lernverständnis geht von der Annahme eines objektiven, stabilen Wissens aus. Lernprozesse bestehen dann in der Übernahme von objektivem Wissen (zum Beispiel durch eine Vorlesung).

Open Educational Resources sind Lernmaterialien im Netz, die für alle frei zugänglich sind. Alle können sie nutzen und modifizieren.

Präsenzstudium ist eine Lernsituation und eine Zeiteinheit. Lernen findet im Face-to-face-Kontakt mit Lehrpersonen statt.

Praxis bezeichnet eine konkrete, meist berufsfeldbezogene, komplexe Situation, die durch Handlungen von Individuen und Gruppen im Hinblick auf ein erwünschtes Ziel gestaltet wird.

Problemorientierte Lehre meint, dass am Ausgangspunkt des Lernens eine konkrete Fragestellung aus der Berufswelt steht.

Rolle bezeichnet ein bestimmtes Bündel von erwarteten Verhaltensweisen, die mit der Übernahme einer gewissen Aufgabe verbunden sind. Es kann sich um Muss-, Soll- und Kann-Erwartungen handeln.

Selbstständiges Lernen bezeichnet Lernprozesse, bei denen die Studierenden explizit die Verantwortung für den Lernprozess ganz oder teilweise übernehmen. Die Selbstständigkeit kann sich auf das Planen, Gestalten, Überwachen und Evaluieren des Lernens beziehen. Oft wird dafür auch der Begriff Eigenverantwortung oder Selbststeuerung verwendet.

Selbststeuerung → selbstständiges Lernen

Selbststudium bezeichnet eine Lernsituation und eine Studienzeit, während welcher

Studierende eigenständig lernen und zeitweise mehr oder weniger durch Lehrpersonen begleitet sind.

- **Begleitetes Selbststudium** bezeichnet eine Lernsituation und eine Studienzeit, während welcher Studierende eigenständig lernen und zeitweise durch Lehrpersonen begleitet sind.
- **Autonomes Selbststudium** bezeichnet eine Lernsituation und eine Zeiteinheit, während welcher Studierende eigenständig und ohne Begleitung durch Dozierende lernen.

Summativ beurteilen bedeutet, dass Dozierende einen abschließenden, zielbezogenen Leistungsstand der Studierenden erheben. Voraussetzung ist ein überprüfbares Lernziel.

Theorien stellen eine wissenschaftliche Betrachtungsweise über einen Ausschnitt aus der Wirklichkeit dar. Darin sind Ausschnitte der Realität in abstrakter und zusammenhängender Form beschrieben. Theorien enthalten beschreibende und erklärende Elemente und sollen die Vorhersage von Ereignissen ermöglichen. Die Frage nach der Nützlichkeit ist untergeordnet.

Transdisziplinarität bezieht sich auf konkrete, lebensweltliche Probleme. Experten aus verschiedenen Disziplinen und mit verschiedenem Fachwissen arbeiten integrativ und phasenweise zusammen. Die Arbeit führt zur Entwicklung neuer Methoden und Erkenntnisse.

Transkulturelle Kompetenz ist die Fähigkeit, individuelle Lebenswelten in der besonderen Situation und in unterschiedlichen Kontexten zu erfassen, zu verstehen und entsprechende, angepasste Handlungsweisen daraus abzuleiten.

Unterrichtsmethoden sind Formen und Verfahren, um einen erwünschten Lernprozess zu ermöglichen und zu begünstigen.

Wahrnehmung bezeichnet alle Prozesse zur Aufnahme von Sinneseindrücken.

Web 2.0 bezeichnet die Gesamtheit aller modernen Internet-Anwendungen und Angebote, die eine oder mehrere der folgenden Eigenschaften haben: sie sind

- auf das Zusammenwirken zwischen Benutzern ausgerichtet,
- mit von Benutzern selbst erstellten Inhalten gefüllt,
- als Online-Software gebaut.

Wissen bezeichnet verfügbare, verstandene, überdauernde Kenntnisse, die durch Vermittlungsprozesse (Lehrpersonen, Medien) wie auch Selbstlernprozesse und Erfahrungen erworben werden.

- **Deklaratives Wissen** bezeichnet Begriffswissen und umfasst Informationen über einen Sachverhalt oder eine Idee.
- **Prozedurales Wissen** bezeichnet Verfahrenswissen, sagt, was zu tun, wie vorzugehen ist.

- **Verfügungswissen** Deklaratives und prozedurales Wissen wird auch Verfügungswissen genannt.
- **Konditionales Wissen** beschreibt Umstände, in denen ein bestimmtes Wissen zur Anwendung kommt. Konditionales Wissen kann im neuen Kontext angewendet werden. Es wird auch Orientierungswissen genannt.

Literaturverzeichnis

ADAM, S. (2013): The central role of Learning Outcomes in the Completion of the European Higher Education Area 2013–2020. Journal of the European Higher Education Area. Vol 2, S. 1–36.

AEBLI, H. (1990): Zwölf Grundformen des Lernens. Stuttgart: Klett-Cotta.

AKKERMAN, S. (2007): Nieuwe vormen van onderwijs voor een nieuwe generatie studenten. Utrecht: Expertisecentrum ICT in het Onderwijs, IVLOS, Universiteit Utrecht. http://www.uu.nl/SiteCollectionDocuments/IVLOS/ICT%20Expertise/Rapport_Nieuwe_generatie_studenten.pdf [10.6.14].

ALTRICHTER, H./POSCH, P. (1994): Aspekte der didaktischen Gestaltung von Fachhochschulstudiengängen. Berufliche Bildung und Qualität der Lehre. In: HÖLLINGER, S./HACKL, E./BRÜNNER, C. (Hrsg.): Fachhochschulstudien – unbürokratisch, brauchbar und kurz. Wien: Passagenverlag.

APEL, H. J. (1999): Die Vorlesung. Einführung in eine akademische Lehrform. Köln: Böhlau.

ASHWIN, P. (2006): Changing Higher Education. The development of Learning & Teaching. Oxon: Routledge.

AUSUBEL, D. P. (1974): Psychologie des Unterrichts. Bde. 1 und 2. Weinheim: Beltz.

BADER, R. (1994): Handlungsorientierung als didaktisch-methodische Leitkonzeption. – Handreichung zum Vortrag im Rahmen der Tagung «Berufliche Bildung und Lehrerbildung im Land Sachsen-Anhalt» am 1. 12. 1994 an der Otto-von-Guericke-Universität, Magdeburg.

BAUMGARTNER P./HÄFELE, H./HÄFELE, K. (2002): E-Learning: Didaktische und technische Grundlagen. In: E-Learning Praxishandbuch. Innsbruck: Studien Verlag.

BECKER, G. E. (1986): Auswertung und Beurteilung von Unterricht. Handlungsorientierte Didaktik Teil III. Weinheim: Beltz.

BENNETT, S./MATON, K./KERVIN, L. (2008): The «digital natives» debate: A critical review of the evidence, British Journal of Educational Technology. Vol 39, No 5, S. 775–786.

BERENDT, B./VOSS, P./WILDT, L. (2003): Neues Handbuch Hochschullehre. Lehren und Lernen effizient gestalten. (Loseblatt-Ausg.: Teil H2.1). Berlin: Raabe.

BERGEDICK, A./ROHR, D./WEGENER, A. (2011): Bilden mit Bildern: Visualisierung in der Weiterbildung. Bielefeld: Bertelsmann.

BERNER, H. (1999): Didaktische Kompetenz. Zugänge zu einer theoriegestützten bildungsorientierten Planung und Reflexion des Unterrichts. Bern: Haupt.

BIGGS, J./TANG, C. (2011): Teaching for Quality Learning at University. 4th edition. Buckingham: Open University Press/McGraw-Hill.

BLIGH, D. A. (2001): What's The Use of Lectures? San Francisco: Jossey-Bass.

BLOM, H. (2000): Der Dozent als Coach. Hochschulwesen Wissenschaft und Praxis. Neuwied/Kriftel: Luchterhand.

BLOOM, B. S. et al. (1956): Taxonomy of Educational Objectives. The Classification of Educational Goals, Handbook I: Cognitive Domain. New York: Longmans Green.

Boerner, S./Seeber, G./ Keller, H. /Beinborn, P. (2005): Lernstrategien und Lernerfolg im Studium: Zur Validierung des LIST bei berufstätigen Studierenden. In: Zeitschrift für Entwicklungspsychologie und Pädagogische Psychologie. Jg. 37, Nr. 1, S. 17–26.

Boff, L. (2002): Die Botschaft des Regenbogens. Düsseldorf: Patmos.

Boschma, J./Groen, I. (2006): Generatie Einstein, slimmer sneller en socialer: communiceren met jongeren van de 21ste eeuw. Amsterdam: Pearson Prentice Hall NL.

Böss-Ostendorf,A./Senft, H. (2014): Einführung in die Hochschullehre. Opladen & Toronto: Verlag Barbara Budrich.

Boulton-Lewis, G. M. (1994): Tertiary students' knowledge of their own learning and a SOLO taxonomy. Higher Education, No 28.

Bowskill, D./Lymn, J. S./Meade, O. (2011): Pharmacology podcasts: a qualitative study of non-medical prescribing students use, perceptions and impact on learning. Meade et al.; licensee BioMed Central Ltd. http://creativecommons.org/licenses/by/2.0 (10.6.14).

Brauer, M. (2014): An der Hochschule lehren. Praktische Ratschläge, Tricks und Lehrmethoden. Berlin: Springer.

Bräuer, G. (2014): Das Portfolio als Reflexionsmedium für Lehrende und Studierende. Opladen und Toronto: Verlag Barbara Budrich.

Brand, M./Markowitsch, J. (2009): Lernen und Gedächtnis aus neurowissenschaftlicher Perspektive. In: Hermann, U. (Hrsg.): Neurodidaktik. Grundlagen und Vorschläge für gehirngerechtes Lernen. Weinheim und Basel: Beltz. S. 69–96.

Braun, G. F. (2014): Kompetenzorientierung im Studium aus Sicht der Unternehmen. In: Arnold, R./Wolf, K. (Hrsg.): Herausforderung: Kompetenzorientierte Hochschule. Grundlagen der Berufs- und Erwachsenenbildung. Band 78. Baltmannsweiler: Schneider Verlag Hohengehren, S. 92–105.

Brinker, T./Schumacher, E.-M. (2014): Befähigen statt belehren. Neue Lehr- und Lernkultur an Hochschulen. Bern: h.e.p. verlag ag.

Bürki, G./Marti, M./Ulmi, M./Verhein, A. (2014): Textdiagnose und Schreibberatung. Fach- und Qualifizierungsarbeiten begleiten. Opladen: Barbara Budrich.

Cannon, R./Newble, D. (2000): A handbook for teachers in universities and colleges. Oxon: Routledge Falmer.

Carless, D. (2007): Learning-oriented assessment: conceptual bases and practical implications. Innovations in Education and Teaching International Vol. 44, No. 1, February 2007, pp. 57–66. http://www.victoria.ac.nz/education/pdf/david-carless-3.pdf, (1.9.14).

Chalmers, D./Fuller, R. (1996): Teaching for Learning at University. London: Routledge Falmer.

Collins, A./Brown, J.S./Newman, S. E. (1989): Cognitive apprenticeship: Teaching the crafts of reading, writing and mathematics. In: Resnick, L. B. (ed.): Knowing, learning and instruction. Essays in honor of Robert Glaser. Hillsdale, New Jersey: Lawrence Erlbaum Associates, S. 453–492.

Cranach, von M./Bangerter, A. (2000): Wissen und Handeln in systemischer Perspektive. In: Mandl, H./Gerstenmair, J. (Hrsg.): Die Kluft zwischen Wissen und Handeln. Göttingen: Hogrefe, S. 221–252.

Dalglish, C./Evans, P./Lawson, L. (2011): Learning in the global classroom: a guide for students in the multicultural university. Cheltenham: Edward Elgar.

Deardorff, D. K. (2006): Identification and Assessment of Intercultural Competence as a Student Outcome of Internationalization. Journal of Studies in International Education 10, S. 241–266, doi:10.1177/1028315306287002.

Deardorff, D. K./de Wit, H./Heyl, J./Adams, T. (eds). (2012): The Sage Handbook of International Higher Education. (Sage) www.youtube.com/watch?v=Eg2xU_SnHqg http://www.dreducation.com/2013/01/SAGE-Handbook-Darla-Hans.html. (1.9.14).

Dettleff, H. (2014): Don't learn what you already know! Journal of the European Higher Education Area. Vol 1, S. 73–94.

Dietrichs, I./Imhof, G./Metzger, M./Pfäffli, B. K. (2007): «Gefragt sind hohe Eigeninitiative und Disziplin!». Begleitetes Selbststudium an der Hochschule Luzern (HSLU). Forschungsbericht. Luzern: HSLU.

Ditton, H. et al. (Hrsg.) (2014): Feedback und Rückmeldungen: theoretische Grundlagen, empirische Befunde, praktische Anwendungsfelder. Münster: Waxmann.

Dörig, R./Waibel, R. (1997): Handlungsorientierter Unterricht – Konzept und praktische Umsetzung am Beispiel der Wechselkurse. In: Dubs, R./Luzi, R. (Hrsg.): 25 Jahre IWP. Schule in Wissenschaft, Politik und Praxis. St. Gallen: IWP-HSG, S. 194 ff.

Döring, K. W./Ritter-Mamczek, B. (2001): Lehren und Trainieren in der Weiterbildung. Weinheim: Beltz.

Dubs, R. (1995): Lehrerverhalten. Zürich: Verlag des Schweizerischen kaufmännischen Verbandes.

Dummann, K./Jung, K./Lexa, S./Niekrenz, Y. (2007): Einsteigerhandbuch Hochschullehre. Aus der Praxis für die Praxis. Darmstadt: Wissenschaftliche Buchgesellschaft, S. 124–140.

Edelmann, W. (2000): Lernpsychologie. Weinheim: Beltz.

Ellet, W. (2008): Das Fallstudien-Handbuch der Harvard Business School Press. Bern: Haupt.

Ertl, B./Mandl, H. (2006): Kooperationsskripts. In: Mandl, H./Friedrich, H. F. (Hrsg.): Handbuch Lernstrategien. Göttingen: Hogrefe, S. 273–281.

Europäische Kommission (2008): Der Europäische Qualifikationsrahmen für lebenslanges Lernen (EQR). http://ec.europa.eu/eqf/documentation_en.htm. (2.7.14).

Europäisches Parlament und Rat (2006): Empfehlungen des Europäischen Parlaments und Rates zu Schlüsselkompetenzen für lebensbegleitendes Lernen. http://www.eu-bildungspoltik.de/uploads/dokumente_instrumente/2006_12_ep_rat_empf_schluesselkompetenzen.pdf (10. Juli 2014).

Fachhochschule Zentralschweiz (2003): Didaktik an der FHZ für Diplomausbildung und Weiterbildung. Luzern: Fachstelle für Hochschuldidaktik (Heute Zentrum für Lehren und Lernen).

FAULSTICH, P. (1996): Qualifikationsbegriffe und Personalentwicklung. Zeitschrift für Berufs- und Wirtschaftspädagogik, 92.

FLEISCHMANN, P./GEUPE, H./LORBEER, B. (2003): Lernteamcoaching. In: BERENDT, B./ VOSS, P./WILDT, L. (Hrsg.): Neues Handbuch Hochschullehre. Stuttgart: Raabe.

FREY, A. (2006): Methoden und Instrumente zur Diagnose beruflicher Kompetenzen von Lehrkräften – eine erste Standortbestimmung zu bereits publizierten Instrumenten. In: Zeitschrift für Pädagogik, 52. Jg., 51. Beiheft.

FREY, K. (1993): Allgemeine Didaktik. Arbeitsunterlagen zur Vorlesung an der ETH Zürich. Zürich: Verlag der Fachvereine an den schweizerischen Hochschulen, S. 30–46.

FREY, K. (2002): Die Projektmethode. Weinheim: Beltz.

FREY-EILING, A./FREY, K. (1993): Allgemeine Didaktik. Arbeitsunterlagen zur Vorlesung an der ETH Zürich. Zürich: Verlag der Fachvereine an den schweizerischen Hochschulen.

FREY-EILING, A./FREY, K. (2002): Das Gruppenpuzzle. In: WIECHMANN, J. (Hrsg.): Zwölf Unterrichtsmethoden (S. 50–57). Weinheim: Beltz.

FRÖHLICH LUINI, E./THIERSTEIN, Ch. (2001): Weiterbildung entwerfen. Aus der Praxis für die Praxis, Nr. 25. Luzern: Akademie für Erwachsenenbildung.

GAGE, N. L./BERLINER, D. C. (1986): Pädagogische Psychologie. München: Psychologie Verlags Union/Beltz.

GALIZIA, G. (2012): Vorlesung. In: KLATT, M./ KOLLER, S. (Hrsg.) (2012): Lehre als Abenteuer. Anregungen für eine bessere Hochschulausbildung. Frankfurt/New York: Campus Verlag, S. 217–119.

GERASKOV, D./GÖLLER, S./RÜSSE, W./SESINK, W./TREBING, T. (2005): Transformation einer Vorlesung durch E-Learning-Elemente. In: MedienPädagogik, Heft 10: Medien in der Erziehungswissenschaft II, 2005. http://www.medienpaed.com/04-2/sesink04-2.pdf (30.7.2014).

GERJETS, P./SCHEITER, K./OPFERMANN, M./HESSE, F. W./EYSINK, T. H. S. (2009): Learning with hypermedia: The influence of representational formats and different levels of learner control on performance and learning behavior. In: Computers in Human Behavior, Vol. 25, Issue 2, pp. 360–370.

GERSTENMAIER, J./MANDL, H. (2001): Methodologie und Empirie zum situierten Lernen. In: Schweizerische Zeitschrift für Bildungswissenschaften 23; 3, S. 453–470.

GÖLDI, S. L. (2011): Von der bloomschen Taxonomie zu aktuellen Bildungsstandards. Bern: h.e.p. verlag ag.

GÖRTS, W. (2012): Feedback geben anders – Rückmeldungen in Seminarien und Trainings nicht als Beurteilung, sondern als Dialogelement. Das Hochschulwesen 4, S. 94–101.

GRUBER, H./MANDL, H./RENKL, A. (2000): Was lernen wir in Schule und Hochschule: Träges Wissen? In: MANDL, H./GERSTENMAIR, J. (Hrsg.): Die Kluft zwischen Wissen und Handeln. Göttingen: Hogrefe, S. 139–156.

GRUBER, H./RENKL, A. (2000): Die Kluft zwischen Wissen und Handeln: Das Problem des trägen Wissens. In: NEUWEG, G. H. (Hrsg.): Wissen – Können – Reflexion: Ausgewählte Verhältnisbestimmungen. Innsbruck: Studien Verlag, S. 155–174.

Gudjons, H. (1992): Handlungsorientiert lehren und lernen. Bad Heilbronn: Klinkhardt.

Hänze, M. (2008): Was bringen kooperative Lernformen? Ergebnisse aus der empirischen Lehr-Lern-Forschung. Friedrich Jahresheft, 26, S. 24–25.

Hänze, M. (2011): Kooperatives Lernen im Schulunterricht: Welche Faktoren bestimmen den individuellen Lernerfolg? Vortrag vom 17.3.2011, ETH Zürich.

Hasebrook, J. (1995): Multimedia-Psychologie. Berlin-Oxford: Spektrum.

Hasler, L. (2004): Die gute Lehre an einer Fachhochschule orientiert sich am Wissen. Impulsreferat, gehalten am 12. Januar 2004 an der Fachhochschule Zentralschweiz, Luzern.

Hattie, J. (2013): Lernen sichtbar machen. Baltmannsweiler: Schneider Verlag Hohengehren.

Hattie, J. (2014): Lernen sichtbar machen für Lehrpersonen. Baltmannsweiler: Schneider Verlag Hohengehren.

Häuptle-Barceló, M. 2011: Das Portfolio: ein neues Lernkonzept in der akdademischen Lehre? In: Böttger, H./Gien, S. (Hrsg.): Aspekte einer exzellenten universitären Lehre. Kempten: Julius Kleinkhardt, 205–215.

Herren, D. (2014a): Das Selbststudium begleiten. Ein Leitfaden für Hochschuldozierende. Bern: h.e.p. verlag ag.

Herren, D. (2014b): Das Selbststudium begleiten. Eine Arbeitshilfe für Hochschuldozierende. Bern: h.e.p. verlag ag.

Hiller, G. G.(2013): Die Hochschule im interkulturellen Austausch. In: Hochschule Luzern – Technik & Architektur (2013): Hochschullehre neu denken. Internationalisierung. interact Verlag: Luzern, S. 11–13.

Hochschule Luzern – Technik & Architektur (2012): Hochschullehre neu denken. Interaktion. interact Verlag: Luzern.

Hochschule Luzern – Technik & Architektur (2013): Hochschullehre neu denken. Interdependenz Theorie-Praxis. interact Verlag: Luzern.

Hochschule Luzern – Technik & Architektur (2013): Hochschullehre neu denken. Interdisziplinarität. interact Verlag: Luzern.

Hochschule Luzern – Technik & Architektur (2013): Hochschullehre neu denken. Internationalisierung. interact Verlag: Luzern.

Hof, Ch. (2002): Von der Wissensvermittlung zu Kompetenzorientierung in der Erwachsenenbildung? In: Report, 49, S. 80–89.

Hoidn, S. (2011): Lernmodell zur Förderung von Lernkompetenzen an Hochschulen. In: Zeitschrift für Hochschulentwicklung. ZFHE, 6, 1, S. 1–18.

Huber, A. A. (1999): Bedingungen effektiven Lernens in Kleingruppen unter besonderer Berücksichtigung der Rolle von Lernskripten. Schwangau: Verlag Ingeborg Huber.

Huber, G. L. (1997): Self-regulated learning by individual students. In: Stern, D./Huber, G. L. (Hrsg.): Active learning for students and teachers. Reports from eight countries. Fraunkfurt a. M.: Lang, S. 137–158.

Huber, G. L. (2006): Lernen in Gruppen/Kooperatives Lernen. In: Mandl, H./ Friedrich, H. F. (Hrsg.): Handbuch Lernstrategien. Göttingen: Hogrefe, S. 261–272.

Jenert, T./Fust, A. (2012): Studierende (als) Kunden?! Zum Umgang mit einer herausfordernden Beziehung zwischen Lehrenden und Lernenden. Bern: h.e.p. verlag ag. In: Zimmermann,T./Zellweger, F. (Hrsg.): Lernendenorientierung. Studierende im Fokus, S. 63–86.

Jornitz, S. (2008): Was bedeutet eigentlich «evidenzbasierte Bildungsforschung»? In: Die Deutsche Schule, H. 2, S. 206–216.

Kaiser, A. (2012): Metakognition als Schlüssel zur Kompetenzentwicklung. Vortrag am Fraunhofer-Institut ITWM, Kaiserslautern. In: Arnold, R./Wolf, K. (Hrsg.): Herausforderung: Kompetenzorientierte Hochschule. Grundlagen der Berufs- und Erwachsenenbildung. Band 78. Baltmannsweiler: Schneider Verlag Hohengehren, S. 242–370.

Käppeli, M. (2001): Förderung von Handlungskompetenzen durch die Gestaltung gemäßigt-konstruktivistischer Lehr-Lern-Prozesse. Dissertation der Universität St. Gallen, Nr. 2498. Bamberg: Difo-Druck GmbH.

Kerres, M./Preussler, A. (2013): Zum didaktischen Potenzial der Vorlesung: Auslaufmodell oder Zukunftsformat. In: Reinmann, G./Ebner, M./Schön, S. (Hrsg.): Hochschuldidaktik im Zeichen von Heterogentität und Vielfalt. Doppelfestschrift für Peter Baumgartner und Rolf Schulmeister. BIMSe.V., Bad Reichenhall, S. 79–97. Online zugänglich unter: http://bimsev.de.

Kerres, M. (2001): Multimediale und telemediale Lernumgebungen. München: Oldenbourg.

Kiel, E. (2001): Dialog zwischen den Kulturen und Pädagogik. Die Entwicklung interkultureller Kompetenz als ein zentrales Ziel globalen Lehrens und Lernens. In: forum der unescoprojektschulen 1/2001, S. 13 f.
http://www.kompetenz-interkulturell.de/userfiles/Grundsatzartikel/Interkulturelles%20Lernen.pdf (17.7.14).

Kiener, U. (2012): Wer sind die Studierenden an Fachhochschulen? Bern: h.e.p. verlag ag. In: Zimmermann, T./Zellweger, F. (Hrsg.): Lernendenorientierung. Studierende im Fokus, S. 14–27.

Kirschner, P. (2006): (Inter)Dependent learning. Learning is interaction. Inaugural address. Spoken upon the acceptance of the position of Professor of Educational Psychology, Utrecht University, March 16. http://www.ou.nl/Docs/Expertise/NELLL/publicaties/(Inter)dependent%20learning%20-%20Learning%20is%20interaction%20-%20Inaugural%20address%20Utrecht%20University.pdf (4.6.14).

Kjär, H. (2010): Grundlagen visueller Kommunikation für die Hochschullehre. In: Auferkorte-Michaelis, N./Ladwig, A./Stahr, I. (Hrsg.): Hochschuldidaktik für die Lehrpraxis. Interaktion und Innovation für Studium und Lehre. Opladen & Farmington Hills MI: Budrich UniPress, S. 40–51.

Klatt, M./Koller, S. (Hrsg.) (2012): Lehre als Abenteuer. Anregungen für eine bessere Hochschulausbildung. Frankfurt/New York: Campus Verlag. (als E-Book erschienen)

Klein, J. (2012): Interdisziplinarität 2. In: Klatt, M./Koller, S. (Hrsg.) (2012): Lehre als Abenteuer. Anregungen für eine bessere Hochschulausbildung. Frankfurt/New York: Campus Verlag, S. 115–119.

KLESS, E. (2013): Selbstlernphasen im Studium gestalten. Grundlagen der Berufs- und Erwachsenenbildung, Bd. 75. Baltmannsweiler: Schneider Verlag Hohengehren.

KOLLER, S. (2012): Interdisziplinarität 1. In: KLATT, M./KOLLER, S. (Hrsg.) (2012): Lehre als Abenteuer. Anregungen für eine bessere Hochschulausbildung. Frankfurt/New York: Campus Verlag, S. 112–114.

Konferenz der Fachhochschulen der Schweiz (2003a): Die Konzeption gestufter Studiengänge: Best Practices und Empfehlungen. Bern.

Konferenz der Fachhochschulen der Schweiz (2003b): Richtlinien für die didaktische und funktionsbezogene Weiterbildung für Dozierende an Fachhochschulen. Bern.

KRAPF, B. (1995): Aufbruch zu einer neuen Lernkultur. Bern: Haupt.

KRESSEL, T. (2008): Neue Aufgabenkultur. Ein Paradigmenwechsel. Hamburg macht Schule(1), S. 10–12.

KRUEGER, M./SCHMEES, M. (Hrsg.) (2013): E-Assessments in der Hochschullehre. Einführungen, Positionen & Einsatzbeispiele. Psychologie und Gesellschaft, Band 13. Frankfurt am Main/Bern: Internationaler Verlag der Wissenschaften.

LAM, I./RUBENS, W./SIMONS, P. R.-J. (2006): Hebben elektronische leeromgevingen hun langste tijd gehad of toch niet? Thema Tijdschrift voor Hoger onderwijs & Management, 13 (2), S. 35–39.

LANDWEHR, N./MÜLLER, E. (2006): Begleitetes Selbststudium. Didaktische Grundlagen und Umsetzungshilfen. Bern: h.e.p. verlag ag.

LAUR-ERNST, U. (1989): Schlüsselqualifikationen. Innovative Ansätze in den neugeordneten Berufen und ihre Konsequenzen für das Lernen. Unveröffentlichtes Manuskript. Berlin.

LAUR-ERNST, U. (1990 a): Schlüsselqualifikationen bei der Neuordnung von gewerblichen und kaufmännischen Berufen – Konsequenzen für das Lernen. In: REETZ, L./REITMANN, T. (Hrsg.): Schlüsselqualifikationen. Dokumentation des Symposiums in Hamburg «Schlüsselqualifikationen – Fachwissen in der Krise?» Materialien zur Berufsbildung, Bd. 3 (S. 36–52). Hamburg.

LAUR-ERNST, U. (1990 b): Handeln als Lernprinzip. In: REETZ, L./REITMANN, T. (Hrsg.): Schlüsselqualifikationen. Dokumentation des Symposiums in Hamburg «Schlüsselqualifikationen – Fachwissen in der Krise?» Materialien zur Berufsbildung, Bd. 3 (S. 145–152). Hamburg.

LE BOTERF, G. (2000): Construire les compétences individuelles et collectives. Paris: Editions d'Organisation. 5ième édition, 2010.

LEHNER, M. (2013): Viel Stoff – wenig Zeit. Wege aus der Vollständigkeitsfalle. Bern: Haupt.

LEHRBERGER, G. (2004): Hochschullehre mit digitaler Projektion. In: WINTELER, A.: Professionell lehren und lernen. Darmstadt: Wissenschaftliche Buchgesellschaft.

LIPPMANN, E. (2009): Intervision. Berlin: Springer, S. 47–69.

LORBEER, B./FLEISCHMANN, P./Tröster, F. (2000): Integrierte Förderung von Schlüsselqualifikationen. Methoden und Erfahrungen aus einem hochschuldidaktischen Projekt. Schriftenreihe report – Band 39. Alsbach: Leuchtturm.

Mandl, H./Gerstenmaier, J. (2000) (Hrsg.): Die Kluft zwischen Wissen und Handeln: Empirische und theoretische Lösungsansätze. Göttingen: Hogrefe.

Mandl, H./Gruber, H./Renkl, A. (1993): Das träge Wissen. Psychologie heute, September, S. 64–69.

Mandl, H./Friedrich, H. F. (1992): Lern- und Denkstrategien. Analyse und Interventionen. Göttingen: Hogrefe.

Mandl, H./Prenzel, M. (1991): Wie Lernumgebungen an Stärke gewinnen. Ein konstruktivistischer Ansatz. Paper presented at the Instructional Design Conference, La Hulpe, Belgien.

Markowitsch, J. (2001): Praktisches akademisches Wissen. Wien: WUV Universitätsverlag.

McKeachie, W. J. (2002): McKeachie's, Teaching Tips. College Teaching Series. Eleventh edition. Boston New York: Houghton Mifflin Company.

Metzger, Ch. (2002): Lern- und Arbeitsstrategien, Fachbuch für Studierende. Aarau: Sauerländer.

Metzger, Ch./Nüesch, Ch. (2004): Fair prüfen. Universität St. Gallen. Hochschuldidaktische Schriften, Band 6.

Meyer, Ch./Schrauth, B./Abraham, M. (2013): Einstellungskriterien für Hochschulabsolventen wirtschaftswissenschaftlicher Studiengänge – Ergebnisse einer repräsentativen Umfrage unter Arbeitgebern in Deutschland. University of Nuremberg-Erlangen. LASER Discussion Papers – Paper No. 69 (edited by A. Abele-Brehm, R.T. Riphahn, K. Moser and C. Schnabel). http://www.laser.uni-erlangen.de/papers/paper/188.pdf (29.6.14).

Michl, W./Krupp, P./Stry, Y. (1998): Didaktische Profile der Fachhochschulen. Berlin: Luchterhand.

Moon, J. (2002): The module & programme development. Handbook. London: Kogan.

Oblinger, D. G. /Oblinger, J. L. (2005): Educating the Net Generation, zit. in: Pfäffli, B. K. (2008): Neugierig und beharrlich den besten Weg suchen. In: Die Festschrift Technik & Architektur 1958–2008, S. 267.

Oestermeier, U./Eitel, A. (2014): Lernen mit Text und Bild. e-teaching.org. http://www.e-teaching.org/etresources/media/pdf/langtext_2014_oestermeier-uwe_eitel-alexander_lernen-mit-text-und-bild.pdf. (10.8.14).

Pätzold, H./Schüssler, I. (2001): «Interdisziplinarität aus systemtheoretischer Perspektive – Bedingungen, Hemmnisse und hochschuldidaktische Implikationen», in: Fischer, A./Hahn, G. (Hrsg.): Interdisziplinarität fängt im Kopf an. Frankfurt a. M.: VAS, S. 77–111.

Paechter, M./Fritz, B./Maier, B./Manhal, S. (2007): eSTUDY – eLearning im Studium: Wie beurteilen und nutzen Studierende eLearning? Projektbericht. Karl-Franzens-Universität Graz. URL: http://www.e-science.at/dokumente/eSTUDY_Endbericht.pdf (6.6.14).

Paivio, A. (1979): Imagery and verbal processes. Hillsdale, NJ: Erlbaum.

Pintrich, P. R./Schrunk, D. H. (1996): Motivation in Education. Englewood Cliffs, N J: Prentice-Hall.

Pfäffli, B.K. (2000): Didaktische Weiterbildung der Dozierenden an Fachhochschulen. Chur: Rüegger.

Pfäffli, B.K. (2013): Wissen kompakt. In: Hochschullehre neu denken. Interdisziplinarität. Luzern: interact Verlag, S. 21,22.

Preiser, S. (1976): Kreativitätsforschung. Darmstadt: Wissenschaftliche Buchgesellschaft.

Prensky, M. (2001): Digital Natives, Digital Immigrants. On the Horizon, MCB University Press, Vol. 9 No. 5, October 2001. http://www.marcprensky.com/writing/Prensky%20-%20Digital%20Natives,%20Digital%20Immigrants%20-%20Part1.pdf. (10.6.14).

Queis, D. v. (2009): Interkulturelle Kompetenz. Praxis-Ratgeber zum Umgang mit internationalen Studierenden. Darmstadt: Wissenschaftliche Buchgesellschaft.

Raub, St.P. (2004): «Community of practice»: Wissensmanagement von morgen. http://www.zfu.ch/service/fartikel/_01_km2.htm (15.7.14).

Rechenbach, S./von der Heyden, R./Radojewski, K. (2012): Beschäftigungsfähigkeit. In: Nauerth, A./Walkenhorst, U./von der Heyden, R./Rechenbach, S. (Hrsg.): Hochschuldidaktik in Übergängen. Eine forschende Perspektive, Bielefeld: UniveritätsVerlagWebler, S. 51–66.

Reich, K. (Hrsg.) (2014): Methodenpool. <http://methodenpool.uni-koeln.de> (15.9.14).

Reichmann, G. (2008): Welche Kompetenzen sollten gute Universitätslehrer aus der Sicht von Studierenden aufweisen? Das Hochschulwesen 56, S. 52–57.

Reinmann, G./Jenert, T. (2011): Studierendenorientierung: Wege und Irrwege eines Begriffs mit vielen Facetten. Zeitschrift für Hochschulentwicklung 6, 2, S. 106–122.

Reinmann, G./Mandl, H. (2006): Unterrichten und Lernumgebungen gestalten. In: Krapp, A. G./Wiedenmann, B. (Hrsg.), Pädagogische Psychologie. Ein Lehrbuch. Weinheim und Basel: Beltz, S. 613–658.

Reitzer, Ch. (2014): Erfolgreich lehren. Ermutigen, motivieren, begeistern. Heidelberg: Springer Verlag.

Resnick, L.B. (1989): Knowing, learning and instruction. Essays in honor of Robert Glaser. Hillsdale, New Jersey: Lawrence Erlbaum Associates.

Riesen, M. (1995): Lernprozesse begleiten. Luzern: Akademie für Erwachsenenbildung.

Rozsa, J. (2002): Was bedeutet Lernen? Saliente Konzepte und Aspekte der Wichtigkeit subjektiver Auffassungen von Lernen. Frankfurt am Main: Lang.

Rummler, M. (Hrsg.) (2012): Innovative Lehrformen. Projektarbeit in der Hochschule. Projektbasiertes und problemorientiertes Lernen. Weinheim und Basel: Beltz Verlag.

Säljö, R. (1979): Learning in the Learner's Perspective: Some commonsense conceptions. Reports from the Institute of Education. University of Gøteborg, No 76.

Sauter, A./Sauter, W./Bender, H. (2003): Blended Learning: Effiziente Integration von E-Learning und Präsenztraining. Neuwied: Luchterhand.

Schaeper, H./Briedis, K. (2003): Kompetenzen von Hochschulabsolventinnen und Hochschulabsolventen, berufliche Anforderungen und Folgerungen für die Hochschulreform. Projektbericht. Hannover: Hochschul-Informations-System HIS.

Schaper, N. (2012): Kompetenzorientiertes Lernen im Studium – Wo muss man ansetzen, um Kompetenzen wirkungsvoll zu fördern? Vortrag am Fraunhofer-Institut ITWM, Kaiserslautern. In: Arnold, R./Wolf, K. (Hrsg.): Herausforderung: Kompetenzorientierte Hochschule. Grundlagen der Berufs- und Erwachsenenbildung. Band 78. Baltmannsweiler: Schneider Verlag Hohengehren, S. 280–305.

Schindler, G. (2004): Employability und Bachelor-Studiengänge – eine unpassende Verbindung, in: Beiträge zur Hochschulforschung 4, S. 6–26. http://www.bzh.bayern.de/uploads/media/4-2004-schindler.pdf (29.6.14).

Schneider, C. Q. (2012): Internationalisierung. In: Klatt, M./Koller, S. (Hrsg.) (2012): Lehre als Abenteuer. Anregungen für eine bessere Hochschulausbildung. Frankfurt/New York: Campus Verlag, S. 120–124.

Schulmeister, R. (2001): Virtuelle Universität Virtuelles Lernen. München: Oldenbourg.

Schulmeister, R. (2008): Gibt es eine «Net Generation»? Version 2.0. Universität Hamburg: Hamburg. http://www.zhw.uni-hamburg.de/uploads/schulmeister-net-generation_v2.pdf (6.6.14).

Schulz, A./Apostolopoulos, N. (2014): E-Examinations at a glance. Die Computerisierung des Prüfungswesens an der Freien Universität Berlin. In: Šklerlak, T. et al. (Hrsg.) (2014): Lernumgebungen an der Hochschule: auf dem Weg zum Campus von morgen. Münster: Waxmann, S. 283–298.

Schulz, W. (1996): Anstiftung zum didaktischen Denken. Weinheim: Beltz.

Schulz-Hardt, St./Brodbeck, F. C. (2007): Gruppenleistung und Führung. In: Jonas, K./Stroebe, W./Hewstone, M. R. C. (Hrsg.): Sozialpsychologie. Heidelberg: Springer, S. 444–485.

Schwehr, P. (2013): Wundermittel Interdisziplinarität: Potenzial und Nebenwirkung. In: hochschule Luzern – Technik & Architektur (2013): Hochschullehre neu denken. Interdisziplinarität. interact Verlag: Luzern, S. 5–6.

Seufert, S./Back, A./Häusler, M. (2001): E-Learning Weiterbildung im Internet. St. Gallen: Smart Books.

Shuell, T. J. (1988): The role of the Student in Learning from Instruction. Contemporary Educational Psychology, 13, S. 276–295.

Siemens, G. (2005): Connectivism: A learning theory for the digital age, International Journal of Instructional Technology and Distance Learning, 2(1), S. 3–10. http://www.itdl.org/Journal/Jan_05/article01.htm (5.6.14).

Simons, R. J. (1992): Lernen, selbständig zu lernen – ein Rahmenmodell. In: Mandl, H./ Friedrich, H. F. (Hrsg.): Lern- und Denkstrategien. Analyse und Interventionen. Göttingen: Hogrefe, S. 251–264.

Škerlak, T. et al. (Hrsg.) (2014): Lernumgebungen an der Hochschule: auf dem Weg zum Campus von morgen. Münster: Waxmann.

Spelsberg, K. (2013): Diversität als Leitmotiv. Handlungsempfehlungen für eine diversitäts- und kompetenzorientierte Didaktik. Eine explorative Studie im Kontext einer Kunst- und Musikhochschule. Münster: Waxmann. S. 90–95.

Spiekermann, A. (Hrsg.) (2013): Lehrforschung wird Praxis. Hochschuldidaktische Forschungsergebnisse und ihre Integration in die Praxis. Bielefeld: W. Bertelsmann Verlag GmbH & Co. KG.

Staff and Educational Development Association (2014): Teacher Accreditation Scheme Underpinning Values and Principles. London. http://www.seda.ac.uk/professional-development.html?p=3_4_4 (11.6.14).

Stangor, C. (2004): Social groups in action and interaction. Kapitel 10. New York: Psychology Press.

Stary, J. (2002): «Doch nicht durch Worte allein …» Die mündliche Prüfung. In: Berendt, B./Voss, P./Wildt, L. (Hrsg.): Neues Handbuch Hochschullehre. Lehren und Lernen effizient gestalten. (Loseblatt-Ausg.: Teil H 2.1). Berlin: Raabe.

Stifterverband für die Deutsche Wissenschaft e.V. (2004): Schlüsselkompetenzen und Beschäftigungsfähigkeit. Konzepte für die Vermittlung überfachlicher Qualifikationen an Hochschulen. Positionen, Barkhovenallee 1, Essen.

Stifterverband für die Deutsche Wissenschaft e.V. (2014): Charta guter Lehre. http://www.stifterverband.org/wissenschaft_und_hochschule/lehre/charta_guter_lehre/index.html (11.6.14).

Sweller, J./Chandler, P. (1994): Why some material is difficult to learn. In: Cognition and Instruction, Vol. 12, Issue 3, pp. 185–233.

Thiele, W. (2014): Der Einsatz aktivierender Methoden in Frontalveranstaltungen der Medizin- und Biowissenschaften – Gedanken zu einem Lehrexperiment. In: Huber, L./Pilniok, A./Sethe, R./Szczyra, B./Vogel, M. (Hrsg.): Forschendes Lehren im eigenen Fach. Scholarship of Teaching and Learning in Beispielen. Bielefeld: W. Bertelsmann Verlag GmbH & Co. KG, S. 229–255.

Thommann, G. (2011): Grundlagen der Beratung für die Hochschullehre. In: Thommann, G. /Honegger, M./Sutter, P. (Hrsg.): Zwischen Beraten und Dozieren. Bern: h.e.p. verlag ag, (S. 12–32).

Tilg, D. (2007): Konzept zur Erarbeitung von Skripten im Rahmen von Lehrveranstaltungen.
http://hermes.phl.univie.ac.at/elearningcenter/fileadmin/generalgroup_files/eBologna/2008/eBologna_AP3_Skripten.pdf (30.7.14).

Ulich, E. (1981): Subjektive Tätigkeitsanalyse als Voraussetzung autonomieorientierter Arbeitsgestaltung. In: Frei, F./Ulich, E.: Beiträge zur psychologischen Arbeitsanalyse. Bern: Huber, (S. 327–347).

Urbschat, F. (2007): Bedingungsvariablen schöpferischen Denkens. Saarbrücken: VDM Verlag Dr. Müller.

Vonken, M. (2006): Qualifizierung versus Kompetenzentwicklung: Schwierigkeiten mit dem Kompetenzbegriff. In: Gonon, Ph. et al. (Hrsg.): Kompetenz, Qualifikation und Weiterbildung im Berufsleben. Opladen: Barbara Budrich, S. 11–25.

Walzik, S. (2012): Kompetenzorientiert prüfen: Leistungsbewertung an der Hochschule in Theorie und Praxis. Opladen: Verlag Barbara Budrich.

Wannemacher, K. (2014): Anforderungen an E-Assessments an der Universität Basel. In: Škerlak, T. et al. (Hrsg.) (2014): Lernumgebungen an der Hochschule: auf dem Weg zum Campus von morgen. Münster: Waxmann, S. 263–276.

Weber, A. (2004): Problem-Based Learning. Bern: h.e.p. verlag.

Webler, W. D. (2013): Die Vorlesung – eine ausbaufähige Lernveranstaltung (I). Das Hochschulwesen, 61, 3, S. 82–94.

Webler, W. D. (2002): Modellhafter Aufbau von Studiengängen. Das Hochschulwesen, 50, 6, S. 216–223.

WEBLER, W. D. (2004): Welches Niveau darf von einem Bachelorstudium erwartet werden? In: GÜTZKOW, F./QUAISSER, G. (Hrsg.): Hochschule gestalten. Denkanstöße aus Hochschulpolitik und Hochschulforschung. Bielefeld: UniversitätsVerlagWebler, S. 231–246.

WEGNER, E./NÜCKLES, M. (2013): Lehrkompetenz als der Umgang mit Widersprüchen. Wie hochschuldidaktische Weiterbildung die Fähigkeit zur reflektierten Entscheidung fördert. In: HEINER, M./WILDT, J. (Hrsg.): Professionalisierung der Lehre. Perspektiven formeller und informeller Entwicklung von Lehrkompetenz im Kontext der Hochschulbildung. Bielefeld: W. Bertelsmann Verlag GmbH & Co. KG, S. 211–235.

WEINERT, F. E. (1982). Selbstgesteuertes Lernen als Voraussetzung, Methode und Ziel des Unterrichts. In: Unterrichtswissenschaft 10, 2, S. 99–110.

WENGEMUTH, F. (1998): Entwicklung und Erfassung von Kooperationskompetenz. Frankfurt am Main: Lang.

WIDULLE, W. (2009): Handlungsorientiert lernen im Studium. Arbeitsbuch für soziale und pädagogische Berufe. Wiesbaden: VS Verlag für Sozialwissenschaften.

WIECHMANN, J. (2002): Zwölf Unterrichtsmethoden. Weinheim: Beltz.

WIEPECKE, C. (2010): Denkaufgaben und Karikaturen in Vorlesungen. In: AUFERKORTE, M. (Hrsg.): Hochschuldidaktik für die Lehrpraxis: Interaktion und Innovation für Studium und Lehre an der Hochschule. Leverkusen: BudrichUniPress, S. 230–236.

WILD, K.-P. (2005): Individuelle Lernstrategien von Studierenden. Konsequenzen für die Hochschuldidaktik und die Hochschullehre. Beiträge zur Lehrerinnen- und Lehrerbildung, 23 (2). http://www. bzl-online-ch (10.7.14).

WILHELM, E. (2012): Vom «Gebäude als System» und von kooperativen Netzwerken. In: WILHELM, E./STURM, U. (Hrsg.): Gebäude als System. Interact Verlag: Luzern, vdf Hochschulverlag AG an der ETH Zürich: Zürich, S. 33–40.

WINTELER, A. (2004): Professionell lehren und lernen. Darmstadt: Wissenschaftliche Buchgesellschaft.

WOHLGEMUTH, B. (2003): Methoden der Aktivierung im Frontalunterricht. Unveröffentlichte Arbeitsunterlage. Luzern: Fachstelle für Hochschuldidaktik.

WÖRNER, A. (2008): Lehren an der Hochschule. Wiesbaden: VS Verlag.

ZIMMERMANN, T./Zellweger, F. (2012): Lernendenorientierung. Studierende im Fokus. Bern: h.e.p. verlag ag.

ZIMMERMANN, T./RUF, U. (2011): Passung von Angebot und Nutzung in akademischen Großveranstaltungen: Lernen durch Online-Diskussionen im Rahmen von Vorlesungen. In: BÖTTGER, H./GIEN, S. (Hrsg.): Aspekte einer exzellenten universitären Lehre. Kempten: Julius Kleinkhardt, S. 250–264.

ZOUMPOULIA, M. (2011): E-Portfolio: In: BÖTTGER, H./GIEN, S. (Hrsg.): Aspekte einer exzellenten universitären Lehre. Kempten: Julius Kleinkhardt, S. 216–229.

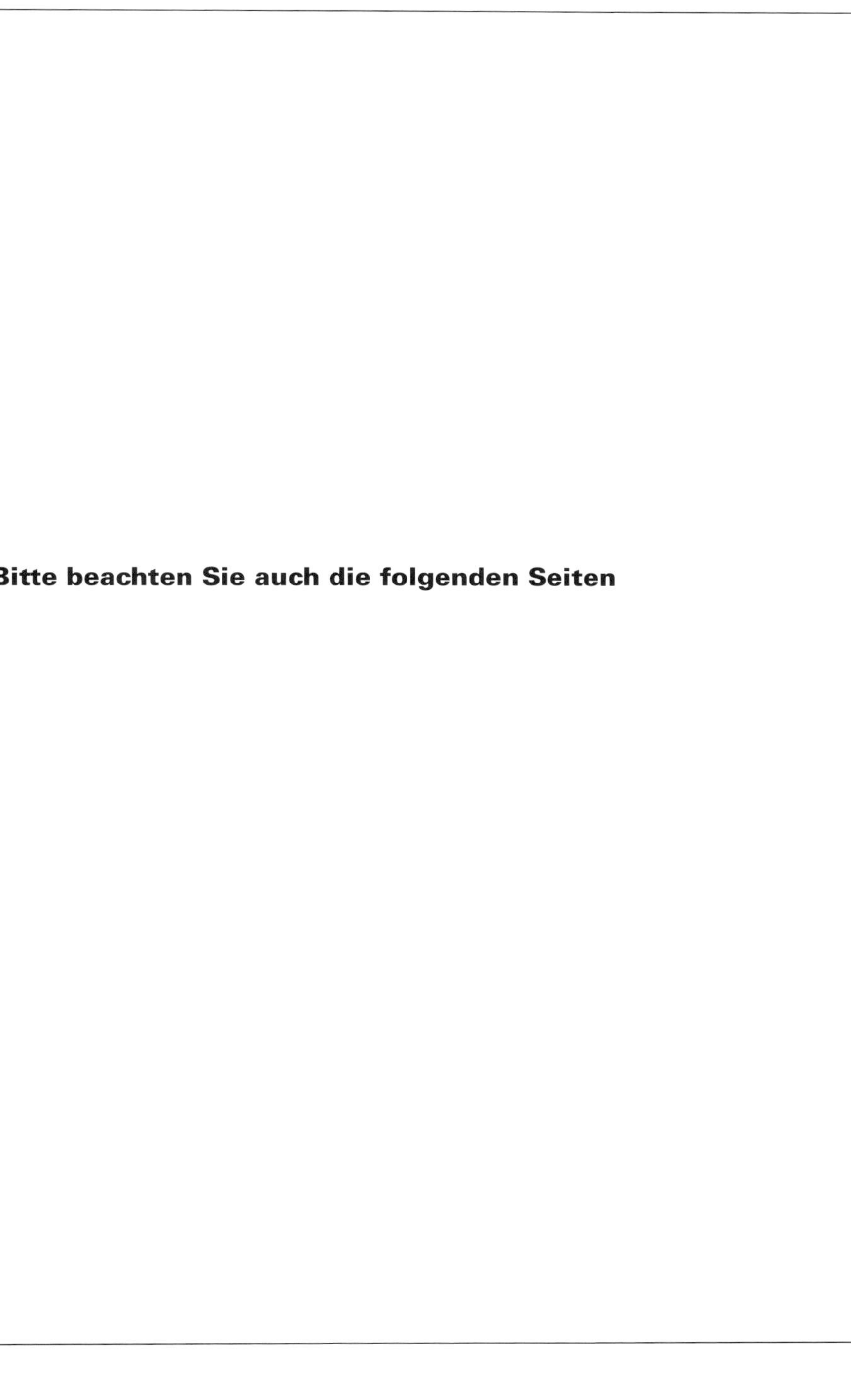

Bitte beachten Sie auch die folgenden Seiten

Martin Lehner

Didaktische Reduktion

UTB M Band-Nr. 3715
2012. 211 Seiten, 56 Abbildungen, kartoniert
ISBN 978-3-8252-3715-8

Fülle und Komplexität der Lerninhalte nehmen in der gegenwärtigen Bildungslandschaft deutlich zu, gleichzeitig lässt sich eine Tendenz zu geringeren Zeitbudgets für Lernprozesse beobachten. Insbesondere der Umgang mit großen Stoffmengen ist für viele Lehrende eine große Herausforderung.

Didaktische Reduktion findet immer dann statt, wenn umfangreiche und komplexe Sachverhalte aufbereitet werden, um sie für die Lernenden überschaubar und begreifbar zu machen. Abhängig von den jeweiligen Rahmenbedingungen kann es sich dabei sowohl um eine Reduktion der Stofffülle (Auswahl) als auch um eine Reduktion der inhaltlichen Komplexität (Konzentration und Vereinfachung) handeln. Das vorliegende Buch führt Sie in Konzepte der didaktischen Reduktion ein und gibt Ihnen konkrete Hinweise für die tägliche Lehrpraxis.

Peter Labudde (Hrsg.)

Fachdidaktik Naturwissenschaften

1.–9. Schuljahr

UTB M. Band 3248
2., korrigierte Auflage 2013. 266 Seiten, 61 Fotos,
56 Abb., 31 Tab., kartoniert
ISBN 978-3-8252-4047-9

Konkrete Unterrichtsbeispiele und fachdidaktische Tipps - «Fachdidaktik Naturwissenschaft» enthält beides: Auf jeder Doppelseite wird jeweils links die naturwissenschaftsdidaktische Theorie vorgestellt, während rechts die entsprechenden unterrichtspraktischen Umsetzungsmöglichkeiten präsentiert werden. Damit kommen sowohl der angehende Naturwissenschafts- und Sachkundelehrer als auch die erfahrene Praktikerin auf ihre Rechnung. In 15 Kapiteln werden zentrale fachdidaktische Themen für die Praxis aufgearbeitet. Darunter sind unter anderen: Bildungsziele und die Förderung naturwissenschaftlicher Kompetenzen, Lernwege - Lernchancen - Lernschwierigkeiten, Demonstrations- und Schülerexperimente, fächerübergreifender Unterricht und außerschulische Lernorte.

Martin Lehner

Viel Stoff – schnell gelernt

Prüfungen optimal vorbereiten

UTB M. Band 4296
2015. 144 Seiten, 63 Abbildungen, 23 Infotafeln, kartoniert
ISBN 978-3-8252-4296-1

Große Stoffmengen und kleine Zeitbudgets sind mehr denn je eine große Herausforderung für Studierende. «Viel Stoff – schnell gelernt» zeigt, wie man Prüfungsinhalte gezielt auswählt, gut abrufbar aufbereitet und erfolgreich memoriert. Anhand vieler konkreter Beispiele beschreibt Martin Lehner, wie es gelingt, der Vollständigkeitsfalle zu entgehen und erfolgreich «auf den Punkt» zu lernen.